新定位　新使命　新征程
NEW POSITIONING　NEW MISSION　NEW JOURNEY

2022年湖南发展研究报告
Research Report on Development of Hunan (2022)

湖南省人民政府发展研究中心
主　编／谈文胜　钟　君
副主编／侯喜保　蔡建河

社会科学文献出版社
SOCIAL SCIENCES ACADEMIC PRESS（CHINA）

图书在版编目（CIP）数据

新定位　新使命　新征程：2022年湖南发展研究报告 / 谈文胜，钟君主编；侯喜保，蔡建河副主编. -- 北京：社会科学文献出版社，2022.6
ISBN 978-7-5228-0279-4

Ⅰ.①新…　Ⅱ.①谈…②钟…③侯…④蔡…　Ⅲ.①区域经济发展-研究报告-湖南-2022　Ⅳ.①F127.64

中国版本图书馆 CIP 数据核字（2022）第 101346 号

新定位　新使命　新征程
——2022 年湖南发展研究报告

主　　编／谈文胜　钟　君
副 主 编／侯喜保　蔡建河

出 版 人／王利民
组稿编辑／邓泳红
责任编辑／桂　芳
责任印制／王京美

出　　版／社会科学文献出版社·皮书出版分社（010）59367127
　　　　　　地址：北京市北三环中路甲 29 号院华龙大厦　邮编：100029
　　　　　　网址：www. ssap. com. cn
发　　行／社会科学文献出版社（010）59367028
印　　装／天津千鹤文化传播有限公司

规　　格／开本：787mm×1092mm　1/16
　　　　　　印张：23.75　字数：362 千字
版　　次／2022 年 6 月第 1 版　2022 年 6 月第 1 次印刷
书　　号／ISBN 978-7-5228-0279-4
定　　价／168.00 元

读者服务电话：4008918866

主要编撰者简介

谈文胜　湖南省人民政府发展研究中心原党组书记、主任，研究生学历，管理学博士。历任长沙市中级人民法院研究室主任，长沙市房地产局党组成员、副局长，长沙市政府研究室党组书记、主任，长沙市芙蓉区委副书记，湘潭市人民政府副市长，湘潭市委常委、秘书长，湘潭市委常委、常务副市长，湘潭市委副书记、市长。主要研究领域为法学、区域经济、产业经济等，先后主持或参与"实施创新引领开放崛起战略，推进湖南高质量发展研究""对接粤港澳大湾区综合研究""湘赣边革命老区振兴与合作发展研究""创新中国（湖南）自由贸易试验区研究"等多项省部级重大课题，研究成果获 2021 年中国发展研究奖一等奖。

钟　君　湖南省社会科学院（湖南省人民政府发展研究中心）党组书记、院长（主任），中国社会科学院大学教授、博士生导师，文化名家暨"四个一批"人才，享受国务院特殊津贴。2016 年 5 月，作为科学社会主义研究的专家代表在习近平总书记主持召开的哲学社会科学工作座谈会做发言。曾担任中国社会科学院办公厅副主任、中国社会科学杂志社副总编、中国历史研究院副院长，永州市委常委、宣传部长，曾挂任内蒙古自治区党委宣传部副部长。主要研究领域为马克思主义大众化、中国特色社会主义、社会主义意识形态理论等。2006 年工作以来，出版学术专著多部，在各类报刊发表论文、研究报告 60 余篇，先后主持省部级课题多项，多次获省部级优秀科研成果奖励。代表作有《马克思靠谱》《读懂中国优势》《中国特色社会主义政治价值研究》《社会之霾——当代中国社会风险的逻辑与现实》

《公共服务蓝皮书》等，策划制作讲述马克思生平的动画片《领风者》，参与编写《习近平新时代中国特色社会主义思想学习纲要》、中组部干部学习教材。

侯喜保　湖南省社会科学院（湖南省人民政府发展研究中心）党组成员、副院长（副主任），在职研究生。历任岳阳市委政研室副主任、市政府研究室副主任、市委政研室主任，湖南省委政研室机关党委专职副书记、党群处处长，宁夏党建研究会专职秘书长（副厅级，挂职），湖南省第十一次党代会代表。主要研究领域为宏观政策、区域发展、产业经济等，先后主持"三大世界级产业集群建设研究""促进市场主体高质量发展""数字湖南建设"等重大课题研究，多篇文稿在《求是》《人民日报》《中国党政干部论坛》《红旗文稿》《中国组织人事报》《新湘评论》《湖南日报》等中央级及省级刊物发表。

蔡建河　湖南省社会科学院（湖南省人民政府发展研究中心）二级巡视员。长期从事政策咨询研究工作，主要研究领域为宏观经济、产业经济与区域发展战略等。

前　言

　　2021 年是党和国家历史上具有里程碑意义的一年。这一年，在省委、省政府的正确领导下，湖南省人民政府发展研究中心坚持以习近平新时代中国特色社会主义思想为指导，全面贯彻落实党的十九大和十九届历次全会精神，认真贯彻习近平总书记对湖南重要讲话重要指示批示精神，积极落实"三高四新"战略定位和使命任务，紧紧围绕湖南经济社会发展的重大问题，充分发挥中国特色新型智库功能，不断加强政策研究、政策解读和政策评估工作，积极为省委、省政府提供高质量的智库成果，为全面建设社会主义现代化新湖南提供了有益借鉴和智力支持。总体来看，过去一年，中心智库建设和政策咨询工作实现了跨越式发展，主要呈现以下几个亮点。

一　智库制度建设取得了新进展

　　中心智库建设始终坚持党建引领，将党的创新理论贯彻落实到智库建设的全过程，推动智库制度建设取得重大进展。编制实施《湖南省人民政府发展研究中心新型智库建设规划（2021—2025 年）》，明确了中心决策咨询工作未来五年的目标方向、重点任务和保障措施。印发中心"一部一品"工作方案，明确研究部室的品牌名称、工作思路、目标定位、实施方法等内容，成立品牌建设工作专班，定期召开"一部一品"工作会议，制定了品牌建设的时间表、计划书，形成了"一月一调度"等规范化的品牌建设制度体系。建立健全了与国务院发展研究中心、高校以及市州的战略合作机制，与湖南科技大学等高校签署战略合作协议，完善了与各级智库、专家学者互动交流机制，为智库高质量发展提供了全方位的制度保障。

二　智库成果质量实现了新跃升

中心政策咨询工作坚持以服务省委、省政府的重大决策为导向，2021年全年累计完成各类研究报告 100 余篇，获省领导肯定性批示 120 余人次，其中省委、省政府主要领导肯定性批示 21 人次，有力支撑了省委、省政府科学决策，在诸多领域产生较大影响。完成《湖南打造国家重要先进制造业高地的短板及对策》等 10 余篇报告，有力支撑了"三高四新"战略定位和使命任务全面落实。完成的《湖南对接粤港澳大湾区综合研究》获中国发展研究奖一等奖，成为 2021 年度唯一获此殊荣的省级智库。此外，《湖南诠释党的十九大精神系列研究》获中国发展研究奖三等奖，《湖南省居民经济状况大核对体制机制研究》获全国民政理论研究二等奖，《碳达峰碳中和背景下推进我省绿色交通发展》获湖南第七届生态文明论坛一等奖，《强化突发公共卫生事件应急法治保障》获湖南省委法治办征文活动二等奖。

三　智库成果转化展现了新作为

2021 年，中心完成的 10 余项具有深刻洞见、独特创见、战略远见的研究成果，进入了相关决策、文件等，研究成果的转化能力得到了显著提升，为推动湖南省高质量发展提供了全方位的智力支撑。如《加快建设气候适应型城市》提出的有关建议，被湖南省第十二次党代会作为"金点子"采纳，为推动湖南省建设气候适应型城市提供了有益借鉴。《打造轨道上的长株潭都市圈研究》提出的对策建议，被《湖南省"十四五"新型城镇化规划》吸收，为推动长株潭都市圈轨道交通建设提供了决策依据。

四　智库政策评估贡献了新力量

2021 年，中心着力打造"湘研政策评估"重大政策实施效果第三方评估品牌，对《长株潭城市群金融改革发展专项方案》《关于进一步加强省本级政府投资项目审批及概算管理有关事项的通知》《湖南省人民政府办公厅关于支持岳麓山国家大学科技城发展的若干意见》《湖南省实施低碳发展五年行动方案（2016-2020 年）》《中国（长沙）跨境电子商务综合试验区实施方案》《关于政府性融资担保体系支持小微企业、"三农"和战略性新兴产业发展的实施意见》等 10 余项国家部委以及湖南省委、省政府出台的重大政策文件进行了评估，并牵头完成《全省养老保险待遇核查"回头看"》第三方评估，为相关政策的完善与落地实施贡献了中心力量。如高质量完成《长株潭城市群金融改革发展专项方案》实施效果第三方评估，时任湖南省政府常务副省长谢建辉先后三次对评估报告做出肯定性批示。评估报告以湖南省人民政府的名义呈报中国人民银行，促成了湖南继续保持金融改革试验区，对湖南省普惠金融发展、缓解小微企业融资难融资贵、优化金融发展环境起到巨大推动作用，完成的《全省养老保险待遇核查"巨头看"》第三方评估，形成了"一总两分"的评估报告体系，为全省社保专项整治通过中央评估验收奠定了坚实基础。

五　智库交流合作推向了新高度

2021 年，中心促成湖南省人民政府与国务院发展研究中心签署战略合作协议，委托国务院发展研究中心课题组开展《探索中部地区高质量发展的湖南新路径》课题研究。与国务院发展研究中心联合推进基层调研基地建设，确定了长沙高新区、株洲高新区、宁乡经开区、岳麓山国家大学科技城等 18 个单位（县市）作为首批调研基地。成功举办全省首届政策咨询工作会议，促进各级智库、专家学者互动交流。邀请省内 12 名各个领域的专家学者成立首届经济研究顾问团，共同把脉湖南高质量发展。联合湖南日报推出从"草根"到"顶流"系列报道。联合省工信厅完成《小平台托起大产业的"邵东模式"》，获得湖南省政府毛伟明省长的充分肯定，并被湖南省政府办公厅《调查与研究》刊发。联合18家省直部门，主笔完成湖南省政府课题组调研报告《优化营商环境　推进市场主体高质量发展》，获湖南省政府毛伟明省长的高度评价。先后两次召开市州经济形势分析会议，及时分析研讨全省、市州经济运行发展态势。此外，中心相关人员应邀出席上海"浦江创新论坛"、山东"乡村振兴齐鲁论坛"，并做主旨演讲，向全国推介湖南区块链赋能数字政府建设和推进乡村振兴的主要做法。

由于篇幅所限，本书只选编了中心完成的部分研究成果，主要包括得到省领导批示肯定、产生了较好社会反响、适宜公开发表的报告，这些研究成果集中体现了中心研究的特点。一是坚持党建引领把准方向。我们始终坚持以习近平新时代中国特色社会主义思想为指导，牢牢把握"学党史、悟思想、办实事、开新局"的目标，把党史学习教育作为推进调查研究的强大动力，将党的创新理论贯彻落实到决策咨询研究工作全过程各方面。二是聚焦全省中心工作开展研究。聚焦落实"三高四新"战略定位和使命任务，深入开展全局性、战略性、前瞻性、长期性以及重点难点焦点问题研究，深入分析推动先进制造业发展、科技创新、改革开放等方面的重点、难点、热点问题，做到了研究接得到地气、经得起推敲。三是扎根基层开展调研。中心研究人员通过深入一线、深入基层，扎扎实实开展调研，摸清实情，有的放矢找问题、提对策，使调研结果更为翔实可靠、研究成果更具指导意义。四是紧贴前沿创新研究方法。中心紧贴"大数据""云计算"的时代浪潮，瞄准打造全国领先的高端智库目标，持续创新研究方式，充分利用大数据等信息技术方法开展调查研究，不断利用新技术新工具提升咨询研究的科学性、精准性。

2022年是进入全面建设社会主义现代化国家、向第二个百年奋斗目标进军新征程的重要一年，是党的二十大召开之年，也是全面贯彻落实湖南省第十二次党代会精神的伊始之年。新的一年，中心将深入落实习近平总书记对湖南重要讲话重要指示批示精神，弘扬伟大建党精神，全面落实湖南省第十二次党代会部署要求，坚持稳中求进工作总基调，完整、准确、全面贯彻新发展理念，服务和融入新发展格局，全面落实"三高四新"战略定位和使命任务，以中心事业高质量发展为主线，聚力"一部一品"，沿着建设全国领先高端智库的目标砥砺前行，在建设社会主义现代化新湖南的新征程中彰显价值、贡献力量，以优异成绩迎接党的二十大召开。

目 录 ↖

I　打造国家重要先进制造业高地

湖南打造国家重要先进制造业高地的短板及对策

　　——以战略性新兴产业为例 ………………………………… 001

将长株潭打造成为国家重要先进制造业高地"领头雁"的对策建议 …… 014

湖南打造国家重要先进制造业高地的路径研究 ……………………… 023

醴陵打造"世界电瓷之都"的对策建议 ……………………………… 032

助力双峰打造成为全国智慧农机产业高地 ………………………… 038

小平台托起大产业的"邵东模式"

　　——关于邵东智能制造技术研究院的调查与思考 ……………… 047

解决职业经理人发展三大痛点　助力湖南省企业做大做强 …………… 057

II　打造具有核心竞争力的科技创新高地

以工业互联网开启湖南数字经济发展新时代 ……………………… 065

推动湖南省国家级科技创新平台建设的对策研究 ………………… 073

从马栏山视频文创产业园看数字赋能红色文化传播新浪潮………………082

湖南省创新支撑经济发展能力分析及对策建议………………………089

Ⅲ　打造内陆地区改革开放高地

RCEP 签署对湖南打造开放高地的影响及对策研究 ………………097

将长沙打造成为高校毕业生"新一线首落城"的对策建议…………108

进一步促进长沙网红城市"长红"及流量"变现"的对策建议…………119

青春湖南建设：目标、形势与对策………………………………129

乘网红城市东风，做大做强湖南省本土餐饮品牌的对策建议…………138

打造怀化国际陆港物流枢纽　开辟湖南第三出海通道………………147

Ⅳ　区域协调发展

加快推进省域副中心建设的对策建议………………………………153

从七大经济指标看"十三五"湖南省四大板块发展态势………………161

借鉴浙江"山海协作"经验，打造"湘伴而行"协作品牌

　　——进一步缩小湖南省城乡收入差距的对策建议………………169

打造轨道上的长株潭都市圈研究……………………………………177

长株潭都市区辐射带动周边县域协同发展研究………………………182

打造长株潭协同发展先行区研究……………………………………189

Ⅴ　乡村振兴

推进涉粮合作社向社会服务综合体转型,护航粮食安全 ………………199

积极发展旱杂粮作物　保障综合粮食安全……………………………208

湖南打造种业创新高地研究与对策分析………………………………215

探索脱贫攻坚接续乡村振兴的新路径

    ——平江县从脱贫县迈向"休闲食品之都"的启示与建议 ………… 224

乡村振兴齐鲁样板对湖南省的经验与启示 ……………………… 232

乡村振兴面临的四个主要问题及对策建议 ……………………… 238

VI 民生建设

进一步降低湖南省用电价格的对策建议 ………………………… 245

2035年湖南人均 GDP 达到中等发达国家水平测算及建议 ……… 256

将老旧小区改造升级为"绿色改造",助力碳达峰 ……………… 265

规范完善湖南省在线医疗监管的对策建议 ……………………… 272

推动湖南省社区团购健康发展的对策建议 ……………………… 280

多措并举破解湖南省企业招工难题 ……………………………… 287

湖南省居民经济状况大核对体制机制存在的问题及对策建议 …… 291

VII 政策评估

"加强集中式饮用水水源保护和供水安全保障"政策实施效果

    评估报告 …………………………………………………… 300

《关于政府性融资担保体系支持小微企业、"三农"和战略性新兴产业

    发展的实施意见》实施效果评估报告 …………………………… 312

湖南省人民政府《中国(长沙)跨境电子商务综合试验区实施方案》

    实施效果评估报告 ………………………………………… 325

《湖南省人民政府办公厅关于支持岳麓山国家大学科技城发展的若干意见》

    实施效果评估报告 ………………………………………… 338

《关于进一步加强省本级政府投资项目审批及概算管理有关事项的通知》

    实施效果评估报告 ………………………………………… 351

打造国家重要先进制造业高地

湖南打造国家重要先进制造业高地的短板及对策[*]
——以战略性新兴产业为例

湖南省人民政府发展研究中心调研组[**]

推进战略性新兴产业发展是抢占未来经济发展制高点的重大战略。2020年习近平总书记视察湖南期间，为湖南擘画了"三个高地"的宏伟蓝图，嘱托湖南"更加重视激活高质量发展的动力活力，更加重视催生高质量发展的新动能新优势"。湖南 GDP 排名全国第九，加快战略性新兴产业发展既是落实国家新旧动能转换重要使命的需要，也是落实习近平总书记打造国家重要先进制造业高地重要指示的需要。为此，湖南省人民政府发展研究中心成立了调研组，通过省际比较分析，深入剖析了湖南省发展战略性新兴产业存在的问题，并提出了相关建议，供领导参考。

---

[*] 本报告获得时任湖南省委常委、省政府常务副省长谢建辉的肯定性批示。

[**] 调研组长：谈文胜，湖南省人民政府发展研究中心原党组书记、主任。调研组副组长：唐宇文，湖南省人民政府发展研究中心原副主任、研究员。调研组成员：禹向群、贺超群、言彦、成鹏飞，湖南省人民政府发展研究中心研究人员。

一　挑战与困境：省际比较存差距

湖南省委、省政府高度重视战略性新兴产业的发展。2019 年湖南省高新技术产业增加值突破 9000 亿元，同比增长 14.3%，高出 GDP 增速 6.7 个百分点。高端装备、智能制造、新材料、集成电路、数字经济等产业集群发展良好，已成为拉动全省经济快速增长的重要引擎。然而，从省际横向对比①来看，湖南省战略性新兴产业明显存在总量不大、载体不优、企业不强等问题。

1. 总量不大

省际比较显示，湖南省战略性新兴产业仍处于总量低、占比低的"双低"状态。

——总量低。从高技术产业营业收入来看，2019 年湖南为 4016 亿元，仅及广东的 8.6%、江苏的 16.7%、浙江的 48%，在中部六省排名第 5。分行业来看，医药制造业、计算机及办公设备制造业、医疗仪器设备及仪器仪表制造业营业收入均位居中部第 4，电子及通信设备制造业营业收入位居中部第 3（见表 1）。从高技术产业利润总额来看，2019 年湖南为 272.24 亿元，仅及广东的 10%、江苏的 19.4%、浙江的 33%，在中部六省排名第 4。

——占比低。从制造业利润总额占 GDP 的比重来看，2019 年湖南为 5.6%，低于广东（8.49%）、浙江（8.02%）、江苏（6.88%），在中部六省排名第 5；从高技术产业利润总额占 GDP 的比重来看，2019 年湖南为 0.68%，低于广东（2.54%）、浙江（1.32%）、江苏（1.41%）、江西（1.41%），在中部六省排名第 2（详见图 1）。

---

① 为了解湖南省制造业在全国以及中部的地位，选取江苏、广东、浙江等沿海发达省份及中部六省，通过对高技术产业营业收入、制造业利润总额、高技术产业利润总额等指标进行省际比较，分析湖南战略性新兴产业发展的短板。

表1   2019年分行业部分省份高技术产业营业收入及利润情况

单位：亿元，位

省份	医药制造业		电子及通信设备制造业		计算机及办公设备制造业		医疗仪器设备及仪器仪表制造业	
	营业收入	利润额	营业收入	利润额	营业收入	利润额	营业收入	利润额
湖南中部排名	4	4	3	2	4	4	4	2
广东	1578	248	38982	2110	4219	169	1719	187
江苏	3238	461	14239	586	4099	115	2145	221
浙江	1548	231	5148	395	420	18	1234	181
安徽	802	69	2108	102	914	22	190	22
湖北	1197	135	2329	103	381	12	293	22
河南	1049	137	4136	119	96	5	533	57
湖南	990	73	2531	152	105	8	250	31
山西	234	19	981	33	2	—	26	3
江西	1209	124	3550	198	174	16	258	21

资料来源：国家统计局、中国科技统计年鉴、Wind数据库。

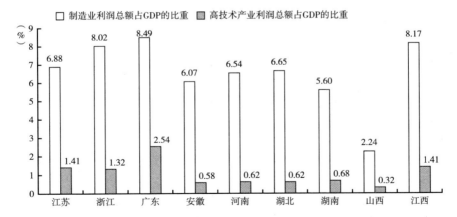

图1   2019年部分省份制造业和高技术产业利润总额占GDP的比重

资料来源：国家统计局、Wind数据库。

2. 载体不优

国家级高新区是落实"三高四新"战略的重要载体，为推动战略性新兴产业发展发挥了重要作用。但省际比较来看，湖南8个国家级高新区经济指标偏后，说明湖南战略性新兴产业集群发展还有很长的路要走。

——占比低。从国家级高新区生产总值占全省GDP的比重来看，2019年湖南8个国家级高新区生产总值占全省GDP比重为23.01%，远低于广东（35.4%）、江苏（31.54%）、江西（32.33%）、湖北（31.98%），在中部六省排名第3（详见表2）。

——效益差。从国家级高新区税收贡献来看，2019年湖南8个国家级高新区实缴税费占全省税收收入的比重为20.89%，低于湖北（42.02%）、安徽（30.14%）、江西（24.13%）、江苏（24.12%），在中部六省排名第4。根据科技部2020年度国家高新区评价结果，长沙高新区在169个国家级高新区中综合排名第14位，在中部六省中武汉东湖高新区位列第5、合肥高新区位列第10。

表2　2019年部分省份国家级高新区主要经济指标情况

省份	国家级高新区个数（个）	总量（亿元）			占比（%）	
		生产总值	净利润	实缴税费	生产总值占全省GDP比重	实缴税费占全省税收收入的比重
广东	14	38222	4261	2165	35.40	21.51
江苏	18	31120	2451	1770	31.54	24.12
浙江	8	13935	1527	1047	22.31	17.75
安徽	6	7536	715	666	20.45	30.14
湖北	12	17177	2109.6	1194	31.98	42.02
河南	7	5285	458	318.4	11.63	12.58
湖南	8	9178	614.6	430.7	23.01	20.89
山西	2	2051	92	92	11.62	5.15
江西	9	8305.5	458	422	32.33	24.13

资料来源：国家统计局、中国科技统计年鉴、Wind数据库。

3. 企业不强

与传统产业相比，战略性新兴产业有着极强的头部效应，如全球芯片制造封装领域头部企业台积电占据 51.5% 的市场份额。湖南省仍存在龙头少、带动能力不强等问题。

——缺龙头。2020 年中国制造业企业 500 强榜单数据显示，广东上榜 57 家，江苏上榜 45 家，浙江上榜 43 家，湖北上榜 12 家，湖南仅有 5 家（博长控股、黄金集团、华菱钢铁、三一集团、唐人神）上榜，可见湖南与沿海发达地区差距大，与同为中部省份的湖北、安徽相比，其产业整体能力与产业链水平也有较大差距。

——带动能力不强。以战略性新兴产业科创板上市企业为例，自 2019 年 6 月开板以来，湖南科创板挂牌上市企业 7 家，远低于广东（37 家）、江苏（49 家）、浙江（22 家），在中部低于安徽（8 家）（详见表 3）；从行业分布看，湖南省科创板上市企业集中在生物医药、新材料等行业，而在湖南省极具传统优势的高端装备行业科创板上市公司尚未实现零的突破，反观其他省份，广东在新一代信息技术领域优势凸显、江苏在生物医药、新一代信息技术、高端装备领域齐头并进，浙江在新一代信息技术领域表现突出，安徽在高端装备领域后来居上。

表 3　部分省份战略性新兴产业科创板上市企业数

单位：家

省份	上市企业总数	高端装备	节能环保	生物医药	新材料	新能源汽车	新一代信息技术	新能源产业
广东	37	7	1	6	4	—	19	—
江苏	49	9	6	13	6	—	13	2
浙江	22	7	—	2	3	1	9	—
安徽	8	3	1	—	2	1	1	—
湖北	6	—	1	2			3	
河南	2	—	—		1		1	—
湖南	7	—	—	2	4		1	—
江西	3		1			1		1
山西	0							

资料来源：Wind 数据库，数据更新至 2021 年 3 月 29 日。

二 寻根究底：从短板到症结的分析

1. 创新人才供给不足，结构不优

一是顶尖科研人才较少。2020 年全球"高被引科学家"① 名单中中国内地高校有 770 人入选，湖南高校入榜学者仅 25 人（湖南大学 14 人、中南大学 6 人、湖南工业大学 2 人、湖南师范大学 2 人、长沙理工大学 1 人），在全国占比 3.2%。新产业新动能的培育需要大量具有国际视野、掌握先进工艺研发技术的顶尖人才，核心芯片、人工智能等领域的自主创新成果急需顶尖科研人才的贡献。二是高技术产业研究人员总量少、结构不优。湖南高技术产业研发人员虽已达 2.8 万人，但仅占全国的 2.47%，与广东（30.18%）、江苏（15.27%）、浙江（9.4%）等省相比差距明显，在中部排名第 5。从行业分布看，湖南省具有人才比较优势的计算机及办公设备制造业、医疗仪器设备及仪器仪表制造业 R&D 人员数量位居中部第二，全国占比分别为 2.14%、2.48%，分别低于安徽（4.65%，中部第 1）、河南（4.2%），远低于沿海创新省份；医药制造、电子及通信设备制造、信息化学品制造业 R&D 人员数量位居中部第 5（详见表 4）。应用型人才极其欠缺，以湖南 2 家科创板上市生物医药企业为例，其技术人员占比平均值为 22.34%，低于全国科创板上市企业平均值 5.6 个百分点。

2. 研发投入不够，自主创新能力不强

一是从高技术产业 R&D 投入总量看，2019 年湖南高技术产业 R&D 投入为 85.85 亿元，仅及广东的 7.1%、江苏的 15%、浙江的 29%、湖北的 56%，中部排名第 4；从 R&D 行业分布看，湖南在电子及通信设备制造业、医药制造业投入较多，分别达到 48.7 亿元、18.2 亿元，信息化学品制造业

---

① 路透社旗下的科睿唯安（Clarivate Analytics）是全球领先的科技信息服务提供商，入榜年度"高被引科学家"名单的科学学者论文被引频次居同学科前 100，可作为判断学术成果质量的权威指标。

表4　2019年部分省份高技术产业研发人员规模占比

单位：%

省份	高技术产业研发人员全国占比	医药制造业	电子及通信设备制造业	计算机及办公设备制造业	医疗仪器设备及仪器仪表制造业	信息化学品制造业
湖南中部排名	5	5	5	2	2	5
广东	30.18	8.08	39.83	30.52	18.55	6.90
江苏	15.27	13.66	14.47	19.17	23.36	19.47
浙江	9.40	10.37	8.89	4.67	16.34	6.44
安徽	3.43	4.03	3.69	4.65	1.63	1.95
湖北	3.39	5.55	3.14	0.37	1.85	26.64
河南	3.33	5.14	2.74	0.41	4.20	13.61
湖南	2.47	3.52	2.27	2.14	2.48	0.53
山西	0.71	1.37	0.76	0.03	0.23	—
江西	3.40	3.62	3.66	1.32	1.82	0.58

资料来源：相关年份中国科技统计年鉴。

研发投入较少，仅有734万元，但电子及通信设备制造业研发投入仅为广东的4.7%、江苏的15.9%、浙江的25.9%、湖北的42.8%、安徽的67.5%。从R&D全国占比来看，湖南在医疗仪器设备及仪器仪表制造业投入占比2.7%，高于安徽（1.91%）、湖北（1.7%），但远低于江苏、广东、浙江，在中部低于河南（3.73%）；在计算机及办公设备制造业投入占比1.21%，高于河南（0.48%）、湖北（0.27%），但远低于广东、江苏，在中部低于安徽（5.81%）；在医药制造业、信息化学品制造业、电子及通信设备制造业的研发投入明显落后于大多数省份（详见图2）。

二是从R&D资金来源看，湖南政府在电子及通信设备制造业、医药制造业R&D投入较多，分别达到1.16亿元、0.46亿元，信息化学品制造业研发投入较少，仅有18万元，但电子及通信设备制造业政府R&D投入仅为广东的1.46%、江苏的23.2%、浙江的38%、湖北的5%、安徽的56.7%，

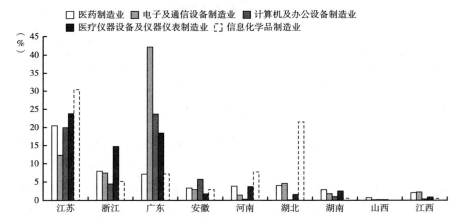

图 2　2019 年部分省份高技术产业 R&D 经费内部支出规模占比

资料来源：相关年份中国科技统计年鉴。

在中部六省排名第 4；从政府 R&D 投入占比看，湖南省在医疗仪器设备及仪器仪表制造业、电子及通信设备制造业、计算机及办公设备制造业政府 R&D 投入占比较多，分别为 4.2%（中部仅低于安徽的 9.23%）、2.38%（中部低于湖北的 20.5%、安徽的 2.84%）、6.66%（中部低于山西的 12.9%、安徽的 8.19%）（详见表 5）。

表 5　2019 年部分省份高技术产业政府 R&D 经费内部支出占比

单位：%

省份	医药制造业		电子及通信设备制造业		计算机及办公设备制造业		医疗仪器设备及仪器仪表制造业		信息化学品制造业	
	政府占比	企业占比	政府占比	企业占比	政府占比	企业占比	政府占比	企业占比	政府占比	企业占比
江苏	2.04	97.96	1.64	98.36	0.15	99.85	2.27	97.73	0.37	99.63
浙江	7.24	92.76	1.63	98.37	2.51	97.49	2.93	97.07	0.22	99.78
广东	5.94	94.06	7.71	92.28	2.25	97.75	3.30	96.70	0.95	99.05
安徽	6.89	93.11	2.84	97.12	8.19	91.75	9.23	90.77	1.95	98.05

续表

省份	医药制造业		电子及通信设备制造业		计算机及办公设备制造业		医疗仪器设备及仪器仪表制造业		信息化学品制造业	
	政府占比	企业占比	政府占比	企业占比	政府占比	企业占比	政府占比	企业占比	政府占比	企业占比
河南	3.41	96.59	0.96	99.04	0.00	100.00	2.46	97.54	0.07	99.93
湖北	3.82	96.18	20.50	79.50	0.76	99.24	3.69	96.31	4.11	95.89
湖南	2.54	97.46	2.38	97.62	6.66	93.34	4.20	95.80	2.45	97.55
山西	4.19	95.79	0.63	99.37	12.9	87.10	3.64	96.36	18.49	81.51
江西	3.19	96.81	2.18	97.82	2.81	97.19	3.51	96.49	18.49	81.51

资料来源：相关年份中国科技统计年鉴。

3. 辅助配套能力较弱，产业链条不完善

一是配套企业不强。湖南省坐拥三一、中联等国内乃至国际行业龙头企业，但高端装备业科创板上市企业未实现零的突破。反观江苏高端装备业，在龙头徐工的带动下，科创板上市企业数高达9家，实现了集群带动。调研发现，湖南工程机械配套企业过分依赖于某一特定主机企业，生产任务完全来源于主机企业，产品兼容性差，任务均衡性差，生产效率不高，盈利能力较弱，利润空间不足，导致在生产设备和质量控制设备上投入少，产品品质差。二是配套企业种类不全。广东、江苏和浙江等产业强省，均聚集了各种辅助配套企业，所有零部件和产品，基本上都能在当地找到优秀的配套企业。然而，湖南产业链尚不完整，很多产业环节缺乏相应的配套企业，如模具加工、表面处理和精密机床等方面的配套企业就很少，必须长期依赖外地企业；本省工程机械配套企业有效产能不足以满足主机企业集中采购需求，有些部件甚至需要5家以上省外配套企业才能保证主机企业的生产需要，增加了主机企业生产调度和采购协调难度，也增加了主机企业控制产品质量的难度，导致主机企业产品的附加值难以有效提高，制约了湖南产业基础能力与产业链水平的进一步提升。

三　破解困局：精准对标，多措并举

2020年7月30日中共中央政治局会议上，习近平总书记提出"要提高产业链供应链稳定性和竞争力，更加注重补短板和锻长板"。安徽在其具有R&D人才比较优势的计算机及办公设备制造业、医药制造业、电子及通信设备制造业领域加大政府投入力度，湖北在其具有R&D人才比较优势的信息化学品制造业、医药制造业、电子及通信设备制造业领域加大政府投入力度，成绩斐然，首批66个国家级战略性新兴产业集群名单中武汉占了4席、合肥占了3席，数量位居全国第一和第二。2020年合肥市"大力培育发展战略性新兴产业"工作获国务院办公厅通报表扬。当前，湖南省产业布局、科技创新、财政投入领域也很有必要按照"锻长板优先"的思维进行重新布局调整，集中优势资源加大投入，打造一批在全国乃至全球范围内具有很强长板优势的战略性新兴产业、创新技术和人才（见表6）。

表6　首批国家级战略性新兴产业集群建设重点领域分布

单位：个

领　域	个　　数
人工智能	4（北京、上海、深圳、合肥）
集成电路设计	5（北京、上海、武汉、合肥、西安）
新型显示器件	3（武汉、深圳、合肥）
下一代信息网络	3（武汉、郑州、鹰潭）
信息技术服务	7（上海、郑州、杭州、大连、济南、贵阳、澄迈县）
网络安全	1（天津）
生物医药	17（北京2个，上海、武汉、烟台、广州、厦门、杭州、成都、天津、临沂、珠海、苏州、哈尔滨、石家庄、重庆、通化各1个）
节能环保	3（青岛、许昌、自贡）
先进结构材料	5（烟台、娄底、铜陵、宝鸡、乌鲁木齐）
新型功能材料	9（厦门、淄博、岳阳、平顶山、福州、莆田、宁波、铜仁、赣州）
智能制造	7（深圳、广州、大连、长沙、湘潭、徐州、常州）
轨道交通	2（青岛、成都）
合　　计	66

资料来源：国家发改委。

1. 举旗谋划，厘清发展目标和重点方向

国家《"十三五"国家战略性新兴产业发展规划》提出，要建设 100 个左右的特色集群，首批 66 个国家级战略性新兴产业集群建设名单中，湖南省具有比较优势的新型显示器件、集成电路设计、网络安全、轨道交通、智能网联汽车、数字创意产业领域均未纳入。因此，下一步要完善省级集群建设体系，在全省范围内开展省级战略性新兴产业集群示范区建设，精准推动产业布局调整。加强分类指导，前瞻布局，聚焦集成电路设计、网络安全等基础好、潜力大的战略性区块，集中资源重点攻坚，通过在重点领域推动重点产业集群发展，实现整个产业竞争力的全面提升。如集成电路设计领域，在关注 14 纳米、7 纳米等标杆性技术指标的同时，也要重点关注 55 纳米以下、各个节点芯片的应用需求，力争在主流芯片应用、代工等环节做到不可替代。建立健全战略性新兴产业共创共建长效机制，实施省级统筹、市级建设、园区服务的共创分担机制，形成若干带动能力突出的新兴产业新增长极（见表 7）。

表 7　湖南要重点发力的战略性新兴产业领域

领　域	目　标
集成电路设计	依托中电科 48 所和国防科大国家示范性微电子学院的人才和技术优势、景嘉微和国微等上市龙头企业以及启泰传感，加快将长沙打造成为集成电路设计集聚区
新型显示器件	依托邵阳彩虹集团、蓝思科技、株洲晶彩、长城信息等骨干企业，加快打造新型显示器件产业集聚区
网络安全	依托国家网络安全产业园区（长沙），加快打造国内领先的网络安全产业链
数字创意	依托马栏山视频文创产业园，重点发展数字硬件、数字设计、动漫游戏、影视娱乐等领域，通过数字化手段提高产业竞争力
智能网联汽车	发挥长沙智能网联汽车国内领先优势，争取早日被纳入国家战略工程
轨道交通	发挥株洲轨道交通国内市场占有率连续 6 年保持第一的优势，力争成为全国第 3 个国家级轨道交通产业集群

2. 精准聚焦，围绕目标坚持集中持续投入

立足市场机制，通过制定有区别的财政支持政策来规划重点发展行业。

具体而言，针对湖南省医药制造业、电子及通信设备制造业、信息化学品制造业等在 R&D 人才、R&D 投入上不具比较优势的行业，需从全省制造业发展的全局来看，高度重视，加大扶持力度。如对信息化学品制造业、医药制造业，实施投资贷款优惠税率，重点扶植关键核心技术研发，并将核心技术纳入湖南省科技计划项目，以规模效益带动劣势产业的转变；对电子及通信设备制造业，可适度加大数字化、网络化和智能化等应用创新投入；针对高端装备业、医疗仪器设备及仪器仪表制造业、新材料等在 R&D 人才、R&D 投入以及政府 R&D 投入等具有极强比较优势的产业，要继续加大对基础工艺、基础材料等产业基础能力的长期持续投入，进一步整合全省产业资源，不断改善产业集群软硬环境，加强公共技术服务平台建设，拓展产品的应用市场。如依托中联重科、三一重工、山河智能等开展高端装备制造业中的液压件、发动机、高档数控机床等关键技术的攻关，逐步以自产替代进口；依托株硬集团、博云新材、晟通科技、蓝思科技等新材料企业，致力于先进硬质材料、碳基材料、新型轻合金和显示功能材料等绿色高端材料研究。针对湖南省计算机及办公设备制造业，要注重创新资源投入问题，科学合理运用所投入的人力、财力等资源，尽可能减少投入冗余。

3. 立足优势，打造高水平人才培育平台

聚焦全省战略性新兴产业全产业链人才需求，从国际化人才、领军人才、技能型人才、后备人才等几个层次有针对性地制定长期稳定的培养和引进机制，形成各行业头部企业、大院名校专业、各类人才需求、重点攻关项目"四张清单"，建设湖南战略性新兴产业人才大数据中心，定期发布人才供需指数。充分发挥省级重点智库政策沟通和战略对接优势，支持行业龙头企业、国防科大、中南大学、湖南大学等利用国家重点实验室的平台优势和人才优势以及多学科交叉优势，围绕全省战略性新兴产业科研需求和科技前沿，加强前沿交叉领域规划，从顶层推动交叉领域进展，破解交叉领域合作瓶颈，多方合作，争取突破。推动组建"集成电路设计""轨道交通""智能网联汽车""网络安全""人工智能""材料交叉学科"等前沿交叉学科协作创新平台，促进基础学科及应用学科交叉融合，在前沿和交叉学科领域培植新的增长点。推动国防科大、湖南大学、中南大学等省内高校的计算机学院、化工学院、机械学院与重点企业合作建立实习平台，加强专业技能培训，实现知识向技术经验的转化，推动本省技术和人才为本地产业服务。同时，制定大型企业与高校联合办学的优惠政策，保障大专院校人财物持续投入，以应对产业发展新需求。

4. 做优载体，强化政策引领和生态优化

全省各产业园区尤其是国家级高新区要聚焦产业生态构建，加快产业集群要素融合聚集。加快面向高质量发展的产业政策转型和创新，产业政策总量要减少，有效性要提高。政策方向上，要完善自主创新产品审批机制，解决创新产品进入市场困难问题；完善工业基础能力提升的相关政策，制定鼓励主机企业采用国产关键零部件等基础研发产品的优惠政策；完善企业梯队培育机制，借鉴美国"能源之星""能效领跑者"制度，发展面向中高端的质量等级标准，鼓励企业自主认证并严格抽查，通过行业标杆引领企业向更高标准和质量升级。通过政府引导，引入公益性和专业化服务资源，进一步完善多层次的企业转型升级服务体系。完善技术转移转让服务市场，大力发展技术要素市场，规范发展战略性新兴产业质量标准服务体系，支持发展第三方中小企业云平台服务。完善金融科技服务的市场制度安排，增加先进制造业中长期贷款，发展企业直接融资，完善制造业股权投资和债券融资体系，推动有实力的科技企业上市融资。

将长株潭打造成为国家重要先进制造业高地"领头雁"的对策建议[*]

湖南省人民政府发展研究中心调研组[**]

当前,湖南省打造国家重要先进制造业高地迈入提速提质提效的关键阶段,长株潭作为湖南的核心增长极,发挥了关键的作用,要加快将长株潭打造成为国家重要先进制造业高地"领头雁",引领带动全省制造业高质量发展。

一 长株潭的三大基础与优势

近年来,长株潭一体化发展加速推进,创新资源不断集聚,基本形成工程机械、轨道交通装备、航空动力三个世界级产业集群,创造了全省47%的制造业增加值。

1. 形成了三大世界级产业集群

长株潭工程机械、先进轨道交通装备、航空动力在国内外脱颖而出,三大世界级产业集群基本形成。工程机械:长沙成为世界第三大工程机械产业集聚地,龙头企业集聚度世界第一,世界最大起重能力的履带起重机等多项产品技术水平全球第一,混凝土机械、建筑起重机械、大直径硬岩掘进机等产品市场占有率全球第一,工程机械规模占全国1/4以上,居全国之首,入

---

 * 本报告获得湖南省政协主席李微微、时任湖南省委常委、省政府常务副省长谢建辉的肯定性批示。

** 调研组组长:谈文胜,湖南省人民政府发展研究中心原党组书记、主任;调研组副组长:唐宇文,湖南省人民政府发展研究中心原副主任、研究员;调研组成员:左宏、闫仲勇、康耀心,湖南省人民政府发展研究中心研究人员。

选全国先进制造业集群。轨道交通：拥有全球规模最大、配套最强、技术水平领先的轨道交通制造基地，电力机车产品占全球市场份额的比重居全球第一，拥有国内最大的轨道交通研发生产和出口基地，电力机车、城轨车辆、轨道交通电传动系统和网络控制系统等产品市场占有率居国内第一。航空动力：拥有全球第二、国内唯一大飞机地面动力学试验平台，全国唯一的中小航空发动机特色产业基地，全国首批国家通用航空产业综合示范区，中小航空发动机产业集群规模和竞争能力居全国第一，中小航空发动机国内市场占有率达到90%以上。

2. 打造了一批全国领先的特色产业

"三智一芯"成为引领全国的标杆产业。智能制造装备产业集群获批国家首批战略性新兴产业集群，获批国家智能网联汽车（长沙）测试区、湖南（长沙）车联网先导区，长沙智能制造试点示范企业数量在全国省会城市中居第一，湘潭开发了国内首台（套）"海底60米多用途钻机""5兆瓦永磁直驱海上风力发电机"等一批具有国际先进水平的重大智造成果。信创产业融入国家战略。长沙获批全国第二个国家网络安全产业园区、全国首个国家网络安全专业化众创空间、全国首个省级商用密码产业示范基地，成为拥有PK体系、鲲鹏生态的全国最大自主IT生态城市，株洲建成以国际一流的第六代IGBT技术为基础的汽车用功率半导体生产线。新材料产业规模在全国处于领先水平。造船板、海洋平台用钢、极限薄规格耐磨钢、桥梁及高层建筑用板等先进钢铁材料国内市场占有率第一，硬质合金材料在国内产业中占据半壁江山，先进储能材料产业在正极材料、前驱体等领域全国领先。

3. 形成闻名全国的"自主创新长株潭现象"

长株潭集聚了全省70%以上的科研机构和创业创新平台、全省65%的高校、近70%的省级智能制造示范企业和示范车间、近90%的国家级智能制造试点示范和专项项目，创造了全省70%的科技成果、80%的国家科学技术奖，诞生了以三超（超高速轨道交通、超级计算机、超级水稻）、"海牛"深海钻机、北斗核心芯片为代表的一系列自主创新成果，实现全省近60%的高新技术产业增加值，形成了闻名全国的"自主创新长株潭现象"。

二 存在规模偏小、配套率偏低、关键核心技术 "卡脖子"三大不足与差距

打造国家重要先进制造业高地"领头雁",长株潭在规模、配套、关键核心技术等方面存在一些亟待突破的瓶颈和短板。

1. 制造业集聚化、高端化发展亟须增强

宏观层面,制造业总体体量偏小。2020 年,全国制造业增加值达 27.82 万亿元,占 GDP 的比重达到 27.4%,长株潭三市制造业增加值分别为 3240 亿元、1254 亿元、928.2 亿元,长沙制造业增加值占 GDP 的比重仅为 27%,比全国平均水平低 0.4 个百分点,比深圳等制造业强市低近 10 个百分点。中观层面,大部分产业链规模不大。调研发现,长株潭除了工程机械、轨道交通、汽车、材料等重点产业链规模达到千亿级别外,多数产业链规模仍较小。微观层面,企业数量偏少、结构不优。天眼查显示,截至 2021 年 3 月,长沙制造业企业数量在中部省会城市中位居武汉和郑州之后,也低于中部非省会城市的安庆、赣州等地;河南 7 个非省会城市、安徽 4 个非省会城市制造业企业数量超过了株洲(详见表 1);在代表先进制造业重要发展方向的计算机、通信和其他电子设备制造业方面,长株潭计算机、通信和其他电子设备制造业企业数量占制造业企业总数的比例仅为 0.82%,在中部省会城市中仅排在第 5 位,也远低于赣州(2.7%)、滁州(4.5%)、吉安(4%)等中部非省会城市的比例;全国工商联发布的"2020 中国民营企业制造业 500 强名单"中,中部地区 68 家企业入围,河南、河北、安徽、山西、江西分别有 16 家、13 家、13 家、11 家、9 家入围,湖南仅 6 家入围,位居中部最后,民营企业急需向规模化、高端化转变。

表1 中部地区部分城市制造业企业数量

单位：家

省　份	城　市	数　量
湖　南	长　沙	43353
	株　洲	25407
	湘　潭	12710
湖　北	武　汉	54777
河　南	郑　州	53119
	洛　阳	40705
	周　口	35596
	新　乡	33287
	商　丘	30782
	南　阳	29983
	许　昌	29714
	安　阳	28049
江　西	赣　州	50526
安　徽	安　庆	44841
	合　肥	42156
	阜　阳	39255
	六　安	26459
	滁　州	25627

资料来源：天眼查，截至2021年3月。

2.制造业本地配套率、配套档次急需提升

本地配套率较低。调研发现，长株潭多数产业链本地配套率处于较低水平。本地配套较为低端。本地制造业配套企业普遍规模较小，自主研发能力弱，产品质量和性能档次不高，主要提供一些低端无技术含量的产品。

3.制造业技术"卡脖子"等创新能力瓶颈亟须突破

关键核心技术自给率低。长株潭工程机械、汽车等主要制造业的关键核心技术自给率偏低，"卡脖子"问题突出。制造业专利数量少。国家知识产权大数据产业应用研究基地发布的"2020中国制造业民营企业500强专利榜单"显示，浙江、江苏和山东有专利的企业数量最多，分别为50家、46

家和 41 家；中部地区的河南、湖北有专利的企业也均超过了 10 家，安徽有专利的企业有 9 家，而湖南省仅有三一、蓝思科技、湖南博长、华泽集团 4 家企业入围。专利数量方面，广东企业的有效专利数量最多，达 66082 件；中部省份湖北接近 3000 件，安徽接近 2000 件，江西也接近 1000 件，湖南省只有 69 件，位居中部地区最后。

三　谋划"两基地两中心""两廊一圈多组团"的定位与布局

聚焦"两基地两中心"战略定位，打造"两廊一圈多组团"布局，引领带动全省制造业高质量发展。

1. 战略定位："两基地两中心"

——全球高端装备制造业基地。大力发展智能制造装备、高端工程机械装备、轨道交通装备、航空航天装备、汽车及零部件等产业，建设世界级高端装备制造业产业集群。加速形成高端制造业生态体系，全力打造全球高端装备制造企业总部基地、研发设计中心和全球售后服务中心，在高端装备制造业领域集聚一批具有全球影响力的头部企业、创新服务平台和高端技术人才，推动高端装备制造业向智能化、服务化方向转型。

——全国产业链供应链安全示范基地。加强产业链供应链安全战略设计，建立健全产业链供应链安全政策法规体系和配套制度，在工程机械、轨道交通等重要行业领域打造国家级供应链安全风险预警和应急响应平台，搭建多级联动的供应链安全风险预警和应急响应机制。建设全国制造业产业链高端配套中心，打造重点产业 1 小时供应生态圈，形成产业链供应链闭环，构建自主可控的产业链供应链体系，持续增强产业链供应链自主可控能力。

——全国制造业创新孵化中心。依托长株潭国家自主创新示范区、湘江新区、岳麓山大学科技城等平台，争创综合性国家科学中心、国家制造业创新中心、国家科技成果转移转化示范区，建设大众创业万众创新升级版，吸引企业在长株潭建立技术研发总部，建设国内一流、国际知名的先进制造业创新孵化中心。重点建设"一区一地一总部":一区即应用场景示范区,将湘江新区打造成为新经济的试验示范工场;一地即科创飞地,将岳麓山大科城打造成为全国科创飞地;一总部即企业研发总部,将长株潭国家自主创新示范区打造成为全国企业研发总部。

——全国智能制造中心。围绕工程机械、汽车及零部件、食品及农产品加工、新材料、电子信息等重点领域,大力推进智能化升级改造,显著增强智能制造发展基础和支撑能力,培育一批智能制造标杆企业,壮大一批智能制造系统解决方案供应商,发展一批高端制造装备,创新一批应用场景,打造一批公共服务平台,建设一个智能制造"海归小镇",形成良好的智能制造生态体系,合力建设国家智能制造中心。

2.总体布局:"两廊一圈多组团"

——"两廊"。发挥长株潭"领头雁"作用,打造辐射带动长株潭及全省制造业发展的东部先进制造业开放走廊和西部先进制造业创新走廊。

长株潭东部先进制造业开放走廊:依托黄花国际机场、长沙南站、渝长厦高铁机场站、京港澳高速等重大交通基础设施,以湖南自贸试验区长沙片区建设为契机,通过产业链供应链配套、飞地经济等多种形式,联动金霞经开区、长沙经开区、雨花经开区,带动株洲经开区、田心高科园、荷塘工业集中区、董家塅高科园、醴陵经开区等区域,共同打造工程机械、轨道交通、航空动力三大世界级产业集群以及新材料等战略性新兴产业集群,加快形成产业链区域大循环,以开放辐射带动全省先进制造业发展。

长株潭西部先进制造业创新走廊:重点依托湘江西岸教育科创资源,高水平建设岳麓山大学科技城,通过发展科创飞地、协同创新中心等多种形式,联动长沙高新区、岳麓高新区、望城经开区、宁乡高新区、宁乡经开区,带动湘潭经开区、湘潭雨湖工业集中区、湘潭高新区、株洲高新区等区域,集聚发展新一代智能制造、生物医药、数字经济等产业,着重建设全省先进制造业创新策源地,以创新创业辐射带动全省先进制造业发展。

——"一圈":长株潭服务型制造业发展圈。围绕长株潭生态绿心,整合长沙南部片区、株洲九郎山片区和湘潭昭山片区,将服务型制造作为重要的发展方向，着力发展包含工业设计、数字制造、共享制造、检验检测、供应链管理等在内的一批服务型制造产业链，培育一批服务能力强、行业影响大的服务型制造示范企业，打造一批掌握核心技术的应用服务提供商，建设一批功能完备、运转高效的省级服务型制造服务平台，形成一批服务型制造产业集群。

——"多组团"：长株潭特色先进制造业组团。立足全域统筹、产业一体，围绕长株潭核心区功能定位，打造若干重要特色产业组团，包括宁乡组团、浏阳组团、韶山-湘乡组团、醴陵-攸县组团、茶陵-炎陵组团等，做大做优一批特色先进制造业，推动先进制造业错位发展、协调发展，形成强核带动的紧密圈层。

四 构建"产业、创新、开放"先进制造业三大体系

立足自身优势，补齐发展短板，着重构建先进制造业高质量发展的产业、创新、开放三大体系，按照做强大企业、培育"小巨人"的思路形成"一龙带百小"等专项计划，推动长株潭城市群先进制造业高质量发展。

1. 产业体系：打造"点、链、群"生态层级

企业点：推动企业向大型化、智能化转型升级。以"一龙带百小"计划推进企业梯度培育。统一实施领军企业"登峰"行动、工业企业"头羊"行动，以龙头企业引领中小微企业发展配套产业和关联产业，完善产业链，形成优势产业集群。以"上云用数赋智"计划推动传统产业转型升级。建设一批领先型"灯塔工厂"、行业应用云平台、长株潭一体化制造业大数据平台，分类推进制造业企业"触网上云"。

产业链：推动产业链向配套化、服务化发展。以"首台套"计划促进本地配套产业发展。建立"首台套"设备制造全流程保险补偿机制，设置"关键装备国产化率"等考核指标，形成敢买、愿买本地"首台套"导向。以"数字营销"计划推动长株潭配套产品走向全国。推广"无接触配送""网红带货"等新模式，拓展"卖全国""卖全球"的数字化营销渠道，将

长株潭打造成为全国知名的制造业配套中心。以"深度融合"计划推进制造业服务化转型。围绕共性生产性服务需求，搭建一批服务型制造公共服务平台，形成一个全国领先的基础性工业互联网平台；建设一批现代服务业生产性服务业功能区，培育和引进一批具有引领作用的生产性服务业企业。

产业群：推动产业集群向规模化、品质化发展。以"高能级产业集群"计划推动先进制造业集聚发展。加强先进制造业集群培育发展顶层设计，聚力打造"4+5+N"先进制造业集群。4即打造工程机械、轨道交通装备、航空动力、电机电磁驱动等四大世界级产业集群；5即打造先进材料（含硬质材料、储能材料、陶瓷等）、安全可靠计算机及创新应用、智能网联汽车、集成电路、军民融合等5个国家级先进制造业集群；N即积极发展生物医药、人工智能及机器人、消费类电子、绿色食品、节能环保等一批省级先进制造业集群。以"质量提升示范"计划推动高质量发展。全面实施标准化战略，加快提升制造品牌产品市场占有率；在制造业领域率先实施"碳中和、碳达峰"行动，着力建设一批绿色示范工厂、绿色园区。

2. 创新体系：推动技术研发和应用"两条腿走路"

以"从0到1基础研究"计划提升先进制造业创新能力。紧密对接国家中长期科技发展规划，在网络安全、智能制造、数字经济、新材料、生物医药等领域实施一批重大科技专项，在长株潭加快布局一批国家基础科学研究平台，超前部署超算、量子科技等一批长期性基础性研究，提升原始创新能力。以"企业科技创新积分"计划倒逼提升创新能力。制定《企业科技创新积分管理办法》，在企业研发投入、创新人才、创新活动、创新成果等方面制定企业科技创新积分管理计分标准，对企业创新能力进行综合评价，根据企业创新积分排行榜，确定年度"科技创新十佳企业"和"科技创新优秀企业"。以"揭榜挂帅"计划促进关键核心技术研发与转化。分类形成"卡脖子"技术清单，以项目化形式定期发布关键核心技术机会清单，引导全球高校、科研机构、企业对"卡脖子"技术清单揭榜；鼓励国内外高校、科研单位、企业提供符合长株潭产业需求的科技成果，经发榜后，由有技术需求且符合应用条件的企业进行揭榜转化。以"'百城百园'行动"计划促进关键核心技术转化。开展"百城百园"行动重点项目申报,征集重点项目,按照"一城一主题"和"一园一产业"原则,应用一批先进科技成果和创新解决方案。

3. 开放体系:形成国内国际"双循环"新发展格局

以"产业承接转移"计划引进一批产业。加强与国内外发达地区的产业合作,编制长株潭先进制造业发展指导目录,指导区县(市)、园区结合自身优势,重点承接粤港澳大湾区等与长株潭关系密切地区的产业,吸引大湾区的相关企业在长株潭设立"第二总部"。以"园区合作"计划打造先进制造业飞地经济示范区。借鉴深汕特别合作区发展模式,在长株潭配套较好、交通便利的地区划定一定区域,设立完全由深圳托管的"长株潭-深制造业特别合作区",特别合作区所有事务由深圳主导,同时在合作区周边预留后续产业发展空间,吸引更多的产业和企业向合作区周边聚集。以"国际合作"计划拓展外循环市场空间。鼓励装备制造企业在自贸试验区综保区范围内开展"两头在外"的保税维修和进口再制造业务,探索工程机械二手设备出口新模式以及融资租赁服务高端装备制造业发展的集成业务模式,赋能外资外贸增量提质。

湖南打造国家重要先进制造业高地的路径研究[*]

湖南省人民政府发展研究中心调研组[**]

新一轮科技革命和产业变革加快演进，先进制造业发展呈现集群化、服务化、绿色化、智能化、创新化等新趋势。国外一些发达国家根据发展趋势及时做出发展先进制造业的战略调整，积累了一些典型经验。在湖南打造国家重要先进制造业高地的重要时期，湖南省有必要认清和把握先进制造业未来的发展趋势和特点，并积极借鉴其他国家经验做法，加快打造国家重要先进制造业高地的步伐。

一 认清趋势：世界先进制造业发展态势与主要特征

先进制造业发展主要体现在两个方面：一方面，传统制造业吸纳信息技术、网络技术等先进制造技术后提升为先进制造业，以数控机床、航空航天装备等为代表，新一代信息技术与制造业深度融合，制造业与服务业深度融合，智能制造趋势日益明显。另一方面，新兴技术成果产业化后形成的新产业，以增量制造、生物制造等战略性新兴产业为代表，技术创新成为引领先进制造业发展的重要引擎，产业集群成为先进制造业提升竞争力的重要手段，绿色制造成为先进制造业发展的重要方向。

---

[*] 本报告获得湖南省政协主席李微微，时任湖南省委常委、省政府常务副省长谢建辉的肯定性批示。

[**] 调研组组长：谈文胜，湖南省人民政府发展研究中心原党组书记、主任；调研组副组长：唐宇文，湖南省人民政府发展研究中心原副主任、研究员；调研组成员：刘琪、闫仲勇、康耀心，湖南省人民政府发展研究中心研究人员。

1. 集群化部署成为规模发展的重要途径

集群化发展是先进制造业完善产业空间布局、促进要素集聚的关键之举。随着区域竞争的日益激烈，培育先进制造业集群，成为新时期推动制造业规模化发展的重要举措。如美国制定区域创新集群计划、产业集群测绘计划，形成了西雅图埃弗里特航空、硅谷高端电子信息、北卡大三角地区电子信息、马萨诸塞州生物医药等世界级产业集群，硅谷高端电子信息产业集群集聚了 100 万人以上的科技人员、1 万家以上的工业公司，生产全美 1/3 以上的半导体集成电路、1/6 以上的电子计算机。日本制定产业集群计划、知识集群计划等产业计划，打造了九州岛熊本县高端电子信息、爱知县丰田汽车等世界级产业集群。

2. 服务化融合成为高端发展的主要方向

先进制造业和现代服务业深度融合发展，成为迈向全球价值链中高端的重要路径。随着制造业和服务业融合程度不断加深，制造业服务化、服务业制造化的双重融合趋势日益显现，服务型制造成为新的产业形式。IBM、GE、NIKE、ROLLS-ROYCE 等众多知名跨国公司的主营业务都已经实现了由传统制造向服务型制造转型。如 IBM 从硬件制造商成功转型为综合 IT 服务商后，服务收入在营业总收入中占比超过了 50%；通用电气"技术+管理+服务"模式所创造的产值已占到公司总产值的 2/3 以上。

3. 绿色化转型成为持续发展的必由之路

绿色制造成为先进制造业可持续发展的广泛共识。制造业发展与资源环境约束之间的矛盾日益突出，为实现资源能源高效利用和生态环境保护，世界主要经济体纷纷提出绿色化转型理念和战略，欧美提出了"绿色供应链""低碳革命"，日本提出了"零排放"，我国提出了"碳达峰""碳中和"，节能环保、新能源、再制造等产业快速发展，已成为各国重塑制造业竞争力的重要手段，也是未来先进制造业发展的重点方向。

4. 智能化升级成为转型发展的关键抓手

智能制造成为传统制造业向先进制造业转变的主攻方向。随着"大物移智云"（大数据、物联网、移动互联网、人工智能、云计算）等新一代信息技术的发展及信息化水平的普遍提高，数字技术、网络技术和智能技术日益融入制造业全过程，加速推动传统制造业转型升级。德国的工业 4.0、美国的工业互联网、法国的"未来工业"计划、欧盟的第七框架计划（FP7）、欧盟"地平线 2020"计划等，均提出要推动传统制造加速向以人工智能、机器人和数字制造为核心的智能制造转变。据麦肯锡公司预测，到2025 年，发达经济体中 15%~25% 的企业制造将实现智能化和自动化，而新兴经济体中该比重将占 5%~15%。

5. 技术转化应用成为创新发展的动力源泉

技术创新与转化应用，成为持续推动先进制造业高质量发展的重要引擎。先进制造技术是先进制造业最显著的特征，技术创新和发明创造成为先进制造业发展的根本动力。比如，美国在实现工业化的 100 年时间内，其政府专利总数接近 30 万项，是工业化之前的 1000 倍，工业化期间的年均专利数也达到 2000 多项，是工业化之前的 100 倍，且其技术创新和发明专利与工业化生产紧密结合。正是基于大量的发明创造与技术转化应用，美国才能超过英国成为世界经济头号强国。德国则通过加大发明专利和企业研发投入不断巩固制造技术的创新地位，以此保持汽车等制造业的国际竞争力。德国大众、奥迪、宝马、戴姆勒、保时捷、欧宝等汽车制造商，每年申请的技术专利都是数以千计，其中，西门子、博士、英飞凌、巴斯夫等公司位居全世界 12 个申请国际专利最多的公司之列；大众、西门子、奔驰等公司位居全球研发投入比重最高的 25 家公司之列。

二 借鉴模式：围绕"创新、政策、企业" 打造先进制造业生态体系

在推动先进制造业发展方面，美国、日本、德国、英国等发达国家，探索出了多种途径和方式，形成了一系列特色做法和模式。

1. 美国：以国家制造业创新中心助力先进制造业发展

为推动核心技术研发和成果转化，自 2012 年 3 月起，美国启动国家制

造业创新网络计划，开始在先进材料制造、生物制药、智能机器人、3D 打印等重点技术领域建设制造业创新中心。具体做法有：一是集中优势力量，政产学研协同建设制造业创新中心。制造业创新中心建设采取政府牵引、企业主导、高校和科研机构以及其他非营利组织支持的公私合作模式。融资方式上，早期由联邦政府与非政府机构最低按 1∶1 的比例投入，后期逐步过渡到资金独立和自我发展；治理模式上，由非营利组织负责日常管理，实行以董事会为核心的商业治理模式，董事会成员来自政产学研各方。二是聚焦前沿领域和特定环节，填补创新短板。制造业创新网络关注的领域包括制造过程改进（增材制造、数字制造、轻量制造等）、具体技术（纳米技术、碳纳米管等）以及重点行业领域（医疗设备、清洁能源、设计创新等），聚焦技术发明的起步阶段与产业化生产阶段之间的转变过程，填补了传统创新链条上的短板。三是技术与市场紧密结合，多途径促进技术转化和应用。联邦政府从区域和产业两个维度布局制造业创新中心，每个制造业创新中心都与其所在区域的主导产业紧密联系，实现了技术与应用、产品与市场的紧密结合，使其既能够支撑国家宏观战略，也可以为所在区域带来实际利益。同时，以技术路线图为主线，制定各种应用标准，提供适用性人才，为新技术大规模应用扫清障碍。

2. 日本：以完善的政策体系助力先进制造业向信息化转型

日本在发展先进制造业方面，注重发挥政府的支持和引导作用，取得了良好的效果。一是强化财税手段，切实降低企业应用新技术成本。日本于 2014 年出台《生产力提高设备投资促进税制》，提出对企业投资先进制造技术设备减税 5%、引进先进制造业设备享受 30% 价格折扣或减税 7%、中小企业研发减免试验研究经费 12% 税额等，吸引大量企业采用新型设备改造和提升传统生产线，大幅降低了中小企业应用新技术的门槛。二是建立健全法律法规，促进校企技术合作。日本于 1998 年 5 月颁布了促进大学技术研究成果向民营企业转让的《大学技术转让促进法》（TLO 法）。依据该法案，政府成立了若干技术转移机构，服务于发掘和推介可产业化科技成果，确保企业专利独家专用，以及专利使用费按额返还给相关科研机构，实现了企业和科研机构的共赢。三是实施普惠性政策，支持中小企业加大研发力度。一方面，由日本政府出资，用于公共实验基地、数字制造设备等公共基础设施的完善；另一方面，由政府出资开展与中小企业相关的人才项目，培养和派遣有先进制造业经验以及物联网、机器人等技术的人才协助中小制造业企业进行升级改造，向中小企业提供技术人才支撑。

3. 德国：以培育"隐形冠军"企业助力先进制造业发展

德国制造业高度发达，其发展除了得益于"工业4.0"战略的实施，还与政府积极培植和扶持"隐形冠军"企业密不可分，德国拥有全球最多的1307家小而强的"隐形冠军"企业，接近全球的一半，在世界市场上中小企业占据了70%~90%的专业市场份额，可以说它们才是"德国制造"的灵魂。一是优化营商环境，鼓励中小企业创新。一方面，出台一系列创新计划，加大财政资金补贴中小企业专利使用的力度，提高其在创新过程中使用专利和科技数据库的意识及能力，助推产品加快实现市场化；另一方面，设立创新创业基金，用以缓解中小企业自有研发资金不足的问题。二是成立专业化科研服务机构，促进产学研合作。由政府资助成立公益性、非营利性科研服务机构，作为科研与市场的纽带，服务和推动中小企业研发具有商业成熟性的产品和工艺。同时，以市场竞争而非政府资助的方式，强化产业集群作用，构建创新聚集带，实现知识和信息共享，推动大中小企业融通发展。三是建设多层次教育培训体系，培养制造业领军人才。一方面，建立比较完备的多层次高等教育体系，主要包括专科学院、工业技术大学、应用科技大学和研究型大学，这种差异化的培养体系有力地保障了企业发展所需的多层次人才；另一方面，实行"双元制"职业教育模式，以职业能力培养为核心任务，将课堂教学和企业实践密切结合，这成为获取企业技术人才的重要渠道。

4. 英国：以技术推广应用向高价值制造聚焦

自2008年起，英国政府推出"高价值制造"战略（HVM），鼓励英国企业在本土生产更多世界级的高附加值产品，并且努力打通从基础研发到技术市场化的路径，促进企业实现从概念到商业化整个过程的创新。一是把准方向，明确产业投资重点。设立"制造业能力"标准，构建了资源效率、制造系统、材料集成、制造工艺、商业模型等 5 大领域 22 项制造业能力的标准体系，并将其作为投资参考依据。二是加强协同，促进研发和科技成果产业化。由政府出资 1.4 亿英镑设立"高价值制造弹射中心"，其职能是为世界级技术的商业化提供尖端设备和技能资源，并且通过推动科学家、工程师和市场之间的协同，实现从基础研发到应用技术再到商业化的过程，推动一系列应用技术的转化与推广，确保政府资助精准有效。三是加强知识共享，聚合创新资源。提供开放共享的知识交流平台，如知识转化网络（KTN）、HVM 弹射中心等，帮助企业聚合最佳的制造创新，创造世界一流的产品、工艺和服务。

三 顺势而为：以五大发展趋势引领湖南省先进制造业高质量发展

"十四五"时期是湖南省先进制造业跨越新关口、培植新优势、迈上新台阶的关键时期，要顺应先进制造业发展趋势，积极借鉴其他国家的有益经验，全力打造国家重要先进制造业高地。

1. 以"一地图一基金一机制"推动先进制造业集群化发展

一是打造湖南先进制造业集群地图。开展"先进制造业产业集群描绘计划"，搜集与集群发展、区域社会经济特征、商业环境质量相关的数据，积极绘制发布湖南省先进制造业集群地图，并结合区域优势、配套环境等调整相关布局，推动先进制造业集聚发展。二是设立先进制造业产业集群发展基金。一方面积极参投国家先进制造产业投资基金，积极争取工业转型升级（中国制造 2025）专项资金等国家资金的支持。另一方面，整合制造业领域的资金，设立先进制造业产业集群发展基金，加强对符合制造业发展趋势并具有较好发展前景集群的支持，重点支持先进制造业产业集群公共平台建设、"卡脖子"技术突破、重点产品和工艺研究等。三是实行"赛马机制"。积极对接工信部启动的先进制造业集群竞赛工作，实施自下而上的"赛马机制"，通过竞赛的方式从全省遴选培育一批先进制造业集群试点示范作为重点培育对象，加大政府的资助力度。

2. 以"一库一行动五大载体"推动先进制造业绿色化发展

一是开展碳达峰、碳中和行动。大力推行绿色制造理念，在制造业领域率先实施"碳中和、碳达峰"行动，编制相关战略规划，鼓励有条件的企业率先开展产品碳足迹评估和认证，发布产品碳足迹声明，开展产品减碳工作。二是建立培育库。根据产业基础、行业特点、发展规划等实际情况，加强摸排梳理，择优选择一批具备绿色创建基础和条件的企业、园区，建立绿色制造培育库，支持入库企业、园区开展绿色转型、节能减排项目，提升相关绿色指标。三是发展壮大五大绿色载体。绿色企业：在工程机械、汽车、医药等领域打造一批具有龙头领军作用的绿色企业，将绿色发展理念融入企业经营管理，制定实施绿色发展战略。绿色园区：制订绿色园区评价标准，引导园区内企业积极开展绿色制造体系建设。绿色工厂：创建一批用地集约化、原料无害化、生产洁净化、废物资源化、能源低碳化的绿色工厂，打造一批国家级示范单位。绿色产品：以面向市场化的终端消费品为主要对象，加快开发具有无害化、节能、环保、低耗、高可靠性、长寿命和易回收等特性的绿色产品；结合湖南省产业特点，制订省级绿色产品标准，发布省级绿色产品目录。绿色供应链：在行业龙头企业或供应链环节关键企业中，加强产品设计、原料采购、生产、运输、储存、销售、使用、回收和报废处理的全过程管理，带动上下游供应链整体绿色发展。

3. 以"五大领域"为抓手推动先进制造业服务化发展

一是发展工业设计服务。鼓励制造业企业创建省级、国家级工业设计中心，积极创建国家级工业设计研究院。建立完善工业研发设计服务平台，建立完善国家超级计算长沙中心通用仿真平台与企业各类专业仿真平台相结合的工业设计仿真体系，为社会提供专业的市场化仿真设计服务。二是发展共享制造服务。支持行业龙头企业围绕共享制造环节，建设提供分时、计件、按价值计价等灵活服务的共享制造工厂，提供面向细分行业的研发设计、优化控制、设备管理和质量监控等云制造服务，培育发展"平台接单、按工序分解、多工厂协同"的共享制造模式。三是发展检验检测服务。依托国家级再制造示范基地、国家再制造检测中心、实验室等，开展再制造产业的产品质量检测服务，推动检验检测向全产业链拓展。四是发展总集成总承包服务。支持制造企业由提供设备向提供系统总集成总承包服务、由提供产品向提供整体解决方案转变，支持制造业企业建设"硬件+软件+平台+服务"的集成系统，提供端到端的系统集成服务。五是发展供应链管理服务。面向上下游开展集中采购、供应商管理库存、精益供应链等模式和服务，建设供应链协同平台，发展供应链服务企业，提供专业化、一体化生产性服务。

4. 以"数字制造"为重点推动先进制造业智能化发展

一是加强数字制造基础设施建设。加强数字基础设施、数字平台、数据标准和数字产业生态等建设，构建互联互通的智能化数字基础设施体系，发展资源型、流程型、产品型和服务型的数字化平台，建设一批领先型"灯塔工厂"、行业应用云平台以及一体化制造业大数据平台，为制造企业开展大数据采集、存储、传输、计算提供基础设施保障。二是加强制造企业数字化改造。引导制造企业广泛应用新技术、新设备、新工艺、新材料，加快改造提升，推进智能车间建设；鼓励企业开展技术改造和设备更新迭代，着重推进工程机械、汽车及零配件、食品、轨道交通装备、烟花爆竹等重点领域加速向数字化、网络化、智能化转型升级；支持专业化数字科技企业为大型制造企业数字化转型提供定制化的系统解决方案，提升"机器换人"、工业物联网、数字工厂等方面的产业技术服务水平。

5. 以"技术研发应用"为突破推动先进制造业创新化发展

一是构建政产学研协同创新机制。通过有机组合"学术-研发-孵化-产业"四大模块，构建完整的创新生态链条，促进区域资源和产业升级紧密结合。二是打造高素质制造业人才队伍。加强与德国海外商会联盟（AHK）大中华区等合作，在高职院校推广德国"双元制"职业教育模式，着力提升先进制造业人才的职业能力；加快搭建校企合作平台，建立能够满足产业发展需求的教育培训体系；加快发展智能制造、大数据、增材制造等新兴工科专业，培养一批适应先进制造业发展需求的高技术人才。三是以"揭榜挂帅"促进技术研发与转化。分类形成先进制造业"卡脖子"技术清单，以项目化形式定期发布关键核心技术机会清单，引导全球高校院所、科研机构、企业对"卡脖子"技术清单揭榜。鼓励国内外高校、科研单位、企业提供比较成熟且符合湖南制造业需求的重大科技成果，经发榜后，由有技术需求、应用场景且符合应用条件的省内企业进行揭榜转化。

醴陵打造"世界电瓷之都"的对策建议*

*湖南省人民政府发展研究中心调研组***

电瓷作为瓷质电绝缘材料，是电力工业的重要基础器件，主要应用于电力和其他一些特殊行业如轨道交通的电力系统中，起绝缘和支持作用。醴陵市素有"瓷城"美誉，是中国三大瓷都之一，鲜为人知的是，醴陵是全国重要的电瓷电器研发、生产和采购基地，市场份额占全国的40%以上，产量占全国的51%，电瓷出口量全国第一，巅峰时期出口量占全国七成。"十四五"期间，在新基建和"一带一路"背景下，特高压、智能电网、能源互联网及轨道交通建设不可替代的关键部位——电瓷绝缘子将迎来新的发展机遇，醴陵打造"世界电瓷之都"其时已至，其势已成。

一 醴陵打造"世界电瓷之都"有基础、有优势

1. 产量占据全国半壁江山，出口量全国第一

醴陵陶瓷在全世界享有盛名，醴陵电瓷产量惊人，占湖南省的98%、全国的51%、全世界的30%；产品种类齐全，主要包括电站用空心电瓷、电站用实心电瓷、线路用电瓷三大类，共1000多个品种，其中，电站用空心电瓷产量超过全国的2/3，超过全世界的40%。醴陵电瓷出口量全国第一，在全国乃至全球行业占有重要地位，尤其是高等级电瓷，无论是数量还是品质都领先于国内其他地区，是我国第一个出口电瓷质量安全示范区，超

* 本报告获得湖南省委副书记、省长毛伟明，时任湖南省委常委、省政府常务副省长谢建辉的肯定性批示。

** 调研组组长：谈文胜，湖南省人民政府发展研究中心原党组书记、主任；调研组副组长：侯喜保，湖南省人民政府发展研究中心党组成员、副主任；调研组成员：左宏、李银霞、侯灵艺、戴丹、言彦，湖南省人民政府发展研究中心研究人员；孟姣燕，《湖南日报》记者。

高压、特高压电瓷电器企业已经与 SIMENS、GE、ABB 等国际巨头形成紧密合作关系，服务全球电力基础设施建设。

2. 产业集群优势明显，产业配套较为完善

"醴陵电瓷"是我国产业集群区域品牌之一，醴陵是我国乃至世界的电瓷电器研发、生产和采购基地。醴陵现有电瓷电器生产企业 186 家，占全国的 32%。其中规模以上企业 151 家，年销售收入达 5 亿元的企业 6 家，年销售收入达 1 亿元的企业 59 家，涌现了华鑫电瓷、阳东电瓷等全国龙头企业，形成了集装备制造、新材料研发、陶瓷物流等配套产业于一体的完整产业链。尤其在陶瓷装备制造业领域，醴陵陶瓷（电瓷）机械制造已成为醴陵的一张高含金量名片，为国内电瓷产业做出了突出的贡献，产品畅销全国，质量首屈一指。

3. 部分技术行业领先，填补了国内多项空白

经过多年的发展，醴陵电瓷生产工艺不断进步，形成了一定的技术优势。现有省级企业技术中心 2 家，国家级小巨人企业 1 家，省级小巨人企业 11 家，高新技术企业 26 家，省级新材料企业 11 家。近 5 年来，醴陵电瓷获批各类专利 300 多件，其中发明专利近 30 件，牵头或参与行业标准的制定 4 个，填补了行业内、国内的关键技术空白 3 项。如醴陵华鑫电瓷自主研发制造的交直流特高压无机黏结瓷空心绝缘子，打破了国外同类产品的技术垄断，与湖南电力电瓷电器有限公司共同研发的新型高强瓷复合套管解决了当前特高压输变电领域绝缘子的关键技术难题。浦口电瓷为 GE 公司研发的 1100kV 变压器套管用瓷套，是国内技术水平最高的空心瓷绝缘子之一，该公司也是西门子全球的战略供应商。

4. 基本形成了检测、出口、人才培养等良好的产业生态

醴陵具备电瓷产业发展的良好生态，是中部地区唯一同时拥有海关、商检、铁路口岸和内陆港口的县市，为电瓷出口提供了极大的便利；滨华电瓷电器检测检验有限公司试验中心（以下简称滨华检测中心）项目一期建成，醴陵从此终结了电瓷行业只能到外地检测的历史，加速全市电瓷产品出口创汇；醴陵同时拥有湖南陶瓷学院、湖南陶瓷技师学院和醴陵市陶瓷烟花职业技术学校等教学基地，专门为醴陵电瓷企业培养、输送专业人才。

二 存在的问题和瓶颈

1. 行业领军企业缺失，品牌推进力度不足

湖南电力电瓷电器有限公司（以下简称"湖南三电"）曾一度驰名中外，是全国互感器五强企业，巅峰时期500kV SF6产品在国家电网、南方电网占有率达70%。但随着产业的发展，原有品牌没有得到很好的保护和挖掘，新的品牌没有及时跟进培育和发展，导致醴陵电瓷出现"有奖牌无名牌，有优品无名品"的尴尬局面。究其原因，一方面，目前醴陵电瓷企业以民营企业、个体私营企业为主，90%以上都是家族式企业，虽然也有华鑫、阳东等龙头企业，但缺乏叫得上名号的行业领军企业和品牌。另一方面，醴陵电瓷缺乏系统、有效的区域品牌推进体系，缺乏品牌企业和品牌产品，不能为品牌打造提供有效支撑；大部分企业仍停留在"卖产品、卖资源、拼价格"上，以贴牌代工为主，品牌建设意识不强，对品牌宣传、推广投入小，对知名产品缺乏专利保护、商标保护。

2. 中小企业创新动力不足，科技支撑不够

与国内先进产区和大型国企相比，醴陵电瓷科技创新不足，尤其是产业链中、下端企业的研发投入较少，研发投入约占销售收入的1%，远低于全市平均研发投入占比（2%~3%）。调研中有企业反映，企业在进行技术创新路径选择时往往会感到迷茫。一是创新动力不强，因为大部分电瓷企业属于中小企业，无力承担技术创新带来的高昂成本和风险，因此不愿进行创新。二是中小企业普遍实力较弱，仅靠自身的实力很难获知某一领域的最新发展趋势、技术创新的难易程度、竞争对手的详细情况、市场对产品的需求量等方面的准确信息，更别说选择适合企业自身的技术创新路径，往往会选择跟风的方式进行创新，这容易导致企业技术创新的失败或者效果不佳。

3. 原材料、人才等要素供应瓶颈突出

一是原材料保障不足。电瓷生产所需的瓷土约占全部原材料的 65%，目前醴陵电瓷生产所需的瓷泥、釉料等大宗原材料严重依赖江西、广西、河南、山东、广东等地，难以保障稳定供给，抗风险能力弱。二是专业人才匮乏。醴陵电瓷从业人员中，90% 以上为初级工人，主要技术人才、设计人才、管理人才还是来自原来国有企业的老员工，往往一个工程师要管几家、甚至上十家企业的配方。营销及外贸销售人才、工艺与造型设计人才、生产现场管理人才等处在青黄不接的境地，且从业人员年龄结构偏大。三是海外订单受疫情影响较大。受疫情影响，电瓷出口海运费大幅上涨，涨幅为 2019 年的 7 倍左右，各港口仓位紧张，一仓难求，加剧了国际市场的不明朗性。

三　对策建议

1. 加强统筹，引导电瓷产业高质量发展

一是强化省市县电瓷产业协调联动机制。以打造"世界电瓷之都"为引领，加强湖南省先进陶瓷产业链链长、省工信厅原材料处、醴陵市及电瓷行业协会的衔接，积极对接《醴陵市电瓷电器产业发展规划》与《湖南省先进陶瓷材料产业链三年行动计划（2021～2023 年）》，增强省市县三级政府共同支持产业发展的合力，适应国家智能电网、特高压电网、轨道交通建设新要求，大力发展特高压、超高压电瓷电器，将醴陵电瓷电器产业打造成国内首屈一指的电瓷电器出口制造基地。二是政府引导行业资源整合。由政府根据电瓷企业的特点进行引导，在重点产品和重点工艺上整合优秀的技术资源，再由中小企业进行消化吸收，改进旧技术并最终创造出新的技术，使企业的生产技术达到国内外领先水平，从而形成电瓷企业的核心竞争力，同时为电瓷行业的发展指出方向。

2. 抱团整合，打造电瓷产业"航母级"领军企业

遵照"个体做企业、政府做产业"的理念，积极引导企业向集团作战、

集群发展转变，走靠大联强、整合升级之路。一是实施"央企入醴"战略。大力引进中国西电集团、苏州电瓷厂等央企和上市公司，支持本土企业在高压、超高压、特高压线路瓷绝缘子等领域与其加强对接与合作，出台对接方案，安排专人长期跟踪对接，靠大联强发展。二是组建集团公司。鼓励和支持现有电瓷电器企业靠大联强、抱团发展、组团出海，推动"湖南三电"重组，组建1~2家电瓷电器集团或产业联盟，或以相互参股等形式，培育造就一批旗舰型民营企业和优秀民营企业，共同做强做大产业。

3. 加强宣传，推动醴陵电瓷品牌建设

一是树立醴陵电瓷区域品牌形象。深挖醴陵电瓷文化及历史，研究制定富有醴陵电瓷本土文化特色的区域品牌形象实施方案，打出"醴陵电瓷，世界的电瓷"口号，设立醴陵电瓷统一标识LOGO，制作具有区域特色的品牌宣传片，鼓励本地电瓷企业使用统一标识LOGO，对企业在国内外大型展销会上使用口号和统一标识LOGO进行展位特装的，给予其特装费100%的补助。二是大力推介醴陵电瓷品牌。借助湖南省、株洲市重大事件或重大活动契机，以"醴陵电瓷，世界的电瓷"主题宣传片推广醴陵电瓷品牌。加强与湖南卫视合作，充分挖掘电瓷文化拍摄取景地或相关综艺节目，打造网红打卡地，发展电瓷旅游。建立醴陵电瓷微信公众号，展示醴陵电瓷风貌，宣传电瓷发展政策，定期发布电瓷新产品，推介电瓷骨干企业，对国内外电瓷行业动态、市场、技术进行宣传，推介醴陵电瓷。

4. 共建共享，打造产业服务平台

一是建立醴陵电瓷工业互联网平台，让原料采购的数据和信息上"云"，实现信息互联互通，推动电瓷全产业链数字化转型升级。搭建"醴陵瓷多多"平台，发布供需信息，上线瓷泥百团拼购专区，提高集体议价能力。二是完善公共技术服务平台，充分发挥湖南省电瓷研究所、湖南省电瓷产品质量监督检验站、滨华电瓷电器检验检测中心的积极作用，打造电瓷产业的公共技术服务平台；拓宽产业咨询、中介服务平台，为企业提供发展战略、中长期规划、改进经管方式和水平、向上级争取项目资金和政策扶持等服务；加强行业商会组织建设，赋予行业商会组织一定职能，充分发挥其积极作用。三是建设人才引进与培训平台。坚持"不为所有、但为所用"的柔性引才机制,对电瓷产业顶尖人才和领军人才,出台"候鸟型"人才引进和使用政策,设立"候鸟"人才工作站。建立电瓷产业发展人才智库,对纳入智库并被聘请为电瓷产业发展顾问的专家每年给予一定津贴补助。鼓励生产企业加强与湖南工大、株洲陶瓷学院、陶研所、湖南大学等高等院校的合作,探索建立人才培养联盟,实现校企互融互通,加强对本地陶瓷设计人才、技术应用人才以及技能型人才的定向培养,尤其是高端手工人才(核心拉胚等)的培养。

助力双峰打造成为全国智慧农机产业高地[*]

湖南省人民政府发展研究中心调研组^{**}

近年来，国内农机行业市场需求多元化，智能化、专业化、大型或小型化农机市场火热，以中型拖拉机为代表的普通农机市场占有率出现明显下滑，而以山地机械为代表的中小型农机则成为农机市场崛起的生力军。湖南双峰是国内知名的农业机械之乡，适应特殊需要的各种农机品种繁多，填补了国内农机领域的多项空白，面临重要发展机遇，可乘势而上，朝着国内智慧农机产业高地的目标奋进。

一 双峰农机是湖南一块响亮的产业名片

湖南立足于"三高四新"战略定位，致力于打造先进制造业高地，农机产业具有千亿市场的潜力，是湖南省装备领域除工程机械、轨道交通和航天航空装备以外，具备支柱产业特征的重要高增长行业，也是湖南省打造先进制造业的重要着力点。

1. 双峰农机在国内农机领域具有特殊的重要地位

国内专用农机市场满足国内农业生产需求的农机产品缺乏，减轻山地、水田等复杂生产环境下农业劳动强度的农业机械，一直存在大量的空白。双

---

  * 本报告获得湖南省委副书记、省长毛伟明，时任湖南省委副书记乌兰，时任湖南省委常委、省政府常务副省长谢建辉的肯定性批示。

** 调研组组长：谈文胜，湖南省人民政府发展研究中心原党组书记、主任；调研组副组长：侯喜保，湖南省人民政府发展研究中心党组成员、副主任；调研组成员：左宏、李银霞、侯灵艺、戴丹、言彦，湖南省人民政府发展研究中心研究人员。

峰农机以适应丘陵山区为主，产品涵盖了水稻生产全过程以及畜牧养殖、农用运输、农产品加工等机械设备，能生产组合米机、旋耕机、插秧机、收割机、烘干机、多功能采收机械、各类剥壳设备等60多个品种300多个型号，填补了国内广大农村市场的重要空缺。双峰县现有农机生产企业85家，其中规模以上70家，从业人员3万余人，形成了从原材料供应到产品研发、制造、销售、服务的完整产业链。即便在新冠肺炎疫情之下，双峰农机依然保持着稳定的增长。2020年，全县实现规模以上农机工业产值83.7亿元，增长10.8%，2021年1~7月，工业产值48.6亿元，增长16.5%。此外，双峰农机获省级以上荣誉40多项，拥有省级专精特新"小巨人"企业9家，智能制造示范企业（车间）2家，"农友""好运来"2个中国驰名商标，银松、南方、国藩等20个省级名牌和著名商标。2010年9月，根据中国农业机械流通协会的统计，双峰碾米机的产量占全国总量的2/3，2010年被授予"中国碾米机械之乡"称号，2018年获得中国机械工业联合会授予的"中国农业机械之乡"等国家级荣誉称号，以及"湖南省农机产业基地""湖南省新型工业化示范基地""湖南省农机产业园""国家级企业技术中心"等荣誉称号，永丰农机特色小镇是湖南省首批特色产业小镇，湘中农机机电大市场连续十年获评"全国十大农机市场"。

2. 双峰小农机畅销海内外市场

双峰县的小农机行业聚集了一批细分领域的行业先锋和隐形冠军，农友集团的粮食烘干机2019年、2020年连续两年在全国同类产品中销量排名第一；劲松机械碾米机是销量全国第一、出口量全国第一的碾米机品牌；区域内组合米机、玉米脱粒机、电动风车占据全国60%以上的市场份额。产品出口到缅甸、老挝、越南、泰国、印度、俄罗斯、坦桑尼亚、阿根廷等20多个国家。通过主动对接融入"一带一路"，依托湘博会、中非经贸博览会、印尼国际农机展等各类展会平台，受到国际市场的广泛欢迎，小型收割机、组合米机、铡草机等产品畅销东盟、非洲市场。2020年，双峰农机在疫情之下，完成农机自营出口1837万美元，同比增长85.9%；2021年1~8月，农机自营出口1655万美元，同比增长62.9%。双峰农机已拥有国内外专业销售网点 1 万多个，与阿里巴巴等电商平台合作，建立了 10 多个网上销售平台。

3. 双峰小农机是湖南县域工业经济的活化石

双峰小农机历经近 70 年的传承发展而生生不息，是湖南省县域工业经济历史的重要见证者。双峰小农机产业起源于 1952 年，县内先后成立了 3 个国营农机具厂，制造手工农机具。1976 年 7 月，县农机研究所成立，生产企业与科研队伍相结合，加快了农机产品的研发和推广，研制生产的小型拖拉机、农用三轮车、碾米机、小型磨粉磨浆机、机滚船等产品，畅销全国。2000 年前后，全县拥有各类农机生产企业近 300 家，仅家用微型组合加工机生产企业就达 100 多家，年产量 110 多万台，约占全国市场份额的 60%。之后，经过政府引导和产业转型升级，双峰农机产业走上创新发展之路，产品从小农机为主逐步转变为覆盖丘陵山区主要农作物全程机械化各个环节，农机企业在经历了多次的市场洗礼之后，顽强地存活下来，并在历任领导的关心支持下，焕发出新的时代生机。

二 双峰打造智慧农机产业高地的三大优势

2021 年 8 月 24 日，时任省委书记、省人大常委会主任许达哲亲临双峰劲松机械和农机展示中心调研，提出要支持龙头骨干农机企业整合产业链资源，带动更多中小农机企业共同发展，将农机产业做优做强、做出特色，努力打造全国智慧农机产业发展高地。面对新定位，双峰乘势而上，其产业发展具有三大优势。

1. 各级政府惠农政策有力地支撑了产业发展

省级层面，近年来湖南省主要领导高度重视农机产业发展，省委书记、省长等省领导亲临双峰考察调研，积极支持双峰农机打造全国智慧农机产业发展高地。省政府出台《关于加快推进农业机械化和农机装备产业转型升级的实施意见》，并且将农业机械作为传统产业升级列入了省领导联系产业集群（产业链）推动打造国家先进制造业高地的范畴，省级层面进一步细化出台支持丘陵山区农机产业高质量发展的相关政策，加大了对双峰农机产业在资金、人才、产业链、走出去等方面的扶持力度，在全省开展了"一村一碾米机"示范推广工作。地方上，双峰专门成立了农机事务中心支持农机产业发展，从"十二五"开始，为农机产业制定了专项发展规划，设立农机产业创新发展基金，多方面优化营商环境；在行业低谷时期，地方政府积极稳定产业实体，通过对企业的补贴和扶持、紧急输血等政策，成就了如今县域先进制造业品牌。

2. 技术创新强化了本地产业优势

双峰农机企业牵头或参与制定了 30 项农机制造领域的国家、行业及地方标准，与中国农业大学、中国农业机械研究院、湖南农业大学签订了合作协议，组建了技术创新战略联盟。现有 1 个国家级研发平台、6 个省级研发中心、30 家高新技术企业，集群企业平均研发投入强度超过 2.5%。获得省科技进步奖 4 项，拥有国家发明专利 93 项（比 2019 年增长 16.3%）。农友集团被工信部授予"国家技术创新示范企业"，农友集团技术中心被认定为"国家认定企业技术中心"，劲松机械被工信部列为"两化融合试点企业"。2020 年 5 月，农友、劲松、五丰等 5 家农机企业联合成立双峰县丘陵农机研究院，重点研发丘陵山区适用的农机产品，承接了工信部油茶产业全过程无人化作业试验项目。

3. 本地形成了实力较强的企业家群体

双峰农机的企业主学历不高，但他们没有小富即安的思想，经历了多年的市场洗礼，以农友、劲松等为代表的农机企业主已具现代企业家风范。在20 世纪 90 年代行业陷入恶性竞争的时期，湖南农友农业装备公司总经理刘若桥，主动扛起行业整合大任，重组了一批资源优势互补的企业，形成了第一家销售过亿元的龙头企业，成为国内中小型谷物烘干机的第一品牌，还在油茶采摘、脱壳等多个领域首次实现了丘陵小品种加工机械领域零的突破；同时，还积极试水资本市场，成功实现了三板市场的上市融资。劲松机械的第三代负责人蒋雄彪接班后，聚焦碾米机上下游，打造了双峰第一个出口销售收入超千万美元的农机品牌。返乡创业带头人、原国企高管杨竣程，发现当前养殖业产业升级机遇，抓住养殖装备行业的巨大商机，创立了湖南康普斯农牧科技有限公司，填补了湖南规模化猪场设备整体配套供应商的空白，延伸了农机产业链条，创业第三年销售过亿元。

三　双峰小农机产业升级面临的困难

相比沿海地区和长株潭城市群经济核心地区，双峰农机在发展条件上存在天然劣势，这成为发展中不能回避的问题。

1. 资金问题严重制约民营企业发展

尽管中小企业普遍缺乏流动资金，但是在农机行业这个问题更加突出。如农友机械年销售收入 3.65 亿元，保运转需要的流动资金在 5000 万元左右，自有资金短缺会严重影响企业发展。在销售环节企业需要垫付较长时间的农机补贴，进一步加剧了企业的资金困难状况。调研发现，农友的车间和厂房紧张，扩张产能迫在眉睫，新设备无处安放，10 多名技术人员的办公室仅 20 多平方米，以烘干机为代表的主打产品长期供不应求，多个新产品研发成功却无法投产。长期资金短缺，贷款困难，导致扩产一再延后。在流动资金不足的情况下，农友近三年保持着平均 20% 左右的增长，若流动资金保障充足，销售收入可以增长 30% 以上，若企业能够成功扩产，产值和销售收入至少可以增长 50%。

2. 维持高强度技术创新投入的困难较大

双峰农机虽创新氛围浓厚，但坚持技术创新的困难较多。一是创新人才基础较差。虽然目前 5 家农机企业联合成立双峰县丘陵农机研究院，但本地的检测平台和实验基地条件与长沙等城市相比相距甚远，要吸引和留住一般的大中专毕业生的难度大，一流人才更是基本不会到双峰来，研发团队实力有限。二是研发经费投入能力差。企业虽然可以享受研发费用的加计扣除，但企业研发投入仍有部分成本无法摊销，同时技术研发完全靠自有资金投入，会挤占自身的流动资金，因而保证持续的创新难度较大。此外，中小规模的农机企业很少能申请到省级科技创新项目，初始投入大，之后还需不断迭代和持续的改进创新费用。三是成果转化的投入能力不足。有的企业已经开发出好的产品,但中小企业的资金实力不足,无法成功实现转化,部分农机企业只能把成熟技术转让给有资金实力的竞争对手,以实现技术的快速变现。

3. 产品的推广和品牌营销能力不强

销售能力跟不上企业发展水平。目前双峰农机企业规模均在 4 亿元以下,企业的规模效益和品牌效应未能充分发挥,很多优质产品仍有较大市场拓展空间。例如,农友烘干机在 10 吨以下是国内第一品牌,10 吨以上的销量排名全国第二,在梅雨季节产品供不应求,季节性产能不足需要库存来弥补,而生产出来的产品不畅销又会占用流动资金,暴露出销售能力不强的问题。全国销量排名第一的劲松碾米机年销售收入 2 亿多元,其中接近一半是出口国际市场,但企业自营销售的比例并不高。此外,双峰农机售后服务平台缺乏,出口产品分散在多个国家,一旦机具出现质量问题,售后服务难以及时跟上,且维修成本较高,从而影响双峰农机出口产品的口碑。

4. 产业发展平台支撑不足

一是外销基础设施发展滞后。本地报关、短驳等国际物流体系不健全,制约了小农机向缅甸、越南等东南亚地区出口的快速增长。此外,2020 年以来,受疫情影响,国际集装箱不能及时返回,导致海运成本提高了 6~10 倍,双峰地区的物流平台较少,甚至出现物流成本已经高于产品成本的情况,需要物流平台的支撑降低风险。二是电商平台的配套设施体系不完善。双峰电商正进入爆发式增长期,2019 年,从事农机销售电商仅 6 家,到 2021 年已经超过 160 家,但支持本地电商发展的包装体系、培训体系、售后服务体系及物流体系发展相对滞后。三是产业园区供地不足。双峰农机产业园作为农机制造的专业特色园,是本地产业的重要载体,目前可用土地不足,园区面临扩大规模的问题,已经出现申请的企业排队现象。

四　加快推动双峰成为全国智慧农机产业高地的对策建议

农机行业处于加速发展的战略机遇期，智能化、特型化时代来临，湖南省中小农机海内外需求旺盛，农机企业的创新活跃，产业加速迭代升级，正朝着打造具有国际影响力的智慧农机产业高地进发，省市各级政府有必要加强对行业的关注和支持。

1. 加强产业政策统筹，精准助力产业智慧化转型

一是加强农机产业的政企沟通机制建设，定期开展省市县产业链链长和工作领导小组的信息交流，建立重特大问题的协商沟通解决机制。成立农机行业协会，加强对农机市场的跟踪研究，针对省内农机行业企业情况提出地方补贴政策建议，收集"一带一路"的农机需求信息，积极做好争取被纳入对非国家产业援助项目目录范围等方面的工作。二是加强地区性的《农机产业发展五年规划》编制，确定年度发展重点，明确发展思路，保障产业升级目标的实现。三是积极对接湖南省的产业政策，保障扶持政策落地。使中小企业充分享受到省科技、工信、农业农村等部门关于项目资助、集群支持、专精特新"小巨人"政策、创新扶持、"两上三化"等政策红利，支持创建农业农村部丘陵山区农业机械研究重点实验室，并争取科技资金项目扶持，助力地区产业发展。

2. 增加民企输血通道，为产业壮大提供资金保障

加强对县域金融体系的支持，加大省内中小企业贷款补助，鼓励和引导湖南省农信社和长沙银行等本地金融机构开展贷款贴息等金融支持服务，精准服务有发展潜力的高增长企业融资需求。积极培育创新型中小企业到新三板、科创板上市，多渠道解决中小企业的融资难问题。利用本地平台提供融资担保支持。考虑为特色园区设立特色产业专项融资基金，为特色园区产业集群内企业开展产业链融资担保。利用财政政策为企业发展提供资金和政策的支持，在政府采购及政府补贴过程中，将双峰农机产品纳入湖南省援外项目采购范围，加大省内重点农机产品的补贴支持力度。

3. 支持龙头企业发展，强化产业生态的集群优势

确立龙头企业的扶持政策，省市县根据企业的研发投入和销售收入设立龙头企业标准，统筹县市工业化扶持资金，集中力量支持快速发展的龙头企业发展，通过制造强省、技术改造、重大科技专项等方面政策为农机龙头企业成长创造机会。设立新型工业化企业奖，奖励年度利税、品牌等上台阶的优秀龙头企业。对于确有扩张需要的给予融资贷款担保。完善本地专业化零部件产业链配套，提升地区配套能力和零部件配套水平，帮助龙头企业提升产品质量，构建大中小产业协同发展的产业生态环境。加大对双峰农机的品牌推广力度，利用公共媒体资源进行整体营销，以组团的形式让双峰农机报团参加展会，宣传双峰农机多种类全覆盖特点，宣传品质过硬的拳头产品和龙头企业，以及丘陵山地农用机械第一品牌，提升整体营销实力。

4. 激发农机产业持续技术创新的热情

支持在双峰建立农机产业的技术交易中心，活跃农机研发技术交易市场，促进中小企业创新，帮助具有研发能力和创新能力的小企业加速产品孵化。加大对县级科研院所和检验检测机构的公共科技投入支持，设立中小型农机质量公共检验检测中心，并向省内农机企业进出口和农机研发的检验检疫发放农机检测补贴券。在科技立项中，对农机装备研发在资金上予以重点倾斜，支持双峰打造"科研院所+生产企业+试验示范基地"模式，将双峰打造成高等科研院所的成果转化基地、全省七大千亿农业产业全程机械化示范基地。

5. 加大平台支持力度，创造良好外部环境

支持双峰农业现代化试点示范区建设。打造双季稻全程农业机械化示范区、丘陵山区设施农业示范区，加速农业机械化进程。利用农业农村厅标准化农田建设资金，提升对丘陵山区高标准农田建设的投入标准，加大机耕道建设力度，对制约丘陵山区农业机械化的重点环节实行作业补贴，完善农机技能培训和农机维修服务体系。加强对农机特色小镇的建设支持，根据农机特色小镇建设需要，增加建设用地指标，并适当对占补平衡资金予以支持，

并在项目统筹过程中，支持大企业农机项目优先落户双峰农机产业园。支持双峰农机走出去的发展平台建设，对口帮扶双峰建设出口服务平台和农机境外售后服务平台，增开货运线路，加强物流体系建设，建立"一带一路"重点市场的政府性保税仓库体系，降低企业出口难度，解决双峰农机自营出口难题。

小平台托起大产业的"邵东模式"*

——关于邵东智能制造技术研究院的调查与思考

湖南省人民政府发展研究中心
湖南省工业和信息化厅
联合调研组**

邵东智能制造技术研究院有限公司（以下简称"邵智院"）成立于2017年1月，是邵东市全力打造的公共服务平台和新型研发机构，以"政府引导、市场主导"的市场化方式组建和运作。成立以来，邵智院抢抓湘南湘西承接产业转移示范区建设契机，积极对接粤港澳大湾区产业、技术、人才等各类资源，有力推动了打火机、五金工具、中药材、箱包鞋服等传统产业转型升级，促进了智能装备、新材料、电子信息等新兴产业发展壮大，形成了小平台托起大产业的"邵东模式"。近期，湖南省人民政府发展研究中心联合省工信厅对邵智院进行了专题调研，深感这一模式是抢占平台制高点的有效举措，是推动制造业转型升级的重大创新，也是打造国家重要先进制造业高地的积极探索，其经验做法值得总结推介。

一 引进一个人 带来一个院

2016年邵东大力开展"引老乡、回故乡、建家乡"招商活动，发现邵东籍老乡杨海东教授创办的佛山广工大装备协同创新研究院十分成功，能否

---

* 本报告获得湖南省委副书记、省长毛伟明的肯定性批示。

** 调研组组长：毛腾飞，湖南省工信厅原党组书记、厅长；谈文胜，湖南省人民政府发展研究中心原党组书记、主任。调研组副组长：侯喜保，湖南省人民政府发展研究中心党组成员、副主任；熊琛，湖南省工信厅党组成员、总经济师。调研组成员：左宏、闾仲勇、文必正、戴丹、言彦，湖南省人民政府发展研究中心研究人员；肖洋扬，湖南省工信厅副处长。

将这样的平台引进邵东、扎根邵东、服务邵东？带着这样的思考，邵东市与杨海东教授团队积极沟通、反复协商，最终达成合作意向。由此，邵智院应运而生。

这个院是从事研发的新型机构，催生了一批新技术。邵智院探索政企合作的新模式，邵东市政府占股70%，杨海东技术占股30%，邵东市分5年给予7500万元建设经费和1.2万平方米免租金的场地。邵智院聚焦邵东传统产业升级和新兴产业培育需求，着力打造了湖南省轻工行业智能装备工程技术研究中心、模具快速设计和低碳制造技术湖南省工程研究中心、湖南省新型研发机构等研发平台，获得了国家高新技术企业、中国产学研合作促进奖、省企业科技创新创业团队等35项荣誉和资质。申请各类知识产权509项，其中发明专利231项；授权各类知识产权276项，其中发明专利47项。在邵智院的支撑下，一大批企业提升了知识产权创造、运用、保护、管理和服务能力，推动邵东市在2020年获评"国家知识产权强县工程示范县"。

这个院是创新创业的孵化基地，培育了一批新企业。邵智院着力打造创新型企业孵化平台，积极承办中国创新创业大赛、创客中国、中国创翼邵东区等双创赛事，共辅导60多个企业及团队参赛，斩获10余个省市奖项，在邵东营造了浓厚的创新创业氛围，有效激发了企业的创新创业活力。先后获省众创空间、省双创示范基地、省科技企业孵化器、国家备案众创空间等荣誉称号。目前已成功引进科技企业41家，并对多家创业企业及团队进行了种子基金投资，短短两三年，已有6家获评为国家高新技术企业，14家企业成长壮大为规模以上工业企业，授权专利80余件。虽然规模暂时还不大，但都具有很好的成长性、创新性，发展增速远超传统企业，已成为邵东工业高质量发展的"星星之火"。

这个院是招才汇智的人才高地，积蓄了一批新力量。邵智院始终将人才引进和培养作为重中之重，引进（含柔性引进）高科技创新团队3个、高层次专家34人，培育创业团队近50个，汇聚国内外高端人才20多名，其中院士、国家级人才10多名。建立博士后科研工作站，与中南大学、湖南大学、南华大学博士后科研流动站共同培养博士后研究人员。打造湖南智能制造技术培训中心，建成邵阳市智能制造研学基地、邵东市青年就业见习基地，与企业共建企业职工职业技能培训基地，举办各类培训活动130余场，培训退役军人180人，累计培训企业职工5000人次。

这个院是服务企业的公共平台，打造了一批新品牌。邵智院移植了广东的先进服务理念，整合了各类服务资源，为企业提供技术改造咨询、供需对接、科技服务、投融资、人才培养与引进等全方位、一站式、零距离服务。先后获评省中小微企业核心服务机构、国家中小企业公共服务示范平台、工信部重点支持"专精特新"中小企业服务机构。成立以来，累计举办各类服务活动超过200场次，服务企业超过8000家次，打造了邵东工业设计大赛、"昭阳智能制造大讲堂"、智能制造系统解决方案等较有影响力的服务品牌，得到了广大企业的一致认可。

二　搭建一个台　唱好一出戏

"好风凭借力，送我上青云"。没有广阔的舞台，再好的演员也无法上演一出好戏；没有优质的服务平台，再好的企业也难以摆脱"内卷"泥淖。因此，邵智院设立之初，就以服务企业为根本宗旨，搭建了技术研发、成果转化、人才引育、公共服务等一个个平台，破解了产业转型升级难、成果转化应用难、人才引入留用难等一个个难题，在新时代唱响了一场场助推产业高质量发展的"活剧"。

搭建技术研发的平台，唱好产业数智化这出戏。邵智院搭建技术研发平台，助推企业数据资产持续积累、技术架构平滑演进、业务经验不断沉淀、发展模式逐步优化，推动企业加快数字化网络化智能化转型步伐，成为邵东产业二次腾飞的重要驱动力量。以关键共性技术攻关推进制造装备数字化。邵智院围绕产业需求，通过自主研发、联合开发、技术众包等方式开展关键共性技术攻关，助力传统制造企业实现从"手工作坊"到"自动化工厂"的数字化迭代。目前，邵智院已为东亿电气、湖南科力尔、环兴打火机等行业领军企业提供生产自动化改造、全新自动化设备研发等服务，协助企业研发智能装备 30 多台套，年节约成本 2000 万元以上。其中，为邵东五金行业定向研发的活口扳手自动化生产线，可实现柔性化、模块化、信息化的全自动生产，每条生产线工人由 13 人降低至 1~3 人，每把扳手可节约成本 0.6元，良品率由 85% 提升至 98%，达到业内先进水平。为建材行业研发的自动折弯焊接机，实现钢筋桁架自动焊接，申请专利 45 件，实现技术成果转化 30 多项，生产效率提高 2 倍，所需人工从 8 人降至 1 人，年节约成本 35万元/台套。以工业互联网技术实现生产管理的网络化。邵智院聚焦工业互联网行业技术，自主研发的"基于大数据的制造业精益管控平台"，成为全省唯一一家布局在县级市的综合性省级工业互联网平台，为邵东产业转型开出了"良方"。针对邵东企业效能低、能耗高、时效慢等痛点难点和降本增效的迫切需求，平台重点开发了能耗管控、质量优化、车间物流管理的三大集成应用工具集，为生产企业提供产量统计、设备智能诊断维护、订单能耗成本测算等数据化产品服务，可实现设备生产、能耗等数据的实时采集管理。目前，平台已部署东亿电气、五阳塑胶、湘衡重工等 40 多家企业，接入 530 多台套工业设备。以五阳塑胶为例，接入管控平台之后，通过大数据分析和技术排查，发现其用电成本在总生产成本中占比偏高，并进一步排查出五阳塑胶二分厂用电存在三相负荷失衡的问题。通过实施电路布局调整和节能改造，五阳塑胶车间生产效率提高了 10%，一个月就收回了改造成本，年均节约电费成本 150 万元以上。以人工智能等技术探索重点工序的智能化。邵智院充分利用在粤港澳大湾区的技术储备优势，将人工智能、机器人、智能装备、3D 打印等新型技术"嫁接"到邵东的打火机、小五金、箱包等传统产业，对生产过程的重点领域和瓶颈工序实施智能化改造，取得了良好效果。以打火机行业为例，欧美是邵东打火机的重要市场，对打火机火焰高度的要求非常严苛，经常因个别打火机焰苗不达标导致整批退货，给企业造成很大损失。邵智院针对行业痛点，应用人工智能视觉检测技术，增加火焰高度智能检测、气量自适应调节等两道工序，解决了焰苗高度不稳定的技术难题。此外，邵智院还引入了机械臂、码垛机器人等智能设备，基本实现了打火机生产线的智能化，邵东打火机行业已经从低门槛低技术产业进化为高门槛高技术产业。

搭建成果转化的平台，唱好技术产业化这出戏。高校大批科研技术"待字闺中"，而生产企业的技术需求"嗷嗷待哺"，但囿于信息不对称、体制机制障碍等原因，双方合作进展缓慢。邵智院发挥"高校出身、服务产业"的双重优势，探索了"线下线上一体化"技术转化模式，有效促进了高校与企业之间的供需对接和资源整合，加速了技术产业化的进程。搭建线下校企合作成果转化平台。邵智院与湖南大学、中南大学、邵阳学院、湖南工程学院、广东工业大学、华中科技大学等省内外多所高校签订了产学研战略合作协议、人才联合培养协议、科研成果转化基地共建协议。深入实施"一企一博士"工程，在摸清企业技术需求的基础上，积极对接高校和科研院所博士，将博士人才资源引入本地企业，参与关键核心技术攻关，为企业纾困解难、赋能增效。目前已梳理企业技术需求100余项，成立了以鑫星凌金刚石、勇信耐磨材料、农利峰五金为代表的25个"一企一博士"技术协同攻关项目组，部分项目已取得了突破性进展。搭建线上"智湘汇+"技术众包平台。邵智院重点打造"智湘汇+"技术众包线上平台，构建了线上产学研合作、科研成果转化和创新创业平台多维创新生态系统，为政产学研用深度融合提供有力支撑。探索推广"揭榜挂帅"制度，由企业提出技术升级需求，邀请高校、科研院所、科技企业针对科研项目进行攻关，为企业提供技术解决方案，解决科技成果应用"最后一公里"问题。截至2020年底，"智湘汇+"平台注册用户已超过1万人，发布需求总项目数达500多个，服务企业120余家，达成意向200余次，合同金额2800余万元。

搭建人才引育的平台，唱好人才集聚化这出戏。人才是第一资源，如何引进人才、留住人才是企业特别是中小企业面临的普遍难题。对地处湘南湘西交界处的邵东而言，在面临长株潭和粤港澳大湾区多重虹吸的作用下，"人才东南飞"现象尤为明显。为了让人才引得来、留得住，邵智院倾力"筑巢引凤"，通过为人才搭建施展才华的创新创业舞台，成为湘西湘南名副其实的人才集聚高地。用好国家级博士后科研工作站，集聚"高端领军型人才"。2020年11月，人社部和全国博士后管委会授权邵智院建立博士后科研工作站，目前已集聚博士人才资源 23 人，引进 3 个高能级科技创新团队、30 多位学术带头人等国内外高端人才。建好高校联合培养基地，集聚"创新研发型人才"。邵智院与省内外多所高校签订了人才联合培养协议，将长沙理工大学、邵阳学院等高校作为人才培养基地，共建校级智能制造产业学院 1 个、战略实习基地 6 个，与 18 所高校合作开展 33 个协同育人项目，成为邵阳唯一一个教育部协同育人平台。同时，邵智院积极探索"3+1"本科生联合培养模式与"1+2"硕士联合培养模式，培养研究型人才 105 人，为企业培养和输送人才上千名。随着邵智院"千名大学生走进企业"引才工程以及"卓越工程师"培养计划的深入实施，邵智院将为更多中小企业输送高水平科技人才，助力邵东及周边地区传统产业升级和战略性新兴产业发展。办好职业培训中心，集聚"应用技能型人才"。邵智院致力于打造各类职业技能培训机构，与邵东职中联合打造了智能制造技术职业教育培训中心，与企业共建企业职工职业技能培训基地，开办了 3D 打印、机器人专业教学班，每年可输出技能实操型人才 500 余名，为本地区企业的生产制造提供源源不断的智力支撑。下一步，邵智院将实施"百家企业职工培训服务上门"工程，进入工厂开展技能培训，全面提升企业职工技能水平能力。

搭建公共服务的平台，唱好服务定制化这出戏。当前，邵东正处于转型升级的攻坚期和新旧发展动能的转换期，邵东传统产业靠什么催发"老树新芽"？新兴产业凭什么实现"无中生有"？邵智院立足"服务"这一核心，为上百家中小企业提供智能制造系统解决方案等定制化服务，跑出了传统产业转型升级、新兴产业培育壮大的"加速度"，带动区域产业增值超亿元，成功入选湖南省第一批智能制造系统解决方案供应商。打造生产加工服务平台，推动"家庭小作坊"向"产业大集群"转变。针对邵东制造业小而散的特点，邵智院整合了创新链和供应链，着力打造邵东智能制造加工联盟体系，建立了涵盖 30 余家企业的共享工厂，构建了标准化硬件、软件、服务和耗材集合的智能制造产业加工区，促进了区域制造资源的集聚、整合、共享，推动了产业的集群式发展。例如，邵智院依托湖南智机快速加工中心，打造模具"共享工厂",建成4000平方米的现代化标准厂房,组建20余人的设计研发团队,整合了大型加工中心、高速精雕等高端技术设备近50台,为本地企业提供模具设计研发与制作、金属制品加工以及模具维修、技术交流和咨询等服务,满足了不同企业的个性化需求。打造技术研发服务平台,推动"传统制造加工"向"智能精细管控"转变。邵智院针对邵东中小企业自动化程度低、生产线改造成本高的普遍现象,建设3个省级研发平台,与邵东特色产业龙头企业共建3个省级企业技术中心,加大对中小企业技术改造的服务力度,形成了以全自动打火机生产线+自动调火验火一体机、注塑机关键数据采集系统、消失模喷涂干燥流水线为代表的标杆样板。例如,邵智院牵头成立了邵东市五金工具产业集群促进中心,为近百家五金企业提供"量体裁衣"服务,其研制的活口扳手自动化生产线实现了生产效率提升50%、生产成本降低30%以上,推进仙槎桥五金特色小镇转型升级。再如,邵智院与环兴打火机等公司共同组建"企业技术中心",研制电子打火机检验设备,生产效率较传统人工调试提升9倍;研制打火机白螺丝松弛调节设备,组装成本由人工时代的1角6分降低至1分2厘,极大降低了行业成本,加快了企业数字化、智能化进程。打造工业设计服务平台,推动从"微笑曲线底端"向"微笑曲线两端"转变。工业设计是制造业的先导,邵智院开展工业设计进园区活动,组织优秀工业设计机构与企业进行对接。2019年,在湖南省级工业大赛尚未举办之时,邵智院率先举办首届工业设计大赛,吸引了来自25个省区市的选手参赛,并达成了多个工业设计成果转化协议。邵东不少企业正是缘于这次大赛才了解工业设计的理念,开始重视工业设计和品牌建设。

三 投下一颗石 激活一池水

邵智院作为一种新生事物,犹如一颗入池的"石子",虽然还未掀起惊天巨浪,但已激活了邵东产业发展的"一池春水"。这种模式代表了一种科技与产业共融共生的新趋势,为湖南推动高质量发展带来了深刻的启示。

"一花独放不是春,百花齐放春满园"。未来,在打造国家重要先进制造业高地、开启现代化新湖南建设的新征程上,我们要投下更多这样的"石子",在三湘大地激荡起壮阔"春潮"。

产业是公共服务平台发展壮大的源头活水。产业是平台服务的对象,更是平台赖以生存的根基,没有产业基础遑论平台发展。邵智院之所以诞生于邵东市,一个重要的原因是邵东拥有数量众多的特色产业集群,是"中国皮具箱包生产基地""中国注塑打火机出口第一县""中国五金之乡",这为邵智院提供了成长的土壤。实践证明,只有根植于当地特色产业,邵智院才不会成为无源之水、无本之木;而有了邵东特色产业的繁荣发展,邵智院才会如鱼得水、如虎添翼。邵智院的做法启示我们,必须全面、准确、完整贯彻新发展理念,将产业发展作为公共服务平台培育壮大的第一要务、第一关键和第一核心,在产业基础好、经济发展活、市场环境优的地方,合理规划、适时布局、及时建设好公共服务平台,让产业和公共服务平台相得益彰、相辅相成、相倚为强。

创新是公共服务平台发展壮大的不竭动力。创新是平台的核心竞争力,平台的发展离不开创新引擎。邵智院坚持创新导向,用创新的思维寻找出路,用创新的办法破解难题。为弥补政府专业能力不足、服务精准性不够的问题,邵智院创新体制机制,采用"政府引导、市场主导"的市场化方式组建,从政府自建平台向"企业搭建平台、政府购买服务"的模式转变,让专业的人做专业的事;为破解科技成果转化不足、人才本土化不够的瓶颈,邵智院创新要素配置,创建科技成果线上超市和线下体验展示中心,打造"一企一博士"工程,让发展的要素更快地向平台集聚。正是因为有这种"逢山开路,遇水搭桥"的精神,才闯出了创新发展的新路子,激发了平台发展的新活力。邵智院的做法启示我们,只有创新的活力充分涌动,公共服务平台的竞争力和持续力才会不断增强。发展壮大公共服务平台,时时离不开创新,处处需要创新,必须把创新贯穿于公共服务平台发展的方方面面,努力让一切有利于创新的思想活跃起来,让一切有利于创新的潜力释放出来,让一切有利于创新的积极性发挥出来。

服务是公共服务平台发展壮大的根本宗旨。服务作为公共服务平台的天然职责，是其立身之本、生存之要、发展之基。邵智院用心用情做好公共服务，构建了智能制造领域"互联网+"创新创业服务生态体系，不仅提供信息发布、在线受理政务等平台基础服务，还提供企业引进和培育、人才引进和培养、研发创新和成果转化、孵化专项基金投资等增值服务。邵智院的做法启示我们，平台不仅需要为企业提供全方位、全过程的大众基础服务，更需要提供精细化、精准化的个性增值服务。只有强化为企服务的宗旨意识，才能深入企业长期跟踪、深度调研，才能全面了解掌握企业的痛点、难点等"急难愁盼"问题，才能把脉开方、对症下药、药到病除。也只有不断提高公共服务供给能力，不断拓展服务领域和提高服务层级、能级，公共服务平台才能不断做大做强。

人才是公共服务平台发展壮大的制胜密码。好的土壤需要蚯蚓，好的平台需要人才。邵智院集聚高端人才，将科研人才嵌入当地产业生态，推动"科学家+企业家"催生"化学反应"，打通了创新链条，加快了科技成果研发和转化，调动了科技人才创新积极性；在整合人才资源促进产学研合作的同时，也锻炼形成了复合型、高素质的运营团队和知识型、专业化的科技创新服务队伍，为平台持续健康发展提供了组织保证和人才支撑。综观邵智院模式的形成，最为关键的一条是将人才作为平台发展壮大的第一资源和制胜密码，在服务企业的过程中实现平台和人才的共同成长。邵智院的做法启示我们，只有将"人才是第一资源"的理念入脑入心，贯彻到战略决策和工作部署的实践过程中，培养造就更多能担重任的优秀科研人才和企业家人才，公共服务平台才有生机活力，才能为企业提供更高质量、更有价值的服务。

环境是公共服务平台发展壮大的重要保障。就像种子萌发需要适宜的温度、一定的水分和充足的空气，平台发展壮大也需要良好的发展环境。邵智院成立之初，邵东市党委政府便自觉当起了"特级保姆"，指导邵智院成立了党支部，签订了"一对一"服务协议，在资金、场地、人才公寓等方面出台了系列支持政策，给予了平台充分的自主权，完善了绩效考核机制，营造了"幼苗"苗壮成长的良好政务环境。邵智院的做法启示我们，平台的成长离不开党的全面领导，离不开政府的大力支持，离不开政务环境的优化提升。我们应该对标粤港澳大湾区，进一步深化简政放权、创新监管方式、实现精准服务，优化政务环境，提升服务质效，推动公共服务平台不断成长壮大。

解决职业经理人发展三大痛点
助力湖南省企业做大做强[*]

湖南省人民政府发展研究中心调研组[**]

做强做优做大企业市场主体，是湖南省推进产业项目建设、实施"三高四新"战略的重要抓手；而职业经理人作为专业化、职业化和市场化的企业经营管理人才，是推动企业做大做强的中坚力量。2021（第十二届）中国职业经理人交流大会在长沙举行，为把握此次职业经理人才汇聚星城的契机，让职业经理人成为引领湖南省做强大企业、培育小巨人的重要力量，湖南省人民政府发展研究中心调研组深入省内企业调研，发现湖南省职业经理人行业发展主要有不想用、找不到、用不起三大痛点，为此，调研组提出了树标杆、筑平台、强认证、重培育四个方面的政策建议。

一 职业经理人是助力湖南省企业做大做强的重要力量

1. 职业经理人制度是企业发展的大势所趋

随着社会化大生产和社会分工的不断细化，企业经营管理工作专业化是现代企业发展的必然趋势。早在 2002 年，全国人才队伍建设规划纲要就提出要"建设一支职业经理人队伍"；党的十八届三中全会则提出要"建立职业经理人制度"；国务院国有企业改革领导小组 2020 年印发了《"双百企

---

　* 本报告获得时任湖南省委常委、省政府常务副省长谢建辉的肯定性批示。

** 调研组组长：谈文胜，湖南省人民政府发展研究中心原党组书记、主任。调研组副组长：侯喜保，湖南省人民政府发展研究中心党组成员、副主任；蔡建河，湖南省人民政府发展研究中心党组成员、二级巡视员。调研组成员：李学文、龙花兰、张诗逸，湖南省人民政府发展研究中心研究人员。

业"推行职业经理人制度操作指引》。同时，全国各地也在积极探索职业经理人制度建设，如安徽省自 2004 年起就以企业职业经理人资格认证制度推动队伍建设，打造全省职业经理人的人才交流平台市场；江苏省"十三五"以来培养的职业经理人超过 1 万名；职业经理人已经成为各省推动企业发展的重点人才。

2. 职业经理人已成为新时代企业持续发展的核心力量

新时代背景下，我国企业面临国际贸易局势动荡、传统制造业转型和互联网化加速等多重挑战，职业经理人作为现代企业制度的运作主体，不断被证明其在企业基业长青中的关键地位。格力电器的董明珠、蚂蚁集团的井贤栋、阿里巴巴的张勇、微信创始人张小龙等人们耳熟能详的职业经理人，均成功带领各自的企业突出重围、迅速成长为行业龙头。而作为改革开放以来第一代职业经理人的张瑞敏，带领濒临倒闭的青岛电冰箱总厂变身为全球第一大家电企业海尔集团，这一成功案例经验更是被众多企业所学习。实践证明一名优秀的职业经理人能让企业在复杂形势面前绝处逢生，是新时代引领企业发展壮大的中坚力量。

3. 职业经理人是湖南省实施"三高四新"战略的必备人才

湖南省要实施"三高四新"战略，离不开企业转型升级，因此职业经理人是湖南省企业做大做强的必备人才。在 2021 年胡润研究院列出的前 50 名中国最成功的职业经理人中，湖南有向文波（三一重工）和赵东平（安克创新）两位上榜，上榜数量中部第一，说明湖南省具备优秀职业经理人成长的土壤。但由于省内职业经理人尚未受到重视，市场化机制不完善，有效人才供给稀缺，职业经理人在湖南省企业发展中没有充分发挥作用。湖南省要做强大企业、培育小巨人，首先应从壮大职业经理人队伍入手。

二 湖南省职业经理人发展的三大痛点

调研组对全省 14 个市州园区企业进行问卷调查，在返回的 1450 份有效问卷中，90.33% 来自制造业企业；年营业收入 300 万元以下的企业有 230

家，占比 15.86%；300 万~2000 万元的企业 456 家，占比 31.45%；2000 万元至 1 亿元的企业 503 家，占比 34.69%；1 亿元以上的企业 261 家，占比 18%，不同规模企业反映的情况均有覆盖。从对职业经理人访谈和全省企业返回的问卷结果来看，湖南省职业经理人行业发展主要有不想用、找不到、用不起三大痛点。

1. 不想用：需求潜力未激发

一是对职业经理人有需求的企业不到三成，尤其是中小微企业认知不深、需求不旺。目前省内传统家族式企业占主导地位，老板偏向于绝对控股，招人、用人"一言堂"，不放心把企业交给职业经理人管理，现代企业管理制度很不健全。被访企业中，近一半企业认为职业经理人并不是企业发展必需的。年营业收入在 300 万元以下的企业认为职业经理人是企业发展必备人才的占比仅为 46.52%，而年营业收入超过 1 亿元的企业此项占比 65.52%，说明规模越大的企业越重视职业经理人的作用。超七成企业表示没有聘请职业经理人的需要，仅有 25.8% 的企业存在职业经理人需求；年营业收入 300 万元以下的企业有职业经理人需求的仅占 18.7%，年营业收入超过 1 亿元的企业中 35.25% 有需求，说明规模越小的企业对职业经理人需求越少（见图 1）。

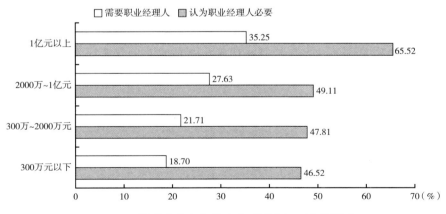

图 1　不同营业收入规模企业对职业经理人的看法

二是从业覆盖率整体偏低，企业规模越小聘用职业经理人的比例越低。问卷调查显示，被访企业中聘用过职业经理人的仅占 33.2%。其中，年营业收入在 300 万元以下聘用过职业经理人的企业仅有 26.09%；此项在年营业收入超过 1 亿元的企业中占比达 52.87%，说明企业规模越大职业经理人从业覆盖率越高（见图 2）。而省国资委提供的数据显示，截至 2021 年 6 月底，在 737 户各级省属企业 2232 位经理层成员中，在职的职业经理人仅占 6.14%，而此项指标全国水平为 7.6%。

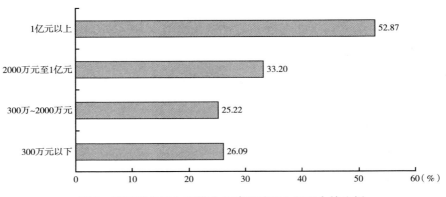

图 2　不同营业收入规模企业聘用过职业经理人的比例

2. 找不到：有效供给稀缺

一是供需对接不畅，用人单位难以主动获取人才信息。职业经理人招聘方式较为原始，问卷调查显示，高达 58.7% 的被访企业职业经理人来源于熟人推荐，其次来源于内部培养和网站公开发布招聘信息，定向邀请和通过猎头公司等中介机构的主动性招聘方式成功率较低。市场上优秀职业经理人的信息难以获取，供需脱节严重，选聘程序冗长，导致职业经理人市场化引入存在困难。调研中，湖南省一家省属国有企业在进行总经济师的公开招聘时，就曾因符合资格的应聘人数未达到开考标准而取消招聘。

二是职业经理人有效供给太少，是企业反映最集中的问题。目前湖南省职业经理人协会在省内仅 2000 多名会员，职业经理人才储备严重不足。问卷调查显示，有近一半被访企业认为，目前湖南省人才素质参差不齐、有效供给少是职业经理人市场面临的主要问题之一。调研中，企业反映由于职业经理人缺乏权威认证背书，用人方无法确认应聘方提供信息的真实性，难以分辨真正具备实战成功经验的人才。在有需求的被访企业中，没有合适人选是影响其聘用职业经理人的首要原因（见图3）。

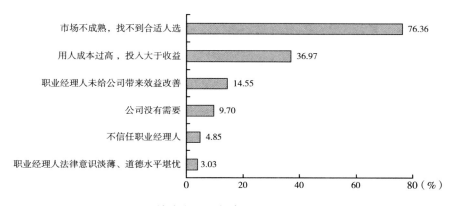

图3　被访企业没有聘职业经理人的原因

3.用不起：用人效果较好但成本较高

一是企业规模越大职业经理人满意度越高。在聘用过职业经理人的被访企业中，60.33%的企业认为职业经理人改善了企业经营状况，超过八成的企业愿意继续聘请职业经理人。其中，年营业收入在300万元以下聘用过职业经理人的企业满意度为55%，年营业收入在300万~2000万元的企业满意度为46.96%，年营业收入在2000万元至1亿元的企业满意度为59.88%，年营业收入在1亿元以上的企业满意度高达73.91%，说明湖南省规模越大企业聘请职业经理人的满意度越高，而为中小微企业服务的职业经理人素质有待提升（见图4）。

二是用人成本较高是影响企业聘请职业经理人的重要原因。在薪酬方面，超过半数的企业愿意给予职业经理人的最高年薪在30万元以下，85%的被访企业表示最高薪酬不会超过50万元/年（见图5），而优秀的职业经理人，如湖南省上市公司高管的平均薪酬为62.63万元/年，与普通企业能

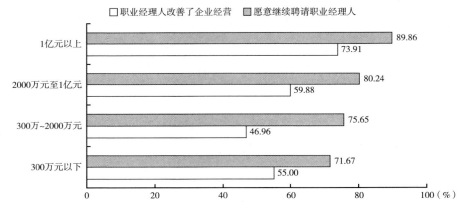

图 4 不同营业收入规模企业聘用职业经理人满意度情况

负担的用人成本相去甚远。调研中多家企业表示职业经理人薪酬太高，企业负担不了，但自己内部培养的人才没有管好企业的能力。问卷结果显示，37%的被访企业认为职业经理人的用人成本过高，这成为湖南省企业未聘请职业经理人的前三大原因之一。

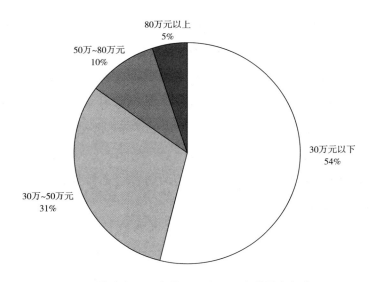

图 5 被访企业愿意给予职业经理人的最高年薪

三　解决湖南省职业经理人发展三大痛点的对策建议

1. 树标杆：以企业典型促进职业经理人的认知普及，提升中小微企业需求

调研中多数中小微企业认为公司小所以没有聘用职业经理人管理的需要，而事实上小企业比大中型企业更需要管理，因此必须大力转变省内企业的传统认知。一是在省内遴选一批管理成熟、竞争力强的职业经理人示范企业，并给予示范企业用人补贴、税收优惠等政策。二是以园区为单位，通过线上、线下多种方式加强对职业经理人示范企业的宣传，加深企业主体对职业经理人的认知。三是定期组织成长型企业前往示范企业参观学习，让企业主实地感受职业经理人的重要性，提升省内企业对职业经理人的需求热度。

2. 筑平台：搭建职业经理人资源信息平台，畅通企业与职业经理人对接渠道

搭建职业经理人资源信息平台，为企业和职业经理人提供可靠的沟通对接渠道。一是通过与专业化的人才公司、行业协会合作建立职业经理基础人才库，持续扩大职业经理人才覆盖面。二是基于人才库搭建资源信息平台，开放企业和职业经理人平台互评功能，动态更新职业经理人的业绩水平和职业道德情况。三是将职业经理人信用评价纳入社会信用评价系统，建立黑名单及定期公示制度，构建集企业选聘评价、使用评价、退出评价于一体的信息系统，为市场提供真实、可靠、有效的职业经理人从业信息，打造职业经理人与企业、同行交流平台，提升职业经理人的社会公信力。

3. 强认证：建立职业经理人认证制度，提升人才质量

建立职业经理人任职资格认证制度，对认证的职业经理人进行分类、分级管理。一是出台职业经理人培训认证管理办法。建议由省工信厅、省人社厅、省国资委、省工商联等相关职能部门，根据湖南省"三高四新"战略要求，与行业协会合作制定重点行业职业经理人任职资格培训和认证工作组织管理办法。二是建立职业经理人任职资格认证制度。形成以行业协会推荐

人选，主管部门审核认定的职业经理人认证制度，充分发掘能力突出、素质优良、提升社会和经济效益能力较强的职业经理人。三是将通过认证的职业经理人纳入高层次人才计划，分级别给予个人所得税减免、购房、子女入学等优惠政策，鼓励职业经理人参与认证，同时降低企业用人成本。

4. 重培育：实施职业经理人成长工程，扩大有效供给

实施职业经理人成长工程，扩大人才总量。一是将职业经理人成长工程纳入"五好"园区建设内容，与省内外高等院校、科研院所、行业商业协会等合作，定期邀请业内精英开展业务交流和经验分享会，以园区为主体面向企业开展常态化职业经理人培训、咨询和交流服务。二是面向中小微企业开展高层次系统性培训，重点针对中小微企业和"专、精、特、新"梯队的企业总经理及以上级别高管进行系统培训，着重培养和提高职业经理人在创新发展、决策管理、资本运作、市场开拓和国际竞争方面的综合能力。三是"以赛促训"，与湖南省职业经理人协会合作举办湖南省职业经理人创新大赛，吸引全省来自信息技术、财务、市场营销等多种岗位不同行业的职业经理人参与，在比赛中发掘人才、促进人才交流。

打造具有核心竞争力的
科技创新高地

以工业互联网开启湖南数字
经济发展新时代[*]

湖南省人民政府发展研究中心调研组[**]

作为第四次工业革命的重要基石，工业互联网为产业数字化和数字产业化提供了关键基础设施支撑和产业生态基础，成为数字经济创新发展的关键支撑。为通过工业互联网带动湖南省数字经济发展，调研组先后前往省工信厅以及长沙、株洲等相关部门开展专题调研，在此基础上形成本报告。报告全面阐述了工业互联网在发展数字经济中的作用，深刻剖析了湖南工业互联网存在的三大薄弱环节，并提出了相关建议。

---

[*] 本报告获得湖南省委副书记、省长毛伟明，时任湖南省委常委、省政府常务副省长谢建辉的肯定性批示。

[**] 调研组组长：谈文胜，湖南省人民政府发展研究中心原党组书记、主任；调研组副组长：侯喜保，湖南省人民政府发展研究中心党组成员、副主任；调研组成员：刘琪、闫仲勇、康耀心，湖南省人民政府发展研究中心研究人员。

一　再认识：工业互联网是数字经济发展的关键支撑

作为新一代信息通信技术与工业经济深度融合的产物，工业互联网集关键基础设施、全新产业生态和新型应用模式于一身，是实现创新驱动发展、促进产业转型升级、发展数字经济的重要基石。

1. 工业互联网是数字产业化的黏合剂

一是以"技术设备转化应用"催生一批数字化新产业。工业互联网发展不仅需要数字孪生、边缘计算、5G、IPV6、标识解析、TSN（时间敏感网络）、PON（无源光网络）等关键技术的支撑，还需要大量传感芯片、智能设备、计算与存储设备等。这一方面推动了标识解析、边缘计算等技术在工业互联网中的应用，形成一批特定的应用场景，并最终以场景带动形成一批先进计算、标识赋能等产业；另一方面，极大地推动集成电路、硬件设备等产业的发展与应用，如5G+工业互联网拉动了工业芯片、模组、网关的发展，带动了5G产业的突破和壮大。

二是以"数据驱动"形成一批数字化新产业。工业互联网的广泛应用将产生海量数据，对这些数据的采集、传输、处理和分析将需要人工智能算法和安全技术保障，以及系统平台管理，进而将数据科学、工业科学、管理科学、信息科学等在云端融合。这一方面能极大地促进软件技术的创新发展和软件产品更广泛的应用，并推动软件信息等数字产业发展；另一方面，工业互联网产生的海量数据在各行各业的运用，将极大推动大数据产业的快速发展。

三是以"制造服务化"带动一批数字化新产业。工业互联网将实现制造业和服务业之间的跨越发展，为数字服务业发展注入新动能，促进各类信息服务业的广泛应用。例如，中联重科工业互联网平台推动"产品在网上、数据在云上、服务在掌上"，依托智能化产品实现了由企业内部管理向企业外部的产业链和价值链等信息服务领域延伸，为产业发展提供产品远程监测、异常识别、预测性维护维修等工程机械设备全生命周期管理服务。

2. 工业互联网是产业数字化的助推器

一是以"纵深渗透"推动传统产业数字化转型升级。工业互联网具有较强的渗透性，不仅仅用于工业领域，还能与能源、交通、农业、医疗等整个实体经济各个领域融合，为各行业数字化转型升级提供必不可少的网络连接和计算处理平台，加速实体经济各领域数字化进程。初步统计，目前我国在 40 个国民经济大类里都已经有了工业互联网的相关应用，极大地推动了食品加工、机械设备、汽车等传统产业的数字化转型，催生出智能化制造、网络化协同、个性化定制、服务化延伸、数字化研发、精益化管理等新模式和新业态。

二是以"工业大脑"推动数字制造的发展。通过工业互联网平台连接设备、汇聚数据、优化分析，向下对接海量工业设备、仪器、产品，向上支撑工业智能化应用的快速开发与部署，形成了面向制造业的"工业大脑"，并实现"1% = 1 万亿元"[①]。一方面，通过嵌入各类传感芯片和智能数字化设备，对制造业机器设备、生产线和工厂基础设施等"机"和"物"的运行状态、运行环境进行全面的感知、智能的处理，以实现制造业"机"和"物"的全面数字化；另一方面，通过智慧供应链管理系统和大数据分析，实现生产供应链和整体生产经营管理的数字化。

三是以"两业融合"推动数字化发展。通过工业互联网平台，可以构建面向企业协同以及用户交互与产品服务优化的全产业链、全价值链等闭环，进一步融通制造业和服务业，促进制造业和服务业的数字化融合发展。

二 找差距：湖南工业互联网发展的三大薄弱环节

当前，湖南省工业互联网在信息化基础、示范应用、创新人才等方面基础比较薄弱，成为制约湖南省工业互联网发展的主要瓶颈。

1. 信息化基础薄弱

一是缺少核心信息化设备。当前，湖南省工业互联网平台所依赖的智能

---

① 工业大脑推动中国制造每提升 1% 的良品率，每年可以增加上万亿元利润。

装备、自动控制、工业协议、高端工业软件等产业链主要核心技术相对比较缺乏，尤其是在作为支撑工业互联网互联互通神经枢纽的标识解析体系方面发展水平较低。根据中国信通院报告，截至 2021 年 7 月 19 日，全国已上线二级节点 156 个，分布于 25 个省（自治区、直辖市），涵盖 30 个行业，标识注册总量超过 277 亿，累计接入的企业节点数量突破 2 万家。湖南省仅建成一个电子行业标识解析二级节点，远低于全国平均水平，与广东等地（已建成 30 个行业/区域标识解析二级节点）的差距更是巨大，这远远无法支撑湖南打造全国重要先进制造业高地的目标。调研发现，由于缺少相关的二级节点，湖南省企业要想接入省外的二级节点，需向信通院缴纳 150 万元的运营费用，这无疑增加了企业成本，降低了企业利用工业互联网进行数字化改造的意愿。

二是企业数字化水平低。湖南省绝大多数制造业企业仍处于工业 2.0 阶段，部分企业处于工业 1.0 阶段，尤其是中小企业数字化程度普遍偏低，信息化基础较差。这一方面阻碍了企业上云上平台的进度，另一方面造成工业互联网平台数据采集难、成本高、效率低，制约了工业互联平台建设和应用，并导致数字经济发展的滞后。2020 年湖南省数字经济占 GDP 的比重为 27.5%，远低于全国 38.6% 的平均水平。

2. 工业互联网应用薄弱

一是工业互联网参与率低。早在 2019 年，我国工业互联网带动制造业的增加值就已经达到成万亿级别的规模。但湖南省工业互联网在数字经济中的参与率依然较低，很多工业互联网平台仍处于基于平台的信息化应用层次，在制造业等产业中的应用水平较低。调研发现，企业需求侧有大量应用需求，但平台供给侧还不能完全满足。二是产业化能力偏弱。工业互联网平台企业大多还没有找到成熟的盈利模式，工业互联网的产业化能力偏弱，投入多、盈利少，推动工业互联网的创新应用更多是依靠其他业务板块收入作支撑，如何让工业互联网从"圈钱""烧钱"变成"赚钱"是需重点解决的问题。中国工业互联网研究院依托国家工业互联网大数据中心平台发布的《工业互联网发展应用指数白皮书》（2020）显示，在工业互联网的应用范围方面，湖南省得分仅为 27.05 分，位居全国第 16 位，仅为排名第一的四川省的 35%。

3. 人才基础薄弱

工业互联网领域比较新、行业竞争激烈，需要既懂信息技术又理解工业，还善于运营平台的复合型人才。博世长沙大数据分析平台反映，工业场景的应用涉及复杂的技术（IOT、大数据、云平台、人工智能等）、基础学科（物理学、化学、摩擦学、动力学等）、高精的算法（深度神经网络、无模型的强化学习）等，急需跨学科专业人才。由于薪资水平和发展环境与沿海地区差距较大，湖南省高等院校和职业院校毕业生更加倾向于赴沿海发达地区求职，留在本地园区企业工作的较少，企业相关人才储备不足，致使不敢运用工业物联网平台进行数字化转型，这制约了工业互联网平台的建设和应用推广。湖南省人民政府发展研究中心针对企业"上云上平台"做的问卷调查显示，60%的企业表示专业信息化人才缺乏。针对长沙的一项调研发现，长沙每年培养微电子相关专业毕业生 1000 余人，毕业后从事本行业的约占 80%，毕业后留在长沙工作的比例仅为 5%。

三 促发展：以工业互联网推动湖南省数字经济发展的建议

坚持问题导向，不断强化湖南省工业互联网发展的薄弱环节，以工业互联网开启湖南数字经济发展新时代。

1. 以"铸魂强基"计划筑牢信息化基础

实施"铸魂强基"计划，提升企业信息化水平以及信息技术和设备的供给能力，不断强化工业互联网发展的信息化基础。

一是完善布局工业互联网标识解析体系。依托在工程机械、轨道交通、航空航天、汽车等领域的优势，面向高端智能装备、新材料、新能源等行业，重点在长株潭等工业基础较好、需求较大的地区，积极争取布局工业互联网标识解析二级节点，争取在长沙建设世界工业互联网标识解析中心

Handle 全球辅根节点，为工业互联网创新发展提供强大的基础支撑。支持企业建设和运营一批工业互联网标识解析二级节点，加快形成面向重点行业的规模化标识解析服务能力。积极和中国信通院协商，争取免去或减少湖南省企业接入工业互联网标识解析二级节点的费用。

二是提升信息化设施供给能力。支持科研院所和企业在时间敏感网络、边缘计算、工业智能等领域加快技术攻关，增强在智能传感、智能网关、协议转换、工业软件等方面关键技术产品的供给能力。重点支持长沙创建中国软件名城，打造工业软件等核心信息设施攻关基地，鼓励支持国家重大基础软件项目落地长沙。开展安全可控工业软件等应用示范，促进工业软件等解决方案迭代升级，加快推进信息化设施规模化应用。

三是提升企业信息化水平。支持企业开展智能化生产、网络化协同、个性化定制、服务化延伸、数字化管理等类别改造升级，支持中小企业"上云上平台"，鼓励企业积极接入工业互联网标识解析二级节点，对项目中咨询服务、智能装备、工业软件、"上云上平台"以及接入二级节点实际产生的费用按一定比例给予资金补助。落实湖南省中小企业"两上三化"三年行动计划部署，每年推动 10000 户以上企业深度"上云"、5000 户以上企业"上平台"，持续培育一批"上云上平台"标杆企业。

2. 以"领航应用计划"推动行业融合发展

实施工业互联网领航应用计划，大力推动工业互联网在垂直行业和重点区域的规模化应用，不断提升工业互联网在数字经济发展中的比重。

一是深入开展"工业互联网走进产业集群"活动。组织供应商联合体与集群企业开展精准对接，通过标杆企业现身说法、场景式体验等方式，推动集群内广大企业加快实施数字化升级，逐步形成规模效应和带动效应，培育形成特定领域（区域）工业互联网平台，打造完善的产业链、创新链、人才链、资金链等服务体系。支持工业特色小镇运用工业互联网加快转型升级，促进集群利用工业互联网整体数字化转型。

二是打造行业"灯塔式"标杆示范。鼓励企业和高校、科研院所积极参与工业互联网、数字经济等国家重大战略任务揭榜攻关，攻克关键核心技术，形成标杆示范项目。支持制造业龙头企业联合工业互联网平台商和服务商，打造工业互联网应用标杆示范项目，共同探索工业互联网推动数字化转型的应用场景。加强工业互联网在企业内外部的应用，强化设备联网与数据采集能力、数据集成应用能力，建设企业级平台和行业性平台，发展个性化定制、网络化协同和服务化转型等制造业新模式，形成具有示范和推广价值的应用场景、典型经验和通用解决方案。

三是创建产业示范基地。推动产业集群所在地政府与工业互联网平台商合作建设工业互联网产业基地，聚焦先进计算、智能网联汽车、信创、高端智能装备、功率半导体、电子信息以及新材料、新能源等重点产业，积极创建省级工业互联网产业示范基地。加快示范基地信息基础设施改造升级，提升制造资源共享和产业协同水平，打造形成一批典型应用场景，促进基地整体数字化网络化升级。重点推动其中数字化转型成效显著的示范基地打造国家级工业互联网产业示范基地。

3. 以"人才集聚计划"打造复合型人才队伍

实施工业互联网人才集聚计划，培养引进一批懂技术、善于运营平台的复合型人才。

一是创新高等院校人才教育体系。加快搭建校企合作平台，建立能够满足产业发展需求的教育培训体系；推动省内高校布局工业互联网相关的新兴学科，协同发挥高校、企业、科研机构、产业集聚区等各方作用，大力培育工业互联网技术人才和应用创新型人才。

二是加强跨界联合培养。鼓励高校与行业龙头企业、产业园区共建产业学院，搭建成长成才平台。鼓励供应商联合体与学校、科研院所、社会培训机构等合作，积极引入人才教育与培训服务，联合培养集群企业数字化转型急需的复合型、应用型人才。加强与德国海外商会联盟（AHK）大中华区等合作，推广德国"双元制"职业教育模式，以职业能力培养为核心任务，着力培养提升人才的职业能力；全面加强与中国信通院在人才培养、产业支撑方面的战略合作。

三是引进高层次复合型人才。引进一批工业互联网高水平研究型科学家和具备产业经验的高层次科技领军人才。对引进的高层次领军人才，自主确定基础性和奖励性绩效工资比例，自主确定高层次人才薪酬分配方式，自主决定科技成果转化收益分配和奖励方案。

四是打造工业互联网智库。着眼全球工业互联网人才，组建柔性工业互联网人才专家库，打造面向全球的工业互联网智库，形成具有政策研究能力和决策咨询能力的高端咨询人才队伍，为通过工业互联网推动湖南省数字经济的发展提供强有力的智力支撑。

4. 以"新型工业生态计划"全力创建国家级工业互联网示范区

实施"新型工业生态计划"，加快构建网络连通、数据贯通、边云协同的工业生态体系，全力创建国家级工业互联网示范区。

一是建设国家级创新机构。加快推进中国信息通信研究院湖南分院、国家工业互联网大数据中心湖南分中心等国家级创新机构建设，建设好全国首个由纯国产化设备组成的工业互联网创新中心，强化"5G、人工智能、区块链+工业互联网"标准验证和测试认证能力。

二是推动"5G+工业互联网"先导区建设。全力建设湖南首个"5G+工业互联网"先导区，支持申报"5G+工业互联网"国家新型工业化产业示范基地，打造一批"5G+工业互联网"内网建设改造标杆、样板工程，形成可持续、可复制、可推广的创新模式和发展路径。

三是营造良好生态环境。成立湖南工业互联网产业联盟及工业互联网专家委员会，开展工业互联网示范区供需精准对接、标杆项目培育等系列活动。重点引进培育一批专业化水平高、服务能力强的制造业数字化转型服务商，进一步完善湖南省制造业数字化转型产业生态供给资源池。进一步修订完善湖南省支持工业互联网、大数据、人工智能与制造业融合发展的政策。

推动湖南省国家级科技创新平台建设的对策研究[*]

湖南省人民政府发展研究中心调研组[**]

科技创新平台是湖南省科技创新体系重要组成部分，是推动园区经济高质量发展的重要载体，在落实湖南省"三高四新"战略中发挥着重要作用。为了解湖南省科技创新平台的实际运行情况，调研组到有关部门、高新区和市州开展深入调研，梳理了现阶段湖南国家级科技创新平台建设的成效，通过与先进省市对标找差距，分析其存在的不足，有针对性地提出湖南下一步加强国家级科技创新平台建设的对策建议。

一 湖南省国家级科技创新平台建设的成效

自1989年粉末冶金国家重点实验室获批建设以来，湖南省国家级科技创新平台建设取得了较好成效，为湖南高质量发展和创新型省份建设提供了有力支撑，目前已形成基础研究、技术创新、创新创业服务、科研基础设施和条件保障四大类平台所组成的全方位多领域重大科技创新平台体系。

1. 重大科研基础设施建设卓有成效

国家超级计算长沙中心是我国第2个投入实际运行的国家级超算中心，目前运算能力为每秒300万亿次。截至2021年初，湖南省拥有重大科研基础设施"天河"超级计算机、"天河·天马"计算集群，价值23264.6万

* 本报告获得时任湖南省委常委、省政府常务副省长谢建辉的肯定性批示。
** 调研组组长：谈文胜，湖南省人民政府发展研究中心原党组书记、主任；调研组副组长：侯喜保，湖南省人民政府发展研究中心党组成员、副主任；调研组成员：唐文玉、田红旗、周亚兰、罗会逸，湖南省人民政府发展研究中心研究人员。

元。目前，国家超算长沙中心为近 40 个领域 1205 个用户提供高性能计算、大数据、人工智能及区块链技术服务，支撑领域广泛，为湖南省学科交叉融合、产学研深度合作做出积极贡献。

2. 基础研究类国家级平台行稳致远

湖南省基础研究类国家级平台以国家重点实验室为主，涵盖领域较广，布局基本合理，建设稳步推进。截至 2020 年底，湖南省正在运行的国家级重点实验室 19 家，分属制造、农业、工程、信息和材料等 8 个不同领域（见表 1），集中分布在长株潭地区（长沙 14 家、株洲 4 家、湘潭 1 家）。湖南省的国家重点实验室把国家需求与社会发展作为引领科技创新的重要方向，在关键技术（新型功率半导体器件）、海洋强国（深海矿产资源开发利用技术）、交通强国（大功率交流传动电力机车系统集成）、应急管理（电网输变电设备防灾减灾）等多个方面发挥着重要作用。

表 1 湖南基础研究类国家级平台的行业分布

单位：个

行 业	制造领域	工程领域	信息领域	材料领域	能源领域	农业领域	资源与环境领域	健康领域
平台数量	3	3	3	2	2	3	2	1

资料来源：湖南省科技厅。

3. 技术创新类国家级平台有声有色

截至 2020 年底，湖南技术创新类国家级平台 69 个，分布在全省 8 个市、州，其中位于长沙市的占比 76.81%，位于长株潭地区的占比 89.86%（见图 1）；研究方向涵盖先进装备制造、现代农业、人口健康、资源环境与社会事业等 6 大门类（见图 2）。制造业、现代种业、新材料业和矿产业等行业的国家级平台数量众多，领军人才汇聚，科技成果突出，产业技术优势明显。如 2018~2020 年，制造业国家级平台获得国家级科技奖励 13 项；2019 年，全省新材料企业完成产值 3680 亿元，占全国新材料企业总产值的 8.18%。

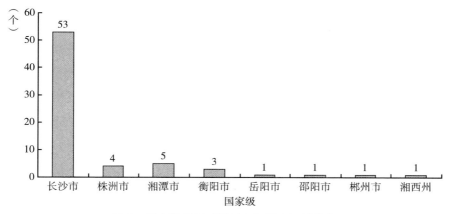

图1 湖南技术创新类国家级平台区域分布

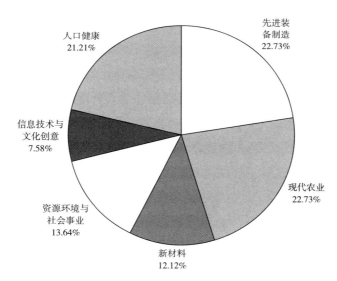

图2 湖南技术创新类国家级平台行业分布

4. 创新创业服务类国家级平台富有活力

截至2020年底，湖南省国家级创业孵化载体共有89家，其中孵化器26家，国家备案众创空间58家，专业化众创空间3家，大学科技园2家。2020年，全省创业孵化载体（含省级平台）在孵企业12406家，累计毕业企业5029家，当年高新技术企业601家，上市企业（挂牌）139家，累计获得投融资金额 123.88 亿元，拥有有效知识产权数 31822 件，当年举办创新创业活动 9697 场。

二 湖南省科技创新平台发展面临的主要问题

对标世界科技前沿，对标国家和地方重大需求，对标产业高质量发展要求，聚焦重点平台和重点要素，湖南省国家级科技创新平台主要存在以下差距和不足。

1. 重大标志性平台数量少

国家级平台数量少，部分优势领域学科尚未拥有国家级平台，新兴前沿的交叉学科平台基本没有，高水平实验室布局不足。目前湖南省国家技术创新中心和国家制造业创新中心尚未取得突破；基础研究类，湖南省国家实验室尚为空白，全国共 4 个，中部六省中安徽 1 个（同步辐射国家实验室）；国家研究中心空缺，在中部六省中少于湖北（1 个）、安徽（1 个）；学科类国家重点实验室仅 5 个，全国共 258 个，位于全国第 13 位，在中部六省中少于湖北（17 个）；湖南省尚未建设高水平省实验室，而湖北建设了 7 个、安徽建设了 14 个，差距明显。

2. 平台经费投入力度不足

湖南省 2019 年 R&D 经费投入强度为 1.98%，低于全国平均水平 2.23%，居于全国第 13 位，低于湖北、安徽，在中部六省中居于第 3 位。而且，目前湖南省科技创新平台资金投入的对象主要为新建立的平台，已经建设运行的平台缺少长期稳定的资金支持。另外，国家重大创新平台建设需要通过强有力的政府推动来实现，而湖南在省级层面推动力度不大，湖南的省重点实验室立项时固定支持 100 万元，而广东筹建高水平实验室时每个实验室投入 10 亿元到 100 多亿元不等，安徽省实验室启动经费 500 万元，运行经费每年 300 万元。

3. 各类平台发展乏力

各平台普遍存在体量规模偏小、人才梯队建设不够完善、独立性不够等问题。基础研究类平台除农业、工程、矿产等优势领域外，湖南省其他领域平台大多处于跟跑或并跑状态，未形成领先之势。科技创新能力特别是原创能力距离世界顶尖水平还有差距，具有国际影响力的重大原创成果偏少，部分平台"卡脖子"技术问题有待解决。技术创新类平台产业支撑力度不均衡，部分平台如信创产业、生物医药产业等，科技成果难以转化为现实生产力，为湖南经济社会发展提供动能的能力相对不足。

4. 激励机制不健全

一是政策扶持力度不够大。国家级科技创新平台在建设时有一定的专项支持，但平台的建设和运行资金压力较大，技术研发风险高，市场回报不确定性大，制约了平台的创新发展。二是科技金融服务功能有待提升。目前全省公共服务平台的资源整合度不高，在为国家级科创平台提供供需对接、资金融通、创新服务、解决共性难题方面的作用还不够突出。三是创新人才不足。目前国家级科创平台的领军人才不足，能够解决"卡脖子"技术问题的高端基础性、复合型人才严重不足。同时由于区域、待遇等因素，高端人才、国际领军人才流失严重。企业引进与留住人才的有效措施不多，对基础骨干研发人员缺乏激励机制和政策支持，难以留住优秀的创新人才。

三 推动湖南省国家级科技创新平台建设的对策建议

全球新一轮科技革命和产业变革为科技创新提供了新机遇，湖南经济已进入加速竞进提质阶段，迫切要求健全国家级科技创新平台，推动经济创新发展，为此建议如下。

1. 健全国家级科技创新平台建设机制

国家级科技创新平台需要通过强有力的政府推动来实现，湖南应进一步强化政府支持，积极探索有效的发展机制。

一是建议成立湖南省国家级科技创新平台建设领导小组，领导协调全省国家级科技创新平台的建设发展工作。进一步强化对全省国家级科技创新平台建设的战略决策，审议国家级科技创新平台建设的规划布局，旗帜鲜明地把推进国家级科技创新平台建设作为重中之重来抓。领导小组下设专门的工作办公室，配备专职工作班子负责国家级科技创新平台建设推进工作。

二是设立国家级科技创新平台建设专项资金。资金支持是国家级科技创新平台载体建设的重要保障。建议设立省级国家级科技创新平台建设专项资金，根据各国家级科创平台体量与科研规模，建立稳定增长的投入预算机制，并积极争取国家经费支持，使国家级科技创新平台建设拥有稳定的经费来源，保障科研活动的持续和稳定。出台强有力的资助政策，如新获批建设的国家实验室，一次性补助1000万元等。同时，探索省、市联动投入机制，在全省具备一定基础和先期培育的领域，支持相关地方和单位开展预研创建工作。

三是邀请国内外知名科学家成立专家咨询委员会。根据前沿领域、研究基础及进展情况，着重把控国家级科技创新平台的战略方向，定期开展讨论分析和前瞻预测，慎重筛选出下一步重点支持的研究领域和方向。

2. 完善高水平国家实验室布局体系

一是争取国家实验室布局。以国家和湖南省战略需求为导向，以突破重大核心科技攻关为中心，以打造国家未来战略科技力量为目标，依托岳麓山国家大学科技城推动岳麓山实验室建设，加强与深圳鹏城实验室对接，积极争取参与国家实验室建设。在先进制造、轨道交通、节能环保、生物医药、种业等优势产业领域组建研发平台，探索关键核心技术攻关新型举国体制的湖南模式，大力提升新一代信息技术、高端装备、新材料、新能源等产业基础能力，为打造综合性国家科学中心、创建国家实验室筑牢基础。

二是谋划创建国家重点实验室。在量子材料、材料基因、极端制造等重要领域，建设一批国家重点实验室培育基地，争取更多国家重点实验室在湘布局。采取"政府、部门、单位多方协同"共建模式，重点支持电能高效高质转化、关键金属资源、复杂系统软件和经济作物学等30家左右国家重点实验室培育基地建设，形成一批基础研究、应用基础研究、前沿技术研究融通发展的高水平国家重点实验室后备力量。

三是积极创建省部共建、军民融合国家重点实验室。围绕湖南省创新驱动发展重大问题，以提升区域创新能力和开展区域特色应用基础研究为目标，加快推进省部共建国家重点实验室建设。加强军民协同创新，谋划创建军民融合国家重点实验室。

四是巩固提升现有国家重点实验室。对创新水平在国际上领跑并跑的杂交水稻、化学生物传感与计量学两个国家重点实验室，持续稳定加大投入，立足优势、彰显特色、补齐短板，继续保持国际领跑并跑地位。针对研究方向存在交叉、体量规模较小、面临行业压力的大功率交流传动电力机车系统集成、金属矿山安全技术和电网输变电设备防灾减灾三个国家重点实验室，考虑吸纳研究方向相近的工程技术中心进行扩建，并与同领域高校、科研院所、企业等其他科研机构进行联合，扩充为体量规模更大的国家重点实验室。对现有研究方向与前沿技术、国家重大发展需求和地方经济发展联系不紧密的汽车车身先进设计制造、省部共建淡水鱼类发育生物学两个国家重点实验室，进行适当的研究方向调整，着力加强产学研合作，以满足新经济时代下"新技术、新产业、新模式"的需求。

3. 促进基础设施和技术创新能力提质升级

一是加快推进国家超级计算长沙中心提质升级。改造升级国家超级计算长沙中心，加快部署天河新一代高性能计算机系统，完成面向大规模数值模拟的运行时支撑系统、面向 E 级系统的科学计算软件框架以及海量数据深度学习环境的研制与整体联调测试，提升算力使用效率和人工智能算法原始创新能力。围绕"算法、数据、算力"研发与应用，提升算力使用效率和原创算法迭代效率，增强算力基础设施社会服务能力。

二是谋划筹建大型科学装置。国家重大科研基础设施是稀缺的战略性创新资源，是增强原始创新能力、实现从科技大国迈向科技强国的核心利器，要加快依托湖南高校院所，争取国家在岳麓山大学科技城布局建设同步辐射光源、大飞机地面动力学试验平台等大型科学装置。

三是布局科技资源共享平台。进一步完善湖南省省级科技资源共享服务体系，推进湖南省国家级科技资源共享平台的零的突破，为湖南省科技工作者提供便捷的科技资源共享、共用服务。增加共建单位，与全国范围内各个科研院所、大学、基层单位合作，进一步加强资源整合，加大研究力度，争取在未来5~10年，所有资源可查询、可评价、可共享。

四是筹建国家技术创新中心。聚焦耐盐碱水稻杂种优势利用、种质功能基因挖掘及分子育种、新品种配套应用等关键技术，加快推进国家耐盐碱水稻技术创新中心1个总部、1个中心、4个区域分中心、多个站点的体系建设。在战略性稀有金属、工程机械、集成电路、航空航天、先进材料、先进计算等领域，加强国家技术创新中心的培育。重点是依托中信农业隆平高科、湖南大学、国防科技大学及中国电子科技集团四十八所、中南大学、湖南中医药大学及湖南中医药研究院等，筹建国家级的生物种业、工程机械、集成电路智能协同制造、战略性关键矿产、中药种植与资源利用等技术创新中心。

4. 完善国家级科创平台的激励约束机制

一是支持优势企业省级平台争创国家级平台。梳理信息技术、智能制造、新材料、新能源、航空航天等领域掌握关键核心技术并拥有省级科技创新平台的优势企业，逐一调研，选取有条件组建国家级平台的企业实施"一对一"重点服务，积极申报组建国家级创新平台。

二是健全科技金融服务体系。加强政府产业基金运行管理，选准投资项目，发挥产业基金"四两拨千金"作用。要突出科技银行实效，降低贷款门槛，创新金融服务产品。要鼓励社会资本参与科技创新，支持发展风险投资、科技保险等科技金融业务，促进风险投资机构与企业的合作对接，逐步建立起多元化投融资体系。

三是完善科技创新财税政策。完善科技创新税收抵免政策。增强研究开发费用税前加计扣除、高新技术企业所得税优惠、小微企业普惠性税收减免等政策支持力度，引导省内外社会资金投入。建立完善财政后补助机制，对建立创新平台的企业采取"先建后补"的方式，以项目为支撑，推进全省的创新平台建设，并对创建成功的国家级科技创新平台按照相关政策给予奖励。

四是完善人才评价与激励机制。坚持以创新能力、质量、贡献为导向，分类别建立以同行评议为基础的人才评价体系。省人才计划重点支持对优秀人才的引进与激励，鼓励国家级创新平台面向全球和全国招聘主要科研人员，探索"科技合作、兼职、技术入股"等多种形式的柔性引才方式，鼓励国家级创新平台与国内外高水平研究机构有针对性地合作培养人才。完善个人职务发明成果价值分配政策，提高科研人员职务发明成果价值分配比例，激励人才更好发挥作用。在住（租）房、教育、医疗、创业基金等方面出台更加优惠的政策，完善配套措施，解决好人才的后顾之忧，引进国家级科创平台建设发展急需的各类人才。

五是强化国家级科技创新平台建设成效的考核评估。针对国家级科技创新平台特点，建立评估指标与细则，形成评估体系，定期组织考核评估；根据考核评估结果实施竞争性支持资助模式，对评估结果为优秀的科创平台，在项目、人才等方面重点给予支持，对评估结果为不合格的平台，通过约谈平台第一责任人、通报等方式予以警告；对整改不力的停止资助。

从马栏山视频文创产业园看数字
赋能红色文化传播新浪潮[*]

湖南省人民政府发展研究中心调研组^{**}

  红色文化是中国共产党人带领人民群众共同创造并富有中国特色的先进文化，习近平总书记多次就传承红色文化做出重要指示。近年来，马栏山视频文创产业园在园区高质量发展实践中，深植湖湘红色精神沃土，抓住文化创意与互联网科技融合发展的趋势和规律，创新红色文化传播方式，其实践经验对于湖南推动新时代红色文化传承与发展有重要的启示和借鉴意义。

一　数字赋能：激活红色资源，推动红色文化传播
与发展的新引擎

  近几年各地政府相继出台政策，鼓励红色资源数字化开发，包括建立红色文化数字基因库、开发红色数字创意产品、打造红色数字文化体验场景、开展红色虚拟旅游等。数字化为红色文化资源保护和开发提供了全新的发展方向，是提升文化软实力，推动文化建设、经济发展的重要手段。数字赋能红色文化主要体现在三个方面。

  一是创新红色资源的保护和开发模式。一方面，通过数字化扫描、建模、存储，特别是对一些已经消失或损坏的红色遗迹、文物等进行数字化虚

---

 * 本报告获得湖南省政协主席李微微，时任湖南省委常委、省政府常务副省长谢建辉的肯定性批示。

 ** 调研组组长：淡文胜，湖南省人民政府发展研究中心原党组书记、主任。调研组副组长：侯喜保，湖南省人民政府发展研究中心党组成员、副主任；蔡建河，湖南省人民政府发展研究中心党组成员、二级巡视员。调研组成员：刘琪、康耀心，湖南省人民政府发展研究中心研究人员。

拟修复，有助于实现红色文化的数字化保护与传承；另一方面，借助多媒体、人工智能、云计算、仿真技术等综合性信息处理技术，对现有红色资源进行再开发，例如，井冈山 AR 红色体验馆，运用 AR 和 VR 技术，通过"图片+视频+虚拟"的多种交互方式，更加鲜活生动地展现红色革命文化，提供与众不同的兼具时代感与科技性的红色文化体验。

二是强化红色资源的社会教育功能。湖南汝城沙洲村"半条被子的温暖"专题陈列馆，《半条被子》音乐话剧采用全息投影技术，让观众身临其境体验军民鱼水情。上海龙华烈士陵园创新开发实景 AR 游戏《龙潭英雄》，凸显参与感和互动性，让玩家在潜移默化中感同身受红色文化教育。利用数字化手段对红色文化资源进行展示和传播，通过场景还原、沉浸体验以及互动娱乐等方式，将革命历史和革命精神生动鲜活地传递给广大人民群众，尤其是青少年，让他们去了解和认识红色文化，是实现立德树人的重要路径。

三是推动红色资源的价值转化和经济效益提升。围绕数字化赋能产品和服务，对红色资源可以进行多重价值转化，比如红色智慧旅游、红色影视、红色动漫等，从而激发红色资源所蕴含的巨大经济价值。例如，2020 年湘潭首届红色文化产业博览会创新运用 5G、VR、3D 打印技术等手段，形象展示其地方特产和红色文创产品，带动游客量近 15 万人次，直播带货交易额近 400 万元，实现旅游综合收入 4436 万元。数字化赋能有助于发挥红色资源的巨大经济价值，从而带动地方红色文化产业的发展。

二 马栏山模式：守正创新，打造红色文化智慧化传播矩阵

1. 坚持内容为王，构建红色文化产业新生态

聚焦传播内容，在深化价值表达上下功夫，紧密结合群众生活实际和精神需求，打造集红色影视、红色动漫、红色数字出版、红色网络文学等内容于一体的红色文化创制体系。红色影视方面，充分挖掘湖南深厚红色文化资

源，出品了一批口碑好、热度高的精品红色影视作品，如《理想照耀中国》《我的青春在丝路》《半条棉被》等。同时，进一步丰富表现形式，创办马栏山杯红色视听作品大赛，创新弘扬新时代红色精神。红色动漫方面，赋予红色主题时代气息，让更多年轻受众接受红色文化的洗礼。如《榜样——"双百"人物英雄故事》以动漫的形式讲述了李大钊、夏明翰、杨开慧等36位"双百"人物的英雄故事，获得了广泛的社会好评。红色数字出版方面，作为"出版湘军"主力军的中南传媒等企业注重融合新媒体、新技术，如《红军长征在湖南》《湖南红色地图》利用最新的地理信息数据，采用测绘技术和计算机制图技术制作而成，形象新颖地展示了红军长征在湖南的行军路线、红色旅游景点及爱国主义教育基地。红色网络文学方面，依托"国"字号网络文学示范基地"中国网络文学小镇"，吸引了多位优秀网络文学作者齐聚马栏山，围绕爱国主义题材进行正能量的网络创作，让网络文学在弘扬主旋律方面发挥更大作用。

2. 突出技术优势，引领红色文化传播新路径

一是强化"马栏山智造"红色影视修复能力，智慧呈现红色经典。2020年9月，习近平总书记在马栏山视频文创园观看了4K修复的《开国大典》片花后指出："要加大红色经典影像的修复力度，传承红色基因，讲好红色故事，把这些故事一代一代传下去。"以此为契机，园区于2021年1月启动红色文化数字呈现工程，应用5G云、4K、AI修复上色等新一代技术手段，围绕《雷锋》《国歌》《毛泽东在1925》《刘少奇的四十四天》等拍摄时间早、保存难度大、具有重要史料价值的红色文化影视作品，开展相关作品修复和数字化建设，赋予红色经典新生命，受到广泛好评。二是发展5G智慧电台技术，助力党的声音和红色文化高效传播。马栏山5G智慧电台是国内首个自主研发的音频集成系统，这套系统利用5G+AI技术，可以让一名编辑在短短3分钟内"闪"编包括虚拟主持人在内的一套电台节目。电台于2021年上线的6档党建节目，可通过全国310余个合作电台推向广大电台听众，同时还能与"村村通""村村响"广播等有机衔接，实现党的声音快速精准直达田间地头。

3. 对接分众需求，拓展红色文化消费新空间

马栏山视频文创园在"文化+科技"跨界融合赋能红色文化的道路上先行先试，不断探索新业态、新消费模式。一是孵化直播带货产业，助力"湘品出湘"。一方面，打造马栏山直播产业基地，依托园区内草莓 V 视、二咖传媒、蛙酷文化等网络直播企业，通过产品与场景、线上与线下、销售与展示的深度融合，助力融合了红色故事、红色人物形象的手工湘绣、创意剪纸、仿制瓷器等湖湘红色文创产品"出圈""出彩"。另一方面，瞄准"流量扶贫"，打造"直播+电商+公益+扶贫"新模式，借助抖音、快手、拼多多等流量渠道，以"村播"带货拓宽城步县、沙洲村等红色乡村优质农副产品销售渠道，促进农户增收。二是创新应用新技术，多层次发展红色旅游。借助 VR 和 3D 全景声等技术，助力沙洲村打造"半条被子"红色实景旅游景点，实现引流增收。与湖南移动联合开展红色文旅信息化平台技术攻关，突破性融合先进 5G 技术与三维影像拍摄技术，对历史故事和热门景点进行影像还原。借助数字化技术的加持，变传统红色旅游为智慧化红色旅游，增强互动性、趣味性和学习性。

三 进一步推动数字赋能红色文化传播的对策建议

马栏山创新推动红色文化传播的实践经验表明，在科技与文化发展日趋融合的今天，要充分利用数字技术，用数字化为红色资源插上智慧的翅膀。作为红色文化资源大省，湖南应紧紧把握数字化发展脉搏，推动数字赋能湖湘红色文化传播，做大做强做优湖南红色文创产业发展，为红色文化增添时代魅力，更好地发挥红色资源的激励作用。

1. 加强资源整合，建立健全系统集成的"红色文化数字资源库"

当前，省、市层面的红色资源整合还不够充分，亟须加大红色资源区域化整合利用力度。一是摸清红色文化资源底数，以数字化手段有效整合红色资源。建议省、市级层面加强统筹协调，扎实推进省内红色文化纪念地、博物馆、档案馆、党史馆、电视台等单位集中对湖南区域红色文物、建筑、遗

址、文献及湘籍红色人物图文、影像资料等红色资源进行统一数字化采集、整合和存储；对部分已经消失或损坏的红色遗迹、文物等，充分运用数字技术进行复原再现、虚拟修复、分类存储，从而建成内容丰富、开放协同、运行高效的湖南红色文化数字资源库。二是搭建红色文化数字共享平台。湖北省以红色历史文化数据库为载体，对该省红色地标、革命史实、历史图片等进行整合，并提供搜索引擎，为在线享用当地的红色文化资源提供了极大便利。湖南省也可充分利用数字媒介传播范围广的优势，搭建省、市级层面的红色文化数字共享平台，并结合各地区域优势和特点，制定红色资源开发整体规划，实现红色文化资源的共建共享和广泛传播，不断推动湖南红色资源开发共享新路径、新场景、新模式。三是推进国家红色基因库试点单位建设和申报。要加快推进韶山毛泽东同志纪念馆中华民族文化红色基因库试点单位建设，对标"国家文化大数据体系建设"相关工作要求，对馆内红色资料进行高精度数据采集和结构化存储，并通过有线电视网络实现全国联网，打造湖南红色旅游资源数字化开发的高标准典范。同时，积极争取省内有条件的重要红色纪念地、展馆等列入试点单位名单。

2. 做好品牌建设，不断推进智造引领的"红色文化数字呈现工程"

一是强化技术力量，打造湖南红色文化新地标。充分发挥马栏山视频文创产业园红色影视修复技术优势，不断提升 AI 模型训练、自动上色服务、数据集建立等技术能力，形成一条稳定的数字化生产线与修复生产线。加快申请"针对高分辨率黑白视频的彩色化技术系列"等技术专利，着力构建红色文化数字呈现标准和工艺制作流程，扎实推进红色经典影片彩色修复，将马栏山打造成为湖南红色文化新地标。二是深化协同合作，优化红色经典影视版权授权路径。加快推进马栏山视频文创产业园与中国电影资料馆、八一电影制片厂、潇湘影视集团、华韵文化等单位合作，推进"马栏山电影修复实验室"落地、相关红色经典影视版权授权及技术合作事宜，进一步优化版权授权路径。在此基础上，建立健全湖南红色影像数据库，推动多场景、多类型影像资源入库。三是聚焦"创"和"制"关键环节，推动红色题材影视作品创作生产。依托省内外相关优秀制作单位，充分利用场景复原、多媒体展示等数字化手段，还原再现发生在革命、建设、改革各个时期的重要历史场景，以湖南红色历史和人物为主题，积极创作数字电影、电视剧、短视频等多种形态文创产品，让更多红色数字产品实现多媒传播、多屏互动。

3. 优化平台建设，着力打造多产融合的"红色文创产业促进中心"

建议依托湖南省文化创意产业协会，发起建设产学研一体化的湖南"红色文创产业促进中心"，促进红色文化与旅游、影视、动漫、新媒体电商及文创衍生品等有机融合。一是做好"红色+"立体化资源开发，丰富红色文创产品体系。加强红色文化数字资源库与红色文旅的深度融合，对省内红色景点、展馆等进行集影音讲解、3D 实景参观和卫星交通导航等内容于一体的数字化呈现加工，打造灵活新颖的湖南红色数字地图；积极拓展红色"云演艺""云展览"等新业态，开发沉浸式旅游演艺、全息互动投影、夜间光影秀等产品，提升红色文旅的数字化水平。借助马栏山影视文化产业蓬勃发展的良好势头，围绕"一主一特"产业，制作以湖南红色文化为主题的影视音像等创新创意作品。以湖南动漫产业转型升级、融合发展为契机，开发以湖湘红色人物、革命历史等为主题的红色动漫和电子游戏产品等，吸引年轻群体，强化教育功能，提升红色文化传播力。二是做好宣传和服务，为红色文创产业发展保驾护航。搭建红色文创产品研发生产和线上线下销售平台，拓宽红色文创销售渠道。加强红色文创产品宣传推广，联合优秀创意设计团队，打造湖南红色文化 IP 品牌，激发红色文创市场消费潜力。搭建红色文创产业服务平台，制定红色文创产业相关规范与标准，对湖南省红色文化创意产业及产品在财政资金、税费减免、创意研发、技术咨询、知识产权服务、人才引进等方面给予优惠政策支持，打造湖南红色优势资源产业集群。

4. 强化人才培养，精心培育开放流动的"红色文创人才资源库"

一是坚持培引结合，加强红色文创人才队伍建设。依托长沙理工大学、长沙学院马栏山新媒体学院等省内高校设置 4K 影视修复专业，着力培养红色影视修复人才。推动全国头部高校实训基地、科研机构联合创新中心落户马栏山，实现人力资源增值。深化校企人才与技术对接交流机制，促进高校人才资源和创意成果加快向文创企业、文创机构转化。组建高端文创产业智库，推动国内外设计大师、艺术大家进入红色文创领域，为全省红色文创产业发展提供智力支持。二是建立激励机制，培育专业化文创团队。坚持分配向创意一线倾斜，着重培育创新意识突出、创业能力强的文创团队，进一步促进湖南红色文创产品的高标准开发、高质量发展。搭建与省内各红色旅游景点的合作平台，链接省内外各级政府融媒体中心平台，推动红色文创优秀成果走向规模化、产业化发展。三是凝聚各方智慧，形成发展合力。建立产业、政企、省际交流机制，发挥国家"红色文创联盟"、湖南省文化创意产业协会等机构的力量，通过举办专业性研讨、红色文创人才培训班等方式，不断提升红色文创从业人员的专业素养。积极举办和承办红色文化展览、文创产业大会和文创产品创新创意大赛等重大活动，推进技术、人才、资金、市场等资源互动，推进湖南红色文创产业高质量发展。

湖南省创新支撑经济发展能力
分析及对策建议[*]

湖南省人民政府发展研究中心调研组[**]

2020 年 9 月，习近平总书记从战略和全局高度对湖南做出科学指引，要求湖南着力打造具有核心竞争力的科技创新高地，在推动高质量发展上闯出新路子。为评判湖南省创新驱动处于什么水平，如何更好实现科技创新驱动经济高质量发展，湖南省人民政府发展研究中心深入研究，形成本报告。

一 湖南省尚处于发展的哪个阶段?

创新驱动最早由著名管理学家迈克尔·波特提出，他提出一个地区经济发展的四个阶段：生产要素驱动阶段、投资驱动阶段、创新驱动阶段和财富驱动阶段。前三个阶段是国家或者地区竞争优势的主要来源，但是靠生产要素驱动和投资驱动终将会面临生产要素报酬递减和稀缺资源瓶颈这两个基本问题，所以要实现高质量发展必须走创新驱动发展之路。国家发改委学术委员会秘书长张燕生按照研发创新强度将区域发展阶段分为：研发强度低于1%的地区为资源型驱动阶段；研发强度 1%~2.2%的地区为投资驱动型阶段（其中低于 1.25%为投资驱动前期，1.25%~1.85%为投资驱动中期，1.85%~2.2%为投资驱动后期）；研发强度大于 2.2%的地区为创新驱动型

---

  * 本报告获得时任湖南省委常委、省政府常务副省长谢建辉的肯定性批示。

  ** 调研组组长：谈文胜，湖南省人民政府发展研究中心原党组书记、主任。调研组副组长：侯喜保，湖南省人民政府发展研究中心党组成员、副主任；蔡建河，湖南省人民政府发展研究中心党组成员、二级巡视员。调研组成员：刘琪、李迪，湖南省人民政府发展研究中心研究人员。

阶段。根据全国科技经费投入统计公报，湖南省研发强度 2015 年、2016年、2017 年、2018 年、2019 年、2020 年分别为 1.43%、1.5%、1.68%、1.81%、1.98%、2.15%，呈逐步上升趋势。2020 年研发强度在 31 个省份中排名第 12 位。按照张燕生的划分方法，湖南省目前处于投资驱动后期，投资驱动型经济已经具备向创新驱动型经济过渡的条件，正处于经济转型的关键期。

二　湖南省提升创新驱动能力的制约因素有哪些？

近年来，湖南省大力实施创新引领开放崛起战略，扎实推进创新型省份建设。科技进步贡献率稳步提升，研发经费投入强度增幅名列全国前茅。但仍存在不少问题。

1. "两低"：创新型企业质量与数量仍待提升

一是高新技术企业质量仍然偏低。根据科技部火炬中心数据，从收入上看，2019 年湖南省高新技术企业实现营业收入 16.25 亿元，仅为湖北的 76%、广东的 19.6%。实现净利润 0.88 亿元，仅为湖北的 68%、广东的 15.5%。从研发投入上看，2019 年湖南省高新技术企业内部 R&D 投入 0.4 亿元，低于湖北（0.55 亿元）、山东（0.59 亿元）、广东（2.89 亿元）。从分布领域上看，2020 年全省营业收入过百亿的高新技术企业中，有 1/3 以上的主营业务为建筑等传统产业，世界级高新技术科技领军企业急需培育，高新技术的引领辐射作用有待加强。

二是瞪羚企业和独角兽企业数量明显偏低。胡润研究院发布的《2020 胡润中国瞪羚企业》显示，湖南省尚无一家瞪羚企业入选。长城战略咨询发布的《中国独角兽企业研究报告 2021》报告显示，2020 年中国共有独角兽企业 251 家，湖南省仅有兴盛优选入选，远落后于北京（93 家）、上海（47 家）等省市，也低于湖北（3 家）、四川（5 家）等中西部省份。长城战略咨询的《中国潜在独角兽企业研究报告 2021》报告显示，2020 年中国共有潜在独角兽企业 425 家，湖南省仅福米科技、希迪智驾、三顿半 3 家企业入围。远低于北京市（117 家）、上海市（84 家），也低于湖北（10 家）、四川（11 家）、安徽（9 家）等中西部省份。

2. "两弱"：创业孵化与众创运营能力较弱

一是创业孵化器整体实力较弱。从机构数量上看，根据科技部火炬中心数据，湖南省 2018 年、2019 年科技孵化器数量分别为 85 个、89 个，均位列全国第 17 位、中部第 4 位。从导师数量来看，2019 年湖南省科技孵化器拥有导师 1512 名，数量为中部第 5 位，不及湖北（3748 名）的 1/2，比河南（2524 名）少 1000 余名，也低于安徽（1649 名）、江西（1564 名），仅高于山西（1080 名）。从对公共服务平台投资额看，2019 年湖南省科技孵化机构对公共服务平台投资额为 1.16 亿元，位列中部第 5 位。仅高于山西（1.02 亿元），低于湖北（3.2 亿元）、安徽（3.17 亿元）、河南（2.6 亿元）、江西（1.6 亿元）。

二是众创空间运营能力较弱。从数量上看，根据科技部火炬中心数据，2019 年湖南省众创空间数量为 186 个，位列中部第 5 位，数量显著低于湖北（337 个）、安徽（272 个）、河南（229 个）、山西（314 个），仅高于江西（174 个）。从实现收入来看，2019 年湖南省众创空间实现收入 3.74 亿元，在中部仅高于安徽（3.2 亿元），显著低于江西（8.3 亿元）、湖北（8.1 亿元）、山西（4.6 亿元）、河南（4.3 亿元）。从创业导师数量来看，2019 年湖南省众创空间导师为 4772 名，仅高于安徽（3830 名），低于湖北（6020 名）、河南（5213 名）、江西（5124 名）、山西（4936 名）。

3. "两难"：科技成果转化低效问题突出

一是科研成果本地转化难。通过分析近几年湖南省技术市场成交额数据可发现，创新市场剪刀差明显。湖南省技术合同输出增长相对较快。2020 年湖南省签订输出技术合同 11741 份，较 2019 年增长 30.12%。成交金额 736 亿元，较 2019 年增长 50%。湖南省技术合同输出金额 2018 年、2019 年、2020 年分别位列全国第 14 位、第 12 位、第 11 位。2018 年位列中部的第 3 位，2019 年与 2020 年均为中部第 2 位。与此形成鲜明对比的是，湖南省技术合同吸纳金额较输出金额差距较大。2018 年、2019 年、2020 年全省技术合同分别吸纳金额 194.7 亿元、343.7 亿元、523.6 亿元，分别位列全国第 23 位、第 19 位、第 17 位，中部地区第 6 位、第 5 位、第 4 位。2020年技术合同吸纳金额仅高于江西和山西，约为疫情背景下湖北的 1/3，比安徽少约 200 亿元。湖南省技术市场成交金额输入与输出的严重不匹配，反映出湖南省成果转化能力短板问题突出。

二是高校成果转化难。从交易主体来看，2020 年高校实现技术合同输出成交额占全省的 1.97%，低于全国平均水平（1.99%），低于安徽（3.2%）、湖北（2.23%）。湖南省技术合同成交额前三名的高校分别是湖南大学、中南大学和长沙理工大学，技术合同成交额分别为 4.40 亿元、3.06 亿元和 1.52 亿元，分别低于同期湖北的前三名武汉理工大学（6.35 亿元）、华中科技大学（4.37 亿元）、中国地质大学（武汉）（3.25 亿元）。

表1　2018~2020 年中部六省技术市场成交额

单位：亿元

年份	湖北		湖南		安徽		江西		山西		河南	
	输出技术	吸纳技术	输出技术	吸纳技术	输出技术	吸纳技术	输出技术	吸纳技术	输出技术	吸纳技术	输出技术	吸纳技术
2018	1204.1	828.5	281.6	194.7	321.31	354.5	115.8	242.8	150.8	251.1	149.3	372.5
2019	1429.8	944.8	490.7	343.7	449.6	610.0	148.6	298.8	109.5	444.7	231.9	415.5
2020	1665.8	1403.5	736.0	523.6	659.6	737.9	233.4	344.56	44.98	332.3	379.8	536.7

资料来源：调研组根据资料整理。

4. "两少"：科技经费与研发费用投入相对较少

一是财政科技经费投入少。近年湖南财政科技支出额度持续增加，但财政科技支出总量与财政科技支出占比依然偏低。2020 年全省财政科技经费投入 234.17 亿元，投入总量在中部排第 4 位。全省财政科技投入占地方财政支出的比重为 2.79%，低于全国平均水平 1.32 个百分点，在中部排第 4 位，低于安徽 2.16 个百分点、湖北 0.59 个百分点、江西0.11 个百分点。

表 2　2020 年全国与中部六省财政科技支出情况

单位：亿元，%

区　域	财政科技支出	财政科技支出占财政支出比重	区　域	财政科技支出	财政科技支出占财政支出比重
全　国	10095.00	4.11	江　西	193.90	2.90
湖　南	234.17	2.79	河　南	249.00	2.40
山　西	65.83	1.55	湖　北	284.90	3.38
安　徽	370.01	4.95			

资料来源：调研组根据资料整理。

二是科技研发费用投入相对较少。从规模上看，2020 年湖南省研究与试验发展（R&D）经费 898.7 亿元，在中部少于湖北和河南，尚未进入千亿元梯队，目前全国超过千亿元的省（市）有 8 个，分别为广东（3479.9 亿元）、江苏（3005.9 亿元）、北京（2326.6 亿元）、浙江（1859.9 亿元）、山东（1681.9 亿元）、上海（1615.7 亿元）、四川（1055.3 亿元）和湖北（1005.3 亿元）。从投入强度来看，2020 年湖南省研发投入强度为 2.15%，尚未超过全国平均水平（2.4%），在全国排名第 12 位，在中部低于湖北（2.31%）、安徽（2.88%）。

三　提高湖南省经济发展创新驱动力的对策建议

当前，实现湖南省经济高质量发展由投资驱动向创新驱动的根本转变已进入关键阶段，应加强谋划，围绕补齐弱项短板提升创新驱动能力。

1. 推进三大工程：做大做强创新主体

一是推进创新型特色企业引培工程。建议在全省成立雏鹰企业、瞪羚企业、潜在独角兽企业培育库，入库的企业可享受相应类别的优惠政策，支持三类企业做大做强。对于纳入培育工程的企业，采取"一企一策""一事一议"方式在研发投入、投融资、用地、人才等多方面给予重点支持。同时，精心编制项目招商路线图，在全球范围内筛选引进创新型企业潜力项目，强化三类创新型企业的定向招商。

二是推进科技型中小企业助长工程。遵循科技创新与企业成长规律，积极构建科技型企业孵化培育、成长扶持、推动壮大的全生命周期梯次培育体系，全面增强企业创新活力和内生动力。建议建立"雏鹰—瞪羚—科技领军—准独角兽"企业梯度扶持体系，加强跟踪服务和分类指导，推动湖南省创新企业加快成长为高新技术企业。

三是推进创新型企业的影响力提升工程。大力实施创新型企业评选活动。建议开展湖南省高新技术企业创新100强、湖南省潜在独角兽企业、瞪羚企业、雏鹰企业20强的评选工作，扩大创新型企业影响力，推动高新技术企业树标提质。

2. 实施三大计划：发挥"双创"关键作用

一是实施众创空间和孵化器提升计划。建议制定出台《湖南省孵化器、众创空间三年行动方案》，力争到2023年湖南省孵化器、众创空间数量跻身中部地区前列，在"十四五"期末，实现孵化器、众创空间数量和孵化服务质量双提升，迈入全国第一梯队行列目标。加快众创空间和孵化器发展，在优化全省孵化机构布局、建立重点产业专业孵化器、创新运营机制的基础上，探索创业孵化发展新模式，尝试构建"湖南省域超级孵化器"模式，强化"六大联动"，即"校器"（高校院所与孵化器）、"企器"（企业与孵化器）、"企企"（企业与企业）、"器器"（孵化器与孵化器）、"园器"（园区与孵化器）、"区区"（园区与园区）之间联动，开展跨产业、跨行业、跨区域合作。

二是实施创业导师领航计划。重视对创业导师的培育，加快湖南省创业导师的认定工作，定期对创业导师进行培训，力争在"十四五"期末，实现导师数量位居中部前列。可依托湖南省创新创业大赛、创业峰会等活动，开展创业结对活动。在全省成立若干创业导师工作站。发挥创业导师指导作用，推动建立"大咖导师问诊"制度，比如建立"政策专家门诊+商业模式专家门诊+投融资专家门诊"三大诊室，为初创企业提供实质性指导。

三是实施创业孵化与科技金融融合发展计划。建议在湖南省众创空间和创业孵化基地设立科技金融服务工作站投资机构联盟，建立科技金融工作站商业银行、投资机构、保险机构服务名录，每年发布需求和服务大数据，公布服务企业数、融资金额等排名。加大孵化基金引导设立力度，鼓励地市对与孵化载体共建孵化基金的金融机构给予补助。鼓励政府出资建立创业投资引导基金、产业投资基金等创新创业基金。

3. 健全三大机制：提升成果本土转化能力

一是健全科技成果转化的导向机制。建议出台湖南省科技成果转化成绩优异人员专业技术资格评定办法。将本土科技成果转化与职称评定挂钩，把本土成果转化贡献情况作为重要的评定依据。本土成果转化优异的人员，可突破限制，开辟正副高职称评定的绿色通道。鼓励科研人员把成果转化、把论文写在本土产业上，推动本土的科学技术发展。

二是健全科技成果转化的激励机制。出台科技成果转化的个人税收财政奖补政策。对于研发人才通过技术转让、许可或以科技成果作价投资等方式取得的年度技术成果转化收入，出台个人税收财政奖补政策，加大力度宣传湖南省关于技术成果转让个人所得税优惠政策，形成成果转化的优惠政策高地。

三是畅通成果转化信息共享机制。推动线上线下平台联动发力，线上设立"湖南省科技成果转化信息综合服务平台数据库"，征集、分类、发布省内外应用型科技成果，可细分到三次产业企业技术需求、相关领域专家信息。线下深化产学研合作，建立技术转移中心、联合研发平台、技术创新中心，引导企业与高校、科研院所开展产学研合作项目。定期举办科技成果在湘转化峰会，引入中介服务机构全过程参与对接活动，通过市场机制为成果供需双方在专利服务、成果定价评估、研发费用归集、金融支持等方面提供全方位服务，提升企业与专家的合作黏性和实效性。

4. 强化三大保障：提升创新驱动支撑能力

一是强化科技人才保障。第一，建立战略科学家发现和启用机制。坚持有意识地发现和培养更多具有战略科学家潜质的高层次复合型人才，形成战略科学家成长梯队。发挥其在学术前沿和重大战略谋划上的方向引领作用。建议根据湖南省20条新兴优势产业链，分别选出一位产业链战略科学家，由省政府颁发荣誉证书。省科技厅根据湖南省战略规划和未来产业发展需要，赋予战略科学家重大任务，在新型研发机构设立、成果转化政策、相关产业配套上对战略科学家给予靶向支持，实行"一人一策"。第二，为科技人才创造良好工作环境。建议在省政务服务大厅设立"科研人才引进服务中心"，为国外或省外人才提供全面的就业服务。着力解决科技人才在湘的就业、就医、子女入学等问题。建议建立科技人才数据库，进入人才库的人才可享受全省免费旅游、免费停车、免费乘坐公交及地铁等服务。

二是强化科技资金保障。第一，建立财政科技投入稳定增长机制。各级政府在财政收支矛盾突出的背景下，仍应保障好科技的财政投入稳定增长。完善科技经费投入与科技计划相衔接制度，将各市州科技投入与科技计划安排情况作为省级科技项目支持以及各类科技政策的重要依据，引导市、县加大科技经费投入。第二，完善财政科技资金支持方式。加强对财政科技经费支持方式的研究，分阶段、分周期引入竞争机制，综合采用无偿资助、引导基金、风险补偿、融资担保等多种支持方式，保障科技创新投入的连续性，提高科技创新领域对社会资本的开放度。明晰政府与市场的边界，对于有其他资金支持的科技项目，形成合理的市场进入与退出机制，建立起财政资金"投入—运营—退出—再投入"的良性循环机制，增强财政科技资金的引导、放大效应。

三是强化科技服务保障。第一，打造"自主创新服务超市"。借鉴苏州自主创新服务超市的做法，依托潇湘科技要素大市场线上平台，整合线下线上资源，着力构建"一池四库"（政策池、企业库、服务机构库、服务产品库、资源库），通过找资源、找需求、找服务商、供需撮合匹配、在线交易、能力图谱、政策通（整合分散在组织、发改、科技、工信、人社、市场监管等部门的科技创新政策，形成科技创新政策"一张表""一本通"）、办事大厅等功能，为创新主体提供全链条科技创新综合服务。第二，促进科技服务业大力发展。大力发展战略咨询、管理咨询、工程咨询、信息咨询等专业化服务，积极培育管理服务外包、项目管理外包等新业态。在湖南省布局建设一批科技服务业集聚区，以沿江科创带及省级以上开发园区为重点，支持岳麓山大科城、长沙市高新区等建设成为省科技服务示范区。建立一批湖南省科技服务特色园区和省科技服务业特色基地。

打造内陆地区改革开放高地

RCEP 签署对湖南打造开放高地的影响及对策研究[*]

湖南省人民政府发展研究中心调研组**

2020 年 11 月 15 日，《区域全面经济伙伴关系协定》（以下简称 RCEP）正式签署，这是东亚区域经济一体化进程中的重大里程碑。RCEP 是我国构建"双循环"新发展格局非常关键的机制性合作平台，为分析 RCEP 签署对湖南省开放发展带来的机遇和挑战，调研组通过到相关省直部门、市州调研，开展企业问卷调查等方式，就如何深化湖南省与 RCEP 成员国经贸合作，推动内陆开放高地建设进行了深入的调研分析，提出了初步的对策建议。

一 湖南省与 RCEP 成员国具备良好的经贸往来基础

RCEP 成员国包括东盟 10 国、中国、日本、韩国、澳大利亚和新西兰，

* 本报告获得湖南省委副书记、省长毛伟明，湖南省政协主席李微微，时任湖南省委常委、省政府常务副省长谢建辉，湖南省政协副主席贺安杰的肯定性批示。

** 调研组组长：谈文胜，湖南省人民政府发展研究中心原党组书记、主任；调研组副组长：唐宇文，湖南省人民政府发展研究中心原副主任、研究员；调研组成员：刘琪，湖南省人民政府发展研究中心研究人员。

15 个成员国的总人口、经济体量、贸易总额均占全球总量的约 30%，是全球人口最多、经贸规模最大、最具发展潜力的自由贸易区。

1. 湖南省对 RCEP 成员国贸易额占全省比重不断提高

湖南省与 RCEP 成员国贸易往来日益频繁，增速超过同期全省平均水平。2020 年，湖南省对 RCEP 成员国进出口额达 1461.9 亿元，占全省进出口总额的 29.99%，比 2016 年提高了 6.17 个百分点。其中，东盟是湖南省第一大贸易伙伴，占全省比重达 16.62%，比 2016 年提高 6.45 个百分点。韩国、日本、澳大利亚分别是湖南省第五、六、八大贸易伙伴。跨境电商进口来源国前四名分别为新西兰、澳大利亚、日本、韩国，均为 RCEP 成员国；跨境电商出口前十位的目的国中有泰国、越南、菲律宾三个 RCEP 成员国，分列第三、第五和第八位。

2. 湖南省与 RCEP 成员国产业结构具有较高互补性

湖南省钢铁和有色金属冶炼等传统优势产业对自澳大利亚进口的铁矿砂、煤炭需求巨大，从澳大利亚进口的铁矿砂占全省铁矿砂进口总量的 70% 以上；工程机械、汽车、电子信息等新兴优势产业对自韩国进口的集成电路、处理器，自日本进口的汽车零部件需求很大；东盟国家的煤炭、橡胶、纸浆、矿产品、木薯淀粉等资源性产品和农产品，符合湖南省化工、有色金属、造纸、食品加工等产业的发展需求；自东盟进口的水果、自新西兰进口的牛肉及奶粉等则满足了湖南省人民不断升级的消费需求。而湖南省箱包、鞋类、陶瓷、打火机等传统劳动密集型产品，以及工程机械、轨道交通、新材料、手机零部件等新兴产品，符合东盟国家消费和基础设施建设迅速增长的需求；湖南省的钢材、鞋靴、塑料制品和农产品在日韩市场也十分受欢迎。

3. RCEP 成员国中东盟是湘企"走出去"热点地区

2016~2020 年，湖南省在 RCEP 国家新增境外企业 200 家，中方合同投资额 15.88 亿美元，实际投资额 8.11 亿美元。2020 年，湖南省对 RCEP 国家实际投资额为 20199 万美元，同比增长 59.9%，占全省实际对外投资额的 13.6%，其中对东盟投资占对 RCEP 成员国总投资的 90.1%（详见表 1）。

截至 2020 年底，湖南省重点推动建设的 12 家境外经贸合作园区有 6 家位于东盟地区，投资领域从传统的贸易、批发、农业等延伸到加工制造业。

表 1　2016~2020 年湖南对 RCEP 成员国实际投资额变化情况

项目	2016 年	2017 年	2018 年	2019 年	2020 年
RCEP 成员国（万美元）	38156	7147	2922	12634	20199
占全省比重（%）	23.12	5.48	1.75	13.16	13.6
东盟（万美元）	36043	1304	2105	11834	18192
占全省比重（%）	21.84	1.0	1.26	12.33	12.32
日本（万美元）	8	18	9	219	0
韩国（万美元）	82	-258	20	18	10
澳大利亚（万美元）	1310	4951	258	564	1947
新西兰（万美元）	713	1132	530	0.46	50

资料来源：湖南省商务厅。

4. RCEP 成员国是湖南省利用外资重要来源地

2020 年，RCEP 成员国在湖南省新设外资企业 30 家，同比增长 7.1%，占全省新设外资企业总数的 11.2%。根据 2020 年外商投资企业信息报告，湖南省存续的 RCEP 成员国投资企业共 247 家，占全省总数的 10.7%。其中东盟 127 家、日本 44 家、韩国 44 家、澳大利亚 30 家、新西兰 2 家。有广汽三菱、澳优乳业、大旺食品、益海嘉里（岳阳）粮油等代表性企业。

二　RCEP 对湖南省开放发展带来的机遇大于挑战

RCEP 协定包括序言、20 个章节和 4 个附件，内容涵盖货物贸易、服务贸易、投资、原产地规则、贸易便利化、电子商务、知识产权保护等领域。结合前期调研和企业问卷调查情况，RCEP 的签署和实施对湖南省而言，开放和机遇并存，但机遇远大于挑战。

1. 问卷调查基本情况

本次企业问卷调查共回收有效问卷 165 份。其中外资企业 62 家、国有企业 21 家、民营企业 82 家；大型企业 23 家、中型企业 58 家、小微型企业 84 家。

（1）大部分企业对于 RCEP 正式签署很关注，但对相关内容缺乏了解。

78.8% 的企业对 RCEP 正式签署表示很关注，21.2% 的企业表示不关注。但是只有 5.5% 的企业表示对 RCEP 的内容非常了解，表示有所了解的企业占 59.4%，完全不了解的企业占 35.2%。

（2）大部分企业预计 RCEP 正式生效后会对自身的运营和发展带来影响。

9.7% 的企业预计 RCEP 正式生效后会对自身的运营和发展带来很大影响，69.7% 的企业预计会有一定影响，20.6% 的企业预计基本不会有影响。

（3）对于 RCEP 相关条款，湖南省企业对关税减让、贸易便利化、服务贸易开放、促进中小企业发展等方面内容较为关注。

在对 RCEP 相关条款的关注方面，72.1 的企业选择关税减让，64.6% 的企业选择贸易便利化，58.3% 的企业选择服务贸易开放，52.4% 的企业选择促进中小企业发展。另有 42.2% 的企业选择知识产权保护，39.7% 的企业选择放宽外资准入，32.9% 的企业选择原产地规则。

（4）绝大部分企业希望得到来自政府部门的培训和帮助。

81.5% 的企业希望政府部门能举办关于 RCEP 条款及影响分析的培训班；67.5% 的企业希望政府能在 RCEP 成员国建立商务代表处，为企业提供必要帮助和服务；58.6% 的企业希望政府部门加强对企业应对国际贸易摩擦和争端的指导和支持。

2. RCEP 给湖南省开放发展带来"四大机遇"

（1）开放领域不断扩大有助于湖南省通过融入区域产业重构提升产业发展质量。

RCEP 各成员国均采用负面清单模式对制造业、农业、林业、渔业、采矿业等 5 个非服务业领域开放做出较高水平承诺，服务贸易开放水平也显著高于各自原来的"10+1"协定。我国承诺开放的服务部门较入世承诺新增开放 22 个部门,提高了 37 个部门的承诺水平。同时,"原产地累积规则"将进一步优化区域产业布局,推动区域内中间品生产进一步分工,吸引域外跨国公司加大对本区域的投资布局力度。湖南省与 RCEP 各国产业互补性高,合作基础较好,RCEP 的签署和生效,有利于湖南省优势产业融入区域生产制造、研发设计、营销服务链条;有利于湖南省通过积极承接区域内产业转移,进一步强链扩链补链,补齐生产性服务业短板;中小企业也将有更多机会参与区域内分工,从协定中获益。

(2)关税税率大幅降低有助于扩大湖南省与 RCEP 成员国尤其是与日本的贸易规模。

一方面,RCEP 是我国和日本第一次签署的自贸协定,协议生效后,皮革制品、玩具、服装等湖南省出口日本重点产品,将从目前 3.9% 至 14% 不等的进口税率逐年递减直至零;湖南省自日本进口需求较大的视频信号录制设备、声音录制设备等将由 30% 的税率直接降至 0;内燃发动机零件、模塑成型机器等关税也将逐年递减,降税空间最高可达 65%,湖南省与日本贸易规模有望快速增长。另一方面,RCEP 下,包括汽车及零部件、钢铁制品、农产品等在内的湖南省主要进出口产品的关税减让幅度,超过我国与东盟、澳大利亚、新西兰、韩国原有自贸协定。以农产品为例,东盟印尼、越南、马来西亚等国对我国农产品零关税水平达到 91%~93%,澳大利亚、新西兰则达到 96%~99%,湖南省作为农产品加工大省,完全有条件把握机遇,做大农产品出口规模。

(3)新兴领域规则不断完善有助于推动湖南省跨境电商等新业态新模式加速发展。

RCEP 中各成员国在跨境电商、互联网金融、网上交易会等新兴领域都做出了高水平的开放承诺,就规范新兴领域发展形成了一系列共识和规则,新模式新业态迎来发展良机。湖南省区位和综合交通优势明显,拥有长沙、岳阳、郴州、湘潭等国家跨境电商综合试验区,在远程医疗、在线教育、在线办公等新兴领域具备较好的基础,完全有能力抢抓先机,推动跨境服务贸易新业态加速发展，建设跨境电商中西部地区区域性集散中心。

（4）投资制度体系不断统一有助于湖南省企业更便捷有效开展跨国经营活动。

RCEP 生效后，将推动区域内形成统一透明的投资制度体系，为企业开展跨国经营活动提供良好的制度环境。比如在调研中，部分企业反映出国开展商务活动，只能申请到旅游签证，严重制约商务活动开展。RECP 对于各成员国扩大商务签证申请范围、简化申请程序、延长停留时间等都有明确规定。以芒果 TV 为代表的部分企业反映在东盟面临知识产权侵权较多，且维权困难。RCEP 协议关于知识产权保护不仅覆盖面宽，而且对保护知识产权执法、损害赔偿、救济等方面均有明确规定。

3. RCEP 给湖南省开放发展带来"三大挑战"

（1）产业链外移和国内市场份额遭受冲击风险加大。

一方面，原产地规则的优化可能导致纺织服装、鞋帽、箱包，以及低端电子产品加工等湖南省具备较好基础的劳动密集型产业，加速向东盟国家转移。参与问卷调查的企业有 5 家（3.0%）表示已有将总部迁往 RCEP 其他成员国或者到 RCEP 其他成员国投资办厂的打算，有 52.7%的企业表示会根据 RCEP 正式生效后的发展情况再做决定。另一方面，关税下降、外资准入门槛降低将使国内市场竞争更加激烈。农产品及生产中间产品的中小企业将面临来自进口产品的冲击。而随着养老服务、环境服务、建筑设计等服务业领域允许设立外商独资机构，省内现有相关机构也将面临较大的冲击。企业问卷调查显示，有 35.2%的企业担心随着关税的降低，自身产品在国内市场的份额会被挤占；有 28.7%的企业担心外资企业给自身运营带来较大竞争压力。

（2）营商环境优化任务更重也更为迫切。

在 RCEP 区域内产业链深度融合重构中，湖南省能否在稳住产业链底线的基础上，进一步补链强链扩链？省内营商环境的优劣对此将有决定性影响。从企业调查问卷中对湖南省营商环境满意程度的回答结果来看，有 49.7%的企业选择基本满意，4.9%的企业选择不满意，说明湖南省营商环境仍有优化的空间。在回答通过 RCEP 签署和实施，最希望推动湖南营商环境哪些方面进一步改善的问题时，70.9% 的企业希望推进"放管服"改革，提高政府部门办事效率；64.2% 的企业希望推动贸易和投资便利化；53.3% 的企业希望创造公平诚信市场环境；46.1% 的企业希望进一步扩大开放领域；44.2% 的企业希望加强知识产权保护。

（3）经贸合作风险防控面临多重压力。

首先，发生经贸摩擦的风险较高。拜登上任美国总统后，联合盟国遏制中国的态势非常明显，日、澳、韩等 RCEP 成员国都是美国在亚太地区的重要战略盟国，RCEP 未来实施难免受到政治因素的干扰，在未来较长一段时间内，我国存在与这些国家爆发贸易摩擦的可能性。其次，部分东盟国家政治和经济局势较为动荡，宗教文化及社会情况十分复杂，投资项目容易受东道国政局和政策环境变动的影响。最后，东盟各国经济发展水平、营商环境等方面差异较大，各国内部州、邦之间对国家各项政策的理解和执行力度也并不一致。因此即使在 RCEP 整体框架下，依然要继续加强对各国、各州（邦）情况的分析研判。

三 立足"五个聚焦"，积极推动湖南省参与国际合作

截至 2021 年 3 月底，我国和泰国已完成对 RCEP 的核准，其他 RCEP 成员国均表示在 2021 年年底前批准协定，推动协定于 2022 年 1 月 1 日生效。湖南省应尽早谋划，提前布局，把握契机，深化与 RCEP 各成员国的经贸合作，推动内陆开放高地建设。

1. 聚焦政策对接和形势研判，做好国际合作准备

一是加强政策对接落地。RCEP 中涉及我国的约束性义务共有 701 条，截至 2021 年 3 月底，国家层面已完成其中 613 条的实施准备工作。建议省商务、海关、市场监管、税务、外汇等职能部门积极主动与国家相关部委对接，全面做好各项准备工作，确保协议正式生效实施时，所有政策创新调整在湖南省能第一时间落实落地。

二是加强形势跟踪研判。RCEP 的推进采取渐进原则，带来的影响也将是渐进而漫长的。建议相关职能部门和智库密切关注协定各项条款的实施效果，强化对湖南外贸进出口、服务贸易、招商引资、产业链建设等方面的统计分析，跟踪关注对湖南省具体产业、区域和各类平台的影响，加大对重点企业的调研力度，形成阶段性和分层次的研究成果。

三是加强风险监测防控。合理运用 RCEP 允许的例外条款，充分利用外商投资安全审查、反垄断执法等规则手段，建立健全事中事后监管体制，完善风险防控管理体系，建立重点进口产品产业损害调查机制，依法及时实施贸易救济措施，维护省内重点产业安全。对于可能出现外移的部分劳动力密集型产业，要做好政策储备，必要时给予适当补贴。

2. 聚焦融入区域产业链贸易链，提高国际合作质量

一是积极融入区域产业链供应链重构。鼓励和引导装备制造、轨道交通、新能源、现代农业、生物医药、装配式建筑、资源开发等湖南省重点优势产业的龙头企业在区域内重塑产业链供应链，增加产品研发、管理咨询、专业设计等附加值高、利润空间大的产业布局，在 RCEP 成员国投资并购优质资源和先进企业，设立境外研发机构、设计中心和高新技术企业，构建集生产制造、营销推广、物流配送、售后服务等于一体的跨境产业链体系。围绕 20 条新兴优势产业链的"断点""堵点"，探索"飞地园区"等承接产业转移新路径，着力推动"补链式""延链式""强链式"承接转移。在银行、保险、证券等金融领域，以及为先进制造配套的工业设计和创意、现代物流、电子商务等领域，加大在日本、韩国、新加坡等重点国家引资力度。

二是有针对性做大与成员国贸易规模。指导工程机械、钢铁、特色农副产品、烟花陶瓷、纺织服装等传统出口优势企业深入研究关税减让安排，进一步开拓 RCEP 市场，扩大出口规模。充分利用原产地累积规则，引导和帮助中小企业积极对接区域内龙头企业，扩大中间产品的出口。根据 RCEP 各国关税减让承诺，及时调整优化湖南鼓励进口技术和产品目录，动态调整完善省级进口贴息目录，扩大省级进口贴息资金规模，加大对 RCEP 成员国先进技术设备、关键零部件和重要原材料，以及适应居民消费升级需要的农产

品、奶制品、日用消费品、医药和护理设备的进口。

三是大力发展新业态新模式。推进长沙等国家跨境电商综合试验区建设，积极开展跨境电商零售进口试点。探索建立国际商品智能交易中心，挖掘各国优势商品资源，努力塑造"一国一品"，培育若干个辐射中西部地区的"单项冠军"，打造中西部跨境电商集散中心。支持传统制造企业通过跨境电商融入境外销售渠道，推动在 RCEP 重点市场建设一批海外仓。围绕推动境外咨询、研发设计、境内外维修、环境及节能服务等资本技术密集型服务出口，发展在线教育、远程医疗、远程中医服务等跨境服务贸易新业态，在财税金融支持、通关监管模式等方面完善制度环境。

3. 聚焦平台联动和政策创新，培育国际合作新优势

一是建设辐射中西部的快运易腐货物集散中心。推动自贸区和省内各进口水果、药品、肉类等指定口岸的联动发展，在"快运货物、易腐货物 6 小时通关"等 RCEP 软性义务方面大胆先行先试，做好相关技术准备和监管创新，抢占发展先机。

二是建设辐射中西部的供应链金融中心。利用湖南自贸区等平台，深化金融领域开放创新，促进跨境投融资便利化，积极推进资本项目收入支付便利化、货物贸易外汇收支便利化等改革试点，探索开展境内外租赁资产交易，推动金融结算、外资型保险、投融资等产业的发展，构建服务 RCEP 区域内货物贸易和服务贸易增长的供应链金融体系。

三是建设中西部国际科技合作先行区。推动湖南自贸区和长株潭自主创新示范区联动发展，加强与日本、韩国、新加坡等 RCEP 成员国在科技创新领域的合作，探索建设自贸区海外人才离岸创新创业基地。组织重点企业和高校科研人员与 RCEP 成员国高校、研究机构及企业开展联合研究、学术交流、专题推介和项目对接等多种形式的活动，在生物种业、医疗健康、轨道交通、智能电力等领域创建国家级国际科技合作基地，推动现代农业、装备制造、新能源、中医药等重点产业"走出去"。

4. 聚焦合作园区和物流通道建设，强化国际合作载体

一是做大做强境外合作园区。完善境外经贸产业合作园区的国别引导、

保障机制、资金支持等各项政策。重点推动湖南省轨道交通、智能制造、现代农业、装配式建筑、环保装备等优势产能与 RCEP 成员国资源禀赋、市场要素相结合，探索"重资产投资运营"和"轻资产管理输出"有效模式，加强与东道国有影响力的企业合作，推动境外经贸合作园区属地化经营。

二是探索建立省内国际合作园区。借鉴浙江、四川等省成功经验，出台《关于加快国际产业合作园发展的指导意见》。在先进制造、清洁能源、特色农业、文化创意等领域，鼓励各市州创新合作模式和运营开发模式，加大制度、土地、融资等要素的保障力度，以各类开发园区为依托，深化与 RCEP 成员国交流合作，探索合作建设一批产业特色鲜明的国际合作园区。

三是完善湖南省与 RCEP 各国物流通道。提升国际航空货运能力，增开湖南到澳大利亚、新西兰的国际货运直达航线。主动融入西部陆海新通道建设，加快构建连接东盟的陆海联通、班列直达通道，推动长沙-河内东盟国际货运班列常态化运营，适时开通怀化至东盟国际铁路货运班列。推进长沙、岳阳、怀化等区域性国际货运物流枢纽建设，促进各市州跨境物流集散中心配套设施建设，打造线上线下融合，集多式联运、保税物流、交易结算、供应链金融等功能于一体的物流供应链生态。

5. 聚焦政策宣讲和服务体系，加强国际合作服务

一是加大政策宣讲和培训力度。建议省市两级商务、贸促及各类商协会通过举办企业培训班等形式，加大培训力度，深入分析 RCEP 签署的背景意义，全面阐述协定规则内容和政策创新，具体解读企业面临的机遇挑战及对策，帮助企业尤其是小微企业熟练掌握原产地证书申领程序、证明材料等方面的实际操作技能。

二是健全中间服务机构体系。加快出台《湖南省驻境外商务代表处管理办法》，依托境外园区、驻外机构及企业，在 RCEP 成员国设立一批境外商务代表处，推动有条件的国家（地区）在湘设立商务代表处。对有条件的园区设立海外办事处或招商办公室等离岸国际合作机构给予一定资金支持。加快培育面向境外投资和跨国经营的中介服务机构，为走出去企业提供知识产权保护、国际专利申请、境外法律咨询、信用咨询等服务。

三是加强贸易摩擦和海外投资风险应对。强化"四体联动"（政府、地方、中介和企业）贸易摩擦有效应对机制，及时掌握湖南出口产品遭遇国外贸易壁垒的动态情况，做好救助政策储备，指导和帮助企业利用信用保险等政策工具积极应对。完善境外投资突发事件应急处置预案，拓展境外安全协作网络，用好政策性避险工具，提高企业安全防范意识和处置突发事件能力。

将长沙打造成为高校毕业生"新一线首落城"的对策建议 *

湖南省人民政府发展研究中心调研组**

高校毕业生拥有较高的知识和技术水平，其在地区间的流动会对区域发展、产业布局、城市规划产生重要影响。现阶段，我国人才流动正处于从一线城市向新一线城市回流的拐点时期，各大城市的人才争夺日趋激烈，长沙要在新一轮城市竞争中脱颖而出，要充分把握高校毕业生首落地具有高度的人才黏性这一特征，努力打造"新一线首落城"，促进创新主体的增量提质和长久留存。

一 长沙打造"新一线首落城"正当其时、优势明显

1.高校毕业生首落地具有高度的人才黏性

2020 年，北京大学教育经济研究所通过全国大学生就业抽样调查数据（2007~2015 年毕业生群体）发现，在就学地就业的高校毕业生占比高达68%。这意味着，在人才升学流动阶段，就学"首落地"表现出强大的本地空间黏滞性。

同时，根据北京大学教育学院副院长、教育经济研究所副所长岳昌君的研究发现，在已就业的高校毕业生中，不动者占 54%。这表明，在人才就业流动阶段，超一半的高校毕业生将在就业"首落地"长期服务。

---

 * 本报告获得时任湖南省委副书记乌兰的肯定性批示。

** 调研组组长：谈文胜，湖南省人民政府发展研究中心原党组书记、主任。调研组副组长：侯喜保，湖南省人民政府发展研究中心党组成员、副主任；蔡建河，湖南省人民政府发展研究中心党组成员、二级巡视员。调研组成员：彭蔓玲、郑劲、彭丽，湖南省人民政府发展研究中心研究人员。

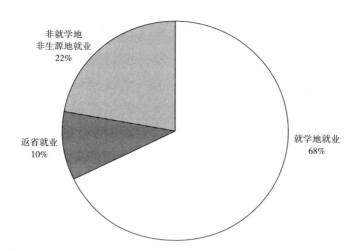

图1　高校毕业生就业流动情况

资料来源：北京大学教育经济研究所2007~2015年全国高校毕业生就业抽样调查数据。

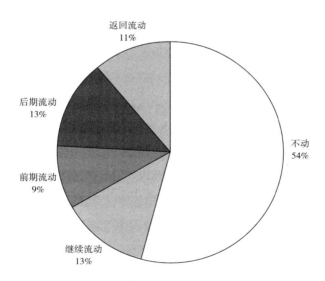

图2　高校毕业生流动类型比例

资料来源：北京大学教育经济研究所2013年全国高校毕业生就业抽样调查数据。

2. 人才向新一线城市回流的拐点已经到来，长沙打造高校毕业生"新一线首落城"正当其时

新一线城市的人才吸引力持续加强。Boss 直聘研究院数据显示，2019年，新一线城市吸引了 38% 的应届生，超出一线城市 16 个百分点，这也是首选一线城市的应届毕业生比例首次跌破 30%。

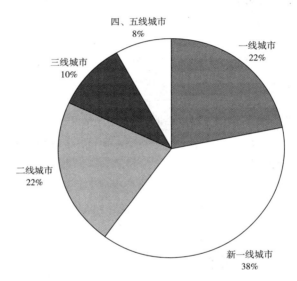

图 3　2019 年应届生首选的城市

资料来源：Boss 直聘研究院。

新一线城市的人才本地留存表现优异。Boss 直聘研究院数据显示，成都、杭州、西安、郑州、武汉、南京、长沙等 7 个主要新一线城市的高校应届生本地留存率平均为 64%，北上广深 4 个一线城市的本地留存率平均为 76%，两者仅相差 12 个百分点。根据麦可思《2019 年中国本科生就业报告》，刚毕业时在"北上广深"就业的毕业生中，三年内离开的比例明显上升，从 2011 届的 18% 上升到了 2015 届的 24%。根据北大、清华《2019 年高校毕业生就业质量报告》，这两所全国顶尖学府的本科生平均留京率从 2013 年的 51% 跌到 2019 年的 17%。

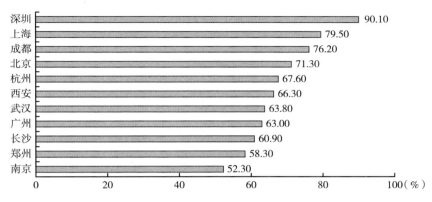

图 4　2019 年一线、新一线城市应届生留存率

注：本地高校应届生留存率=期望在本地就业的 2019 年本地高校生总量/2019 年本地高校毕业生总量。

资料来源：Boss 直聘研究院。

3.长沙打造高校毕业生"新一线首落城"优势明显

高校资源丰富，人才池子大。湖南省拥有普通高等院校 125 所，居全国第 7 位，其中长沙有高校 58 所，占全省高校总数近一半，省内 4 所双一流高校全部位于长沙。2020 年在长沙就业的高校毕业生占湖南省内就业总数的 58%，比 2017 年上升了 4 个百分点。

经济发展强劲，人才吸引力大。2020 年长沙市 GDP 增长 4%，总量排名全国第 15 位。近年来，长沙相继出台小微两创"1+22"政策体系及"工业 30 条"、"人才新政 22 条"、科技创新"1+4"等政策，创新创业氛围浓厚。近五年长沙新增国家级科研平台 6 家、国家"双创"示范基地 2 个，2021 年底，全市拥有上市企业 73 家，其中 A 股上市公司 66 家，居中部省会城市首位，世界 500 强企业驻长机构达 156 家，荣获中国创业之城、中国十大"互联网+"城市称号。猎聘数据显示，2018 年一季度至 2020 年二季度，长沙成为互联网中高端人才净流入率居全国前十的城市之一。

城市宜居宜业，幸福指数高。近年来，居高不下的房价是不少高校毕业生放弃一线城市、选择二线城市就业的重要因素。2019 年，长沙房价收入

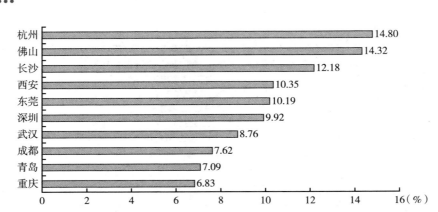

图 5　2018Q1~2020Q2 全国各城市互联网行业中高端人才净流入率 TOP10

资料来源：猎聘《2020 中国互联网行业中高端人才报告》。

比保持在 6.4，是全国纳入统计的 50 个大中城市中唯一低于 7 的城市。全国房价洼地、现代交通便利、生态环境良好、城市功能完善的优势让长沙成为全国唯一一座连续 13 年获评中国最具幸福感的城市。

表 1　2019 年一线、新一线城市房价收入比情况

城市	房价收入比	50 城排名	城市	房价收入比	50 城排名
深圳	35.2	1	合肥	13.7	16
上海	25.1	3	郑州	12.9	20
北京	23.9	4	武汉	11.3	28
杭州	17.7	7	西安	10.6	32
广州	16.5	9	成都	10	39
石家庄	16	10	长沙	6.4	50

资料来源：上海易居房地产研究院《2019 年全国 50 城房价收入比报告》。

二　长沙打造"新一线首落城"竞争加剧、短板仍存

1. 从外部环境看，长沙面临着激烈的人才竞争

新一线城市的"抢人大战"愈演愈烈。早在 2017 年，武汉市就提出要

在 5 年内留住 100 万大学毕业生，至 2019 年底，武汉共新增留汉大学生 109.5 万人，提前 2 年完成了原定计划，实现了人才净流入由负转正。近几年，越来越多的城市加入人才竞争，竞相为高校毕业生提供户口、住房补贴、创业支持、所得税减免和其他各种优惠政策，城市间的"抢人大战"愈演愈烈。

表 2 新一线城市常住人口 2016~2019 年增量比较

单位：万人

年份	长沙	杭州	武汉	郑州	西安	成都
2016	764.52	918.8	1076.62	972.4	883.21	1591.76
2019	839.45	1036	1121.2	1035.2	1020.35	1658.10
增加	74.93	117.2	44.58	62.8	137.14	66.34

表 3 部分新一线城市高校毕业生人才政策对比（2021 年）

城市	措施	详情
长沙	落户	本科(含)以上学历持报到证或就业凭证;专科学历持报到证或就业凭证及参保凭证
	生活补贴	35 岁以下、毕业两年内的博、硕、本每人每年分别发放 1.5 万元、1 万元、0.6 万元，连续发放两年
	购房补贴	新落户的博、硕在长工作首次购房分别发放 6 万元、3 万元购房补贴
	创业补贴	全日制本科(含)以上学历毕业生(在校及毕业 5 年内)在长创办初创企业，符合条件可申请 5000~30000 元不等的一次性创业补贴
杭州	落户	博士 55 周岁以下;硕士 50 周岁以下;本科 45 周岁以下，社保一个月以上;专科 35 周岁以下，社保一个月以上
	生活补贴	应届本科 1 万元、硕士 3 万元、博士 5 万元
	租房补贴	应届全日制本科(含)以上大学毕业生每户每年发放租房补贴 1 万元，发放三年
武汉	落户	博士、硕士无限制;专科(含)以上学历 45 周岁以下
	购房、租房优惠	低于市场价 20%购安居房、租租赁房
	设指导性最低年薪标准	博士 8 万元，硕士 6 万元，本科 5 万元，专科 4 万元

续表

城市	措施	详情
郑州	落户	无限制
	生活补贴	新引进落户的本科生、硕士研究生、博士研究生每人每年按0.6万元、1.2万元、1.8万元的标准发放生活补贴,最长补贴3年;落户后暂未就业或创业的,按上述标准发放6个月的生活补贴
	购房补贴	博、硕、本在郑首次购房分别给予10万元、5万元、2万元购房补贴
	创业补贴	在郑州落户且在郑州辖区内创业的青年人才,正常经营3个月以上,并缴纳社会保险3个月以上的,可申请10000元一次性创业补贴
西安	落户	本科(含)以上学历无限制;专科45周岁以下
成都	落户	45周岁以下全日制本科(含)以上学历

资料来源:根据各城市政府门户网站资料整理。

新一线城市同质竞争激烈。全国高校数量前十的城市,中西部的武汉、西安、郑州、长沙占据4席。根据北京大学教育经济研究所的研究发现,中部生源毕业生中部地区就业的比例高达89.3%,是全国生源地就业率最高的地区,这意味着,长沙要从武汉、西安、郑州等教育发达的中西部城市手上实现人才截留,难度更大。

表4　全国主要城市高校资源情况

单位:个

城市	普通高校数量	"双一流"高校数量	城市	普通高校数量	"双一流"高校数量
北京	93	34	郑州	62	2
武汉	84	7	长沙	58	4
广州	81	5	成都	57	7
重庆	65	2	天津	56	5
上海	64	14	南京	53	12
西安	63	7			

资料来源:根据各地2020年统计年鉴整理。

表5　不同地区生源毕业生就业的空间分布

单位：%

流动类型	直辖市	东部地区	东北地区	中部地区	西部地区	民族地区
直辖市	23	30.2	8.1	26.8	7.8	4
东部地区	0.2	77	1.9	15.3	4.3	1.3
东北地区	0.4	7.8	76	7.2	4.2	4.6
中部地区	0.1	4.5	1.3	89.3	3.5	1.3
西部地区	0.2	3.7	1	7	86.1	1.9
民族地区	0.04	3.9	0.9	3.4	7.5	84.2

资料来源：北京大学教育经济研究所基于2007~2015年全国高校毕业生就业抽样调查数据的研究结果。

2. 从自身发展看，长沙打造高校毕业生"新一线首落城"还有明显短板和不足

人才流失问题不容忽视。2016~2020年，湖南省高校毕业生从34万人增长到近40万人，但留长人数却呈波动下降趋势，2020年留长高校毕业生为8.5万人，成为5年间毕业人数最多、留长人数最少的一年。像湖南大学、中南大学省内两所优质大学，2020年本科毕业生的省内就业率为21.83%和27.8%，而武汉大学、华中科技大学2020年本科生留汉比例为25.62%、33.91%。

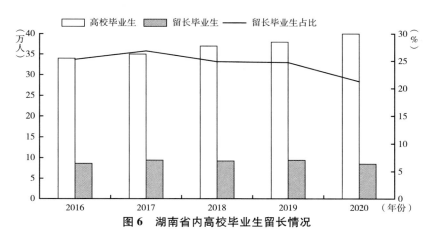

图6　湖南省内高校毕业生留长情况

资料来源：根据历年湖南省普通高校毕业生就业质量年度报告整理。

人才流入优势不明显。《泽平宏观：中国城市人才吸引力排名 2020》数据显示，长沙应届生人才流入占比比中西部的郑州、西安、武汉分别低 1.5 个、0.8 个、0.4 个百分点，位列全国第 15 位。

表6　2019 年应届生人才流入占比排名

单位：%

排序	城市	占比	排序	城市	占比
1	北京	7.7	9	西安	2.7
2	上海	5.7	10	天津	2.4
3	深圳	5.6	11	重庆	2.4
4	广州	5.4	12	武汉	2.3
5	成都	4.6	13	济南	2.3
6	杭州	3.6	14	苏州	2.1
7	郑州	3.4	15	长沙	1.9
8	南京	3.0			

资料来源：《泽平宏观：中国城市人才吸引力排名 2020》。

行业人才吸引力不足。脉脉大数据研究院研究数据显示，2020 年制造业是人才流出第二多的行业。从全国统计数据来看，2019 年全国制造业从业人员比 2015 年减少了 566 万人，湖南则减少了 58 万人，湖南 2019 年制造业从业人员平均工资为 55151 元，比全国制造业平均工资水平低 1 万余元。在整个制造业行业人才吸纳能力持续下降的大背景下，长沙打造"先进制造业高地"面临着人才总量下降、吸引力不够的尴尬局面。

三　长沙打造高校毕业生首落地要抢抓机遇、顺势而为

当前，长沙正处于引领全省"三高四新"战略实施、加快高质量发展的关键时期，要紧紧抓住高校毕业生这一关键人才资源，抢先占据新一线首落位置，为全省"十四五"发展积蓄人才力量。

1. 抓住"升学"关键阶段，打造人才"就学"首选地

高校人才流动的主要格局在升学阶段基本就固定下来，其他如地缘和收

益等因素只在后续起着局部微调的作用。湖南省近 3 年（即 2017~2019 届）高职、本科、研究生的湖南生源平均占比分别为 86%、62%、56%，省内就业比例分别为 64%、50%、49%，在长沙就业比例分别为 56%、54%、64%。这说明毕业生学历层次越高，湖南本省生源比例越低，且省会就业比例反而越高。比如，湖南大学的博士毕业生 2020 年省内就业率超过了 50%，比本科毕业生留湘率高出一倍还要多。这启示我们，一是在高考升大学阶段，湖南省可采取招生指标向河南、江西、山东、贵州等考生多、高校少的省份倾斜，加强地缘作用渗透，吸引更多近域大学生。二是在研究生学历提升阶段，进一步扩大研究生招生规模，努力增设博士站点。

2. 创新"教育"发展模式，打造企业"布局"首选地

伴随着阿里巴巴、腾讯、字节跳动、快手、百度、拼多多等互联网巨头的业务调整，越来越多的互联网企业开始更加积极地"贴近"人才布局，字节跳动内部已采取贴近高等教育重镇来布局研发的策略。这要求湖南省的高等教育甚至后高等教育必须跟上形势发展，更加贴合本土产业发展、符合人才发展方向，积极探索教育发展新模式。一是探索高校与企业联合培养研究生。立足在长高校专业特色，大力开展与先进制造、新能源、新材料、网络通信等领域的公司合作，探索建立 5~10 个联合培养研究生基地，2 年覆盖 300~500 名硕士研究生，为湖南省培养更多符合产业发展需要、具有较强实际工作能力及创新能力的高级人才。二是重点打造先进制造业联合学院。进一步加强大科城内部合作，建立湖南大学、中南大学、国防科技大学等省内顶尖高等院校的先进制造业联合学院，采用分别招生、共同培养的模式，共享教师、实验室等优质资源，联合培养先进制造业人才，将长沙打造成为全国乃至全球先进制造业人才大本营。三是建设互联网大学总部校区。参考湖畔大学模式，大力引进得到大学、混沌大学、腾讯大学、华为大学等互联网大学的总部或教学总部，在大科城建设互联网大学总部校区，利用这些互联网大学的国内外影响力，以及知名导师和学员本身所具有的整合利用国内外高端要素资源的能力，开辟全球高端人才集聚长沙的新通道。四是引进优质高校来长设立分院、分校。近年来，南京大学、东南大学、中国人民

大学、中国科学技术大学、利物浦大学等国内外高校，均在苏州设立分校区或合作办学，哈工大深圳校区已经连续两年录取分数线超过哈尔滨本部。"双一流"建设高校走出本土、异地办学已呈星火燎原之势，湖南省要抢抓机遇，聚焦北京、上海等高校建设成本高的一线城市和高校招生吸引力不足的东北、西南两大区域，积极对接、引进国内外优质高校来长设立分院、分校，开展合作办学，扩大优质高等教育资源共享。

3. 定制"硬核"人才政策，打造人才"就业"首落地

高校毕业生群体相对其他人才，更具特殊性，长沙打造高校毕业生首落地，要对这类群体出台量身定制的政策。一是加大定向选调力度。加大对 C9 联盟高校及湖南本土高校的定向选调力度。比如，河北省对定向选调生除重点培养、优先提拔外，连续 5 年每月发放不少于 1000 元的租房补助，同时，还将选调生放在雄安新区重要地区发展锻炼。2019 年河北省从北大和清华一共选调了 100 多名毕业生，成为两所高校选调生去往最多的省份。二是进一步解决人才住房问题。放宽购房资格标准，扩大积分互认城市范围，对于达到北京、上海、广州、深圳一线城市和杭州、南京等新一线城市落户积分 70%的人员，只要与长沙公司签订两年劳动合同，在长连续缴纳社保 6 个月，即可购房定居。加大人才公寓供给力度，打造大学生主题社区。采取政府新建、购买、租赁以及商品房配建、支持用人单位筹建等方式，在大科城、麓谷、马栏山及经开区、高新区等高校人才集聚地区，每年筹集建设 30 万平方米以上人才公寓，5 年内达到满足 15 万人租住需求的人才公寓总规模。三是加大创业就业支持力度。在地理位置、商业环境、交通条件相对优越地带，建设创新街区、大学生创业特区、大学生众创空间，提供办公条件齐全的创业工位，供不限地区的在校或毕业 5 年内的大学生免费使用。设立大学生创业贷款担保基金，为在校或毕业 5 年内的大学生创业企业提供无抵押担保贷款，担保贷款额度最高可达 200 万元。在市政务服务中心设立大学生创业就业服务专窗，建立统一的信息化服务平台，方便大学生办事和留长创业就业。按照每年大专生 4.5 万元、本科生 6 万元、硕士生 8 万元、博士生 10 万元的标准，提高高校毕业生在长指导性最低年薪，提高高校毕业生薪酬待遇水平。

进一步促进长沙网红城市"长红"及流量"变现"的对策建议[*]

湖南省人民政府发展研究中心调研组^{**}

近年来,长沙的城市热度陡增,成为新晋"网红城市"。2021 年的劳动节更是被称为长沙"史上最热五一黄金周"。这无疑是群众对长沙的高度肯定,但短期性"爆红"并不是城市形象传播的理想化状态。作为城市管理者,应在"高热度"下保持"冷思考":如何在高速迭代的互联网时代让这座城市"长红",如何让当前的关注红利转化为城市发展的长久动力?为此,湖南省人民政府发展研究中心开展专题调研,以 2021 年"五一"假期的旅游大数据为重点进行深入分析,提出几点建议供领导参考。

一 长沙网红城市的"红"

1. 有多"红"?——"红"到新高度

从当下看,2021 年"五一"假期长沙晋升全国旅游"顶流",接待游客 500.2 万人次,同比增长 38.02%;实现旅游收入 54.2 亿元,同比增长 53.54%。据《2021"五一"假期出游报告》,长沙的酒店预订热度位居国内第二,增幅领跑新一线城市。据《2021"五一"旅行大数据报告》,长沙入围"五一"黄金周十大热门旅游城市,排名新晋夜游目的地城市第二位。

---

* 本报告获得湖南省政协主席李微微,时任湖南省委常委、省委宣传部部长张宏森的肯定性批示。

** 调研组组长:谈文胜,湖南省人民政府发展研究中心原党组书记、主任。调研组副组长:唐宇文,湖南省人民政府发展研究中心原党组副书记、副主任;蔡建河,湖南省人民政府发展研究中心党组成员、二级巡视员。调研组成员:郑劲、文必正、彭丽、黄晶,湖南省人民政府发展研究中心研究人员;陈明杰、胡涵、廖春颖、蒋文俊、张宇烨、余晓婷,湖南省政务大数据研发基地研究人员。

从近年看，长沙登上各大榜单，如跻身《中国潮经济·2020网红城市百强榜》前十，入选"最吸引年轻人生活的十大城市"，上榜"中国十大美好生活城市"，连续13年获评"中国最具幸福感城市"。

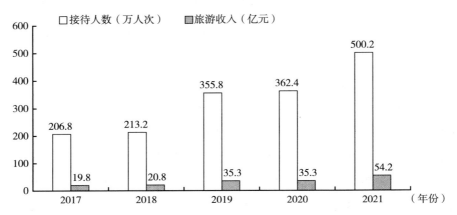

图1 2017~2021年"五一"假期长沙旅游市场情况

资料来源：长沙市文化旅游广电局。

2. "红"在哪儿？

——地点："坡子街派出所"等网红打卡地吸引力高

根据新浪舆情通对"长沙旅游"网络传播热词的统计，"拍照""排队""打卡地""坡子街""派出所"等词提及频次最高。从"五一"假期热门"打卡地"网络传播声量看，因纪录片《守护解放西》走红的坡子街派出所声量（13906条）超出热门景区橘子洲（11446条）而位列第一，其他热门"打卡地"依次为超级文和友、梅溪湖国际文化艺术中心、巨型"长沙"标志墙、IFS+Kaws雕塑、谢子龙影像艺术馆、后湖国际艺术区、火车头公园、西湖公园9号隧道等。

——景区：麓山、橘洲景区仍然领跑

"五一"期间麓山、橘洲景区仍然火爆，累计接待人次分别达44.26万人次、35.01万人次。其他红色景区也持续升温，如相较2021年清明节，花明楼景区、胡耀邦故里旅游区累计接待人次增幅分别达170%、324%。

图 2 "长沙旅游"相关事件的网络传播热词

资料来源：新浪舆情通（统计时段：2021 年 5 月 1 日至 5 月 5 日）。

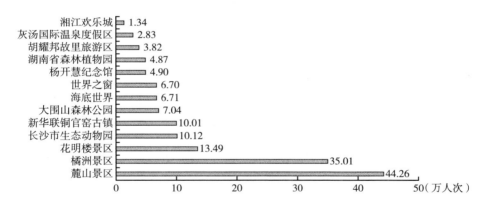

图 3 2021 年"五一"假期纳入监测的 13 家景区累计接待人次

资料来源：长沙市文化旅游广电局。

——美食：臭豆腐等经典小吃及茶颜悦色等本地特色餐饮品牌热度高

根据《第一财经》杂志"长沙小调查"2020 年 11 月的统计数据，表示到长沙旅行的主要目标是体验美食的人数最多。新浪舆情通 2021 年"五一"期间数据显示，与"长沙美食"有关的网络热词中，"臭豆腐""烧烤""丸子""小龙虾"是人们提及最多的经典小吃；"茶颜悦色"、"文和友"、"盟重"、"娟娟"餐馆、"俏孙二娘"烧烤、"一盏灯"、"天宝兄弟"等本地特色餐饮品牌热度最高。

——住宿：五一广场、长沙站、海信广场等酒店预订量最高

去哪儿数据显示，"五一"假期长沙酒店预订量位列全国第4，仅次于北京、上海、成都，热度超过重庆、西安和杭州等其他网红城市。其中，五一广场、长沙站、海信广场、高铁南站是预订量最高的区域。

3. 在哪些人群中"红"？

——省外江苏、广东、上海游客最多，省内邵阳、株洲、岳阳游客最多

联通大数据显示，2021年"五一假期"外省进入长沙的联通用户近430万人。其中，来自江苏、广东、上海、湖北、北京的人数最多，分别占比28.7%、26.1%、9.3%、4.9%、3.8%。省内其他市州进入长沙的联通用户达217万人。其中，来自邵阳、株洲、岳阳、湘潭、衡阳人数最多，分别占比11.4%、11.4%、10.6%、10.5%、9.6%。

——"90后"游客占比最高，与"00后"需求匹配度高

根据去哪儿数据，2021年"五一"预订长沙酒店的人群中，"90后"占比最高，达55%；"80后"紧随其后，占比24%；"00后"占比达13%，首次超过"70后"。此外，长沙的特色与"Z世代"[①] 的旅游需求呈高度匹配态势。携程数据显示，在"00后"的关键词搜索中，"小吃""夜市""奶茶""打卡""地标建筑"位列热度前5，而这5个词，恰与长沙的臭豆腐、夜经济、茶颜悦色、网红打卡地等高度匹配。而"80后"的关键词前5名分别为："景区""三亚""自驾路线""酒吧""长隆"。这些则与长沙的供给匹配度相对较低。

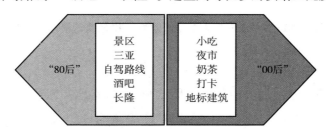

图4 "80后""00后"关键词搜索前5名

资料来源：携程旅行。

---

① "Z世代"：指1995~2009年出生的一代人。

4. 游客评价如何？——总体美誉度高

根据新浪舆情通统计的城市网络美誉度变化情况，2021 年 1 月至 4 月，"长沙+旅游"在全网的美誉度均处在较高水平，且呈稳步上升态势。"五一"期间，也始终保持在 90% 以上，5 月 5 日达到峰值 95.01%。

二　高热度下的冷思考

1. 当前存在哪些问题？

一是景区管理与配套公共设施有待加强，游客体验待提升。2021 年"五一"假期，长沙多处景点游客扎堆，超负荷运行，一些地方出现"货不对版"的情况，明显影响游客体验。联通舆情大数据显示，游客不满意的地方主要集中在排队、虚假宣传、卫生间等方面。频次最高的前 100 个词云中，"排号""等位""排队""人流"等与排队相关的词以及"宣传""虚假宣传""推广"等宣传方面的词居前 20，单日排队 2 万余号的"文和友"也榜上有名。此外，相关配套公共设施待完善，如"卫生间"的频次居第 35 位，游客的如厕体验有待提升。二是文旅资讯服务能力有待提升，智慧旅游建设待提速。相较成都等其他网红城市，长沙文旅资讯服务相对较弱。目前全市旅游景区监测尚未能全覆盖，全市 63 个 A 级景区中纳入监测的仅 13 个。长沙文旅微信公众号的"快乐长沙智慧文旅"小程序仍无法使用，游客了解长沙特色旅游线路、打卡地、长沙老街、美食等重点资讯的官方渠道不畅通。而"掌游成都"小程序/App 已实现一站式服务，不仅涵盖以上游客出行关注的食、住、行、旅行社和导游等资讯，解答"如何玩"的问题，更回应了"如何玩得好"，融入了"网红打卡""房车露营"等新玩法，川剧变脸、印象成都等特色文化宣传，景区实时客流、VR 旅游等智旅服务，以及根据游客游玩时间、景点偏好实现行程智能推荐等功能。三是网红打卡地文旅服务较薄弱。不少网红打卡地内涵不足，活动单一，游客往往只来"一拍（照）了之"，已有一些舆论表示"不会再来了"，需重点警惕快速"过气"风险。

2. 未来还能"红"多久？

——内外压力显现

从外部环境看，互联网时代具有高速迭代的特性，"火得快"，也容易"忘得快"。以丽江、大理、拉萨等为代表的上一代"网红城市"，热度已不复当年，重庆、西安、成都、长沙等这一批新晋"网红城市"，需充分吸取经验教训，并始终保持警惕。此外，未来随着"茶颜悦色""文和友"等知名本土品牌的"走出去"，其带给长沙的独特性或将弱化。

从横向对比看，长沙文旅市场仍有明显差距。虽与成都、西安等地同为"五一"黄金周十大热门城市，但长沙的接待人次不足其1/3，详见表1。数量上，A级旅游景区少于其他两地。核心特质待进一步强化。其他两地均具有高度不可替代性的核心特质，如成都为熊猫故乡，西安是千年古都，而长沙网红的内核更倾向于一种独特的市井文化，受本土知名餐饮品牌的影响较高。在全国的热门景点榜单中，成都、西安普遍榜上有名。但无论是《2021全国文旅"网红打卡地"人气推荐榜TOP20》，还是携程、驴妈妈、快手发布的"五一"十大热门景区/点等榜单，长沙均无一上榜。

表1　西安、长沙、成都2021年"五一"假期旅游市场情况对比

指标	西安	长沙	成都
A级旅游景区数量(个)	80	63	91
接待人次(万人次)	1690.08	500.24	1850.5
旅游收入(亿元)	106.62	54.23	170.2

资料来源：各市文旅局。

3. 流量如何"变现"？

——在旅游消费、产业发展、留人等方面"变现"空间大

根据去哪儿旅行数据，"五一"假期机票、酒店方面长沙人均花销为2060元，低于西部其他网红城市成都（2600元）、重庆（2181元）、西安（2158元）。从游客接待人次及旅游收入来看，长沙也明显低于三市，在旅游消费方面仍有较大提升空间。此外，长沙虽已经形成"茶颜悦色""三顿

半"等一批知名本土品牌,但根据《中国独角兽企业研究报告2021》,2020年长沙只有"兴盛优选"一家上榜,不仅明显落后于杭州(25家)等地,也落后于经济体量相近的中西部城市武汉(3家)、成都(5家)、西安(3家)、重庆(3家)。利用高热度,促进文旅、新消费产业加速发展,做强本土企业,培育更多本土品牌,是长沙"网红城市"变现的重点。此外,网红城市对"90后""00后"的吸引力最大,借助网红城市具有高关注度的契机及文旅这个窗口,让更多的年轻人了解长沙,产生想在长沙定居生活的期待,让"流量"变成"留量",是长沙的重要"变现"方式。

三　对策建议

成为新晋"城市网红",对于长沙而言是一个开始而非终点,长沙不仅要"红",更要"长红",要红得有意义。

1. 强基提质,做强做实城市口碑

一是加快补齐公共服务和基础设施短板。坚持问题导向,强化"宠粉人设",在重点节假日发布"共建更美长沙(长沙旅游调查)",及时收集游客意见,加速处理游客反映强烈的问题。如有效引导游客分流,优化排队体验,降低排队等位的不适感;加强公共厕所建设,在五一广场等人群集聚区建设功能强大且融入城市美学的"网红厕所";在官微或官博上发布"一键举报"功能,严厉打击虚假宣传等。通过不断提高服务能力和水平,不断提升长沙旅游口碑。二是加速智慧文旅建设。借鉴"掌游成都"经验,完善"快乐长沙智慧文旅"小程序功能并尽快投入使用,重点将游客必知的传统旅游信息和网红打卡、老长沙新玩法、智旅服务充分融合,深度挖掘文旅大数据,实现景区实时客流监测全覆盖,充分掌握旅游流量、流向的特点,为进一步优化服务供给、旅游资源开发等提供大数据信息支撑。

2. 增鲜活源,加强现有文旅资源的深度与延伸开发

一是以现有"网红打卡地"为重点,强化深度体验与延伸开发。梳理群众打完卡、拍完照即走的"网红打卡地",支持相关单位出台强化游客参

与感、体验感、融入感的举措，鼓励企业参与打卡地延伸旅游产品开发。例如，支持坡子街派出所招募"守护解放西志愿者"，让打卡群众解锁真正的打卡正确姿势，加入平安长沙建设中来，既有助于实现群防群治、携手共创，又能让打卡地从"有意思"转变为"有趣且有意义"。二是创新打造全国首个文旅街道大 IP，让更多"老地标"成为"新网红"。长沙市已创办过"打卡老长沙、见证新气质"等影像大赛，但活动仍停留在打卡、发照片或视频上。据百度数据，"剧本杀"等体验消费相关搜索量同比增长 169%，位居年轻人最热衷的消费方式之列。建议借鉴"剧本杀"的形式，组织策划大型体验式、沉浸式的活动，推动长沙城市文商旅创居融合发展。例如，开展"寻宝长沙"活动，选取长沙的重点街道，赋予其一个个本土历史小故事，充分利用虚拟现实（VR）、增强现实（AR）等现代科技，将故事线索及奖励藏在大街小巷中，鼓励街道中已退休的"长沙土著"充当老长沙故事中的剧中人，鼓励游客及本地居民参加。鼓励民间资本、本土餐饮及文旅品牌有序参与，助力长沙沉浸式文旅街道成为全国大 IP。在激活更多"老地标"的同时，也可加深群众对长沙的了解与认同。

3. 分类开发，根据不同人群需求靶向开发旅游资源

一是根据不同年龄人群需求，分类建设一批新型文旅消费集聚地。建议以"Z 世代""80 后"为重点，兼顾"70 后""60 后"需求，分类打造一批文旅项目，强化多业态旅游产品的集合。如，针对"Z 世代"个性化、小众化的旅游需求，结合其对小吃、奶茶等美食的偏好，对现有具有"网红"潜力的冷门景点进行改造升级，并强化趣味性、特质性、体验性、创意性，建设一批充满青春活力的新型文旅消费集聚地。二是根据不同地域人群需求，精准发力"假日经济""周末经济"。建议合理平衡好省外游客、省内游客、本地居民的文旅需求，有针对性地进行相关旅游资源开发。相较外省游客，省内游客对长沙文化的了解更深入，更关注长沙的新玩法及长沙与其他市州的不同之处，而本地居民则可变假日"家里蹲"为去相对冷清景点或是周边旅游。在发力"假日经济"方面，建议分别形成长沙初访游、深度游、周边游等优质旅游服务，并进一步优化相关景点服务。同时，以省内

游客、本地居民为重点,发展周末经济,实施公共消费服务空间周末延时开放、公共交通周末弹性和差异化管理等举措,增开周末乡村旅游直通车,鼓励商业综合体、旅游景区、宾馆饭店、网红餐饮点等跨界联动开展周末优惠活动。

4. 串联升级,强化资源整合与宣传

一是对景点、打卡地进行合理串联。针对当前游客的高度集中现象,建议进行多点引流,采取冷、热景点结合方式,推出游客打卡手册,重点在五一广场、长沙站、海信广场等游客住宿集聚区域发放。借鉴成都"熊猫快线、锦城观光"城市旅游观光巴士经验,通过打造长沙"美食专线""夜游专线""亲子游玩专线""土著假日专线"等多条旅游专线双层观光巴士,进行分类串联,方便各类游客出行的同时,有效提升城市承载力。二是加强城市整体营销。借鉴南京纪录片《1800米跨越1800年》的经验,推出长沙市纪录片,选取对长沙历史影响深远、群众关注度高的地点或饮食文化等,进行整合宣传,深化文化赋能;引入具有一定影响力的网红主播、UP 主,通过他们的"镜头",展现网红长沙的颜值和气质。充分利月湖南电视台等媒体资源,出台优惠政策支持以长沙为取景地拍摄影视作品,鼓励来长参加节目录制的明星到长沙街头巷尾走一走,增强城市吸引力;打造"草根明星梦起之城",借鉴韩国经验,主动为有才华无平台的群众搭建表演舞台,鼓励街头表演,营造浓厚的演艺环境,让更多的未来之星在此筑梦发展。

5. 借势腾飞,加速文旅、新消费产业发展

一是充分利用关注红利,顺势做强文旅产业链。在产业发展机会供给、企业培育及跨界融合发展等方面,塑造更包容灵活的政策环境,加速推进文旅产业发展,培育文旅新业态。如,定期发布整体游客市场、消费者偏好等信息,为行业发展提供公共数据支持;支持公园商业发展;鼓励文旅企业创新转型,重点扶持一批高成长创新型中小文创企业;鼓励核心商圈、特色商业街、旅游景区等深度融合潮流体验、主题游乐、创意加工、文创演艺、特色餐饮、时尚休闲内容等。二是乘势将长沙打造成为全国领先的新消费"培育场",做大增量本土品牌。聚焦新消费场景搭建、企业创生孵化、新

消费产业集群生态塑造，加速出台促进长沙市新消费发展的相关政策，做强已有品牌，培育更多"湖南味""长沙味"品牌。建议发布新消费领域新场景新产品机会清单，建立新消费企业梯度培育企业库，成立新消费培育发展基金，依托基金小镇为初创型、成长型、成熟型新消费企业提供个性化投融资服务，支持新消费企业做大做强。大力培育消费新热点，发展首店经济，培育"长沙味"特色小店，传承发展老字号品牌，推动网红小店转型升级，鼓励特色小店、老字号、网红小店入驻或在特色商业街区和"网红打卡地"周边区域开设分店。

青春湖南建设：目标、形势与对策[*]

湖南省人民政府发展研究中心调研组^{**}

近期，国家统计局公布了第七次全国人口普查数据，我国人口老龄化、少子化、不婚化三大趋势正加速到来。人口因素变化缓慢但影响重大深远，湖南省要正确认识人口发展的内在规律，高度重视人口尤其是年轻人口对经济社会发展的影响，加快青春湖南建设，夯实创新活力根基。

一 什么是"青春湖南"

（一）内涵

"青春湖南"集人口、人才观于一体，包含两层意蕴：一是应对人口低速增长，提高人口自然增长率，增加湖南省"新生"活力；二是应对人才争夺，提高人才吸引力，增加湖南省"年轻"活力。

（二）意义

随着近10年我国人口低速增长，人口形势发生重大变化，我国人口政策也做出了"放开三孩生育""制定人口长期发展战略""实现适度生育水平"等相应调整。在此关键时期，提出"青春湖南"建设，既体现湖南省对人口形势的正面回应，也反映湖南省对国家人口政策的积极响应，更是向

---

* 本报告获得时任湖南省副省长朱忠明的肯定性批示。

** 调研组组长：谈文胜，湖南省人民政府发展研究中心原党组书记、主任。调研组副组长：侯喜保，湖南省人民政府发展研究中心党组成员、副主任；蔡建河，湖南省人民政府发展研究中心党组成员、二级巡视员。调研组成员：郑劲、文必正、彭丽、黄晶，湖南省人民政府发展研究中心研究人员。

全国释放出广纳人才的强烈信号，指明了湖南省未来政策资源的倾斜方向，不仅关乎湖南省经济产业的走势机遇，也关乎未来湖南省社会结构的变革发展，具有重大的政治、经济和社会意义。

（三）目标

到"十四五"末，青春湖南建设取得良好进展，家庭生育意愿有所提升，人才留湘、回湘蔚然成风；到第八次人口普查时，青春湖南建设与全省经济社会协调发展，各级各部门、社会各界、家庭居民共同致力于青春湖南建设的格局逐步形成，家庭生育、养育、教育成本进一步降低，生育意愿进一步提高，全省人口流动实现净流入。

二 建设青春湖南的当前形势

（一）准确把握当前人口发展的基本形势：两个不可避免

1. 我国人口总量在"十四五"时期进入负增长将不可避免

2020年我国总人口为141178万人，2010～2020年年均增长率0.53%，较2000～2010年的0.57%下降0.04个百分点，总和生育率为1.3，已处较低水平。随着生育堆积效应消失、育龄妇女规模持续缩小，即使目前已放开全面三孩政策，但从全面二孩政策的效果不及预期来看，我国出生人口快速下滑不可避免。根据人口专家估计，按照目前趋势，我国人口在2021年前后达到峰值。

2. 城市间愈发激烈的"抢人大战"将不可避免

人才的本质是人口，没有人口依托就无人才保障，在人口总量趋减的大势下，谁能留得住人，谁才有未来。因而近几年，越来越多的城市加入人才竞争，竞相为高校毕业生提供户口、住房补贴、创业支持、所得税减免和其他各种优惠政策。往后，城市与城市间、省份与省份间的"抢人大战"只会更激烈，不同的是，一线城市要守城，"新一线"和二线城市则要利用后发优势反超，这是一场事关城市未来的流量战。

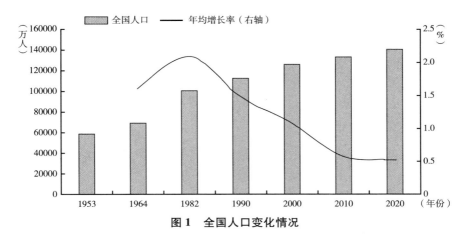

图1　全国人口变化情况

资料来源：国家统计局。

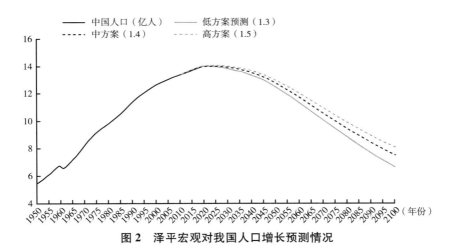

图2　泽平宏观对我国人口增长预测情况

资料来源：泽平宏观。

（二）正确认识建设青春湖南所面临的挑战：危机或许比想象的更为严峻

1.少子低育

湖南省人口出生率在2015年达到13.58‰的峰值后（比全国峰值高0.63个千分点），一路走低，降至2019年的10.39‰，比全国平均水平还低0.09个

131

千分点。2019 年全省出生人口数 71.78 万人，与 1960 年出生人口相当（70.76 万人），成为新中国成立以来仅高于 1960 年、1961 年的年份，创历史新低。年轻人不婚不育观念日趋普遍，家庭户规模继续小型化，全省常住人口中，平均每个家庭户的人口为 2.67 人，比 2010 年的 3.32 人减少 0.65 人。

2. 未富先老

根据第七次全国人口普查数据，湖南省 60 岁及以上人口占全省人口的比重为 19.88%，高出全国平均水平 1.18 个百分点；其中 65 岁及以上人口占比 14.81%，高出全国平均水平 1.31 个百分点。按照联合国标准，65 岁及以上人口占比超过 7% 就属于老龄社会，达到 14% 就是深度老龄，按照这个标准，除长沙、郴州外，湖南省其余 12 个市州均已进入深度老龄社会。但湖南省经济发展水平不高，2020 年湖南省人均 GDP 为 62881.46 元，比全国人均水平低 9566 元；人均可支配收入为 29380 元，比全国人均水平低 2809 元。"未富先老"的残酷现实，导致经济潜在增长率下降，也将使个人、政府和社会的养老能力受到严峻挑战。

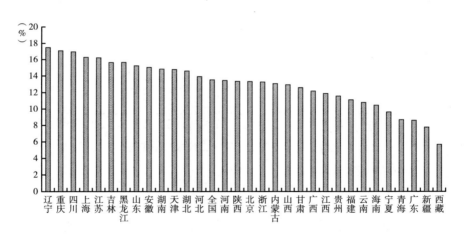

图 3　2020 年各省份 65 岁及以上人口占比

资料来源：国家统计局。

3. 高出低进

2010~2020 年 10 年间湖南省人口增加了 74.4 万人，但占全国总人口的比重下降了 0.2 个百分点；2019~2020 年，全省人口净流出 273 万人，成为全国净流出人口第三多的省份（仅次于黑龙江、吉林）。更严重的是，2016~2020 年，湖南省高校毕业生的流失率一直保持在 40% 以上，5 年间只留下 81.3 万名在湘毕业大学生，而武汉市 2017~2019 年 3 年间就新增了留汉大学生 109.5 万人。另外，湖南省农民工回流规模不断扩大，2014~2019 年，湖南省外出农民工省内就业占比由 29.4% 上升为 37.5%，2019 年农民工回流规模较 2018 年同期增加了 2.8 倍。高学历人才持续流出、低技能劳动力回流扩大，"高出低进"流动态势进一步削弱湖南省劳动力资源优势。

（三）建设青春湖南的机遇：我们正站在拐点之上

1. 人才向新一线城市回流的拐点正在到来

近年来，随着北京、上海等一线城市户籍指标持续收紧，长沙、武汉、杭州、西安、成都、郑州等新一线城市发展迅速、争先引才，新一线城市的人才吸引力持续加强。Boss 直聘研究院数据显示，2019 年，新一线城市吸引了 37.5% 的应届生，超出一线城市 15 个百分点，这也是首选一线城市的应届毕业生比例首次跌破 30%。根据麦可思《2020 年中国本科生就业报告》，刚毕业时在"北上广深"就业的毕业生中，三年内离开的比例明显上升，从 2011 届的 18% 上升到了 2015 届的 24%。长沙、杭州、武汉、郑州、西安、成都等新一线城市近 5 年常住人口年均净流入规模均在 20 万人以上，长沙 2021 年常住人口突破千万人，比上年增加 165 万余人。

表 1   新一线城市常住人口 2010 年、2020 年增量情况

单位：万人

年份	长沙	杭州	武汉	郑州	西安	成都
2010	704.41	870.04	978.54	862.7	846.78	1511.86
2020	1004.79	1193.6	1232.65	1260.1	1295.29	2093.78
增加	300.38	323.56	254.11	397.4	448.51	581.92

资料来源：根据第六、七次人口普查数据整理。

2.开放向内陆延伸的拐点正在到来

随着中央"一带一路"倡议、长江经济带战略的提出，我国对外开放从建立沿海经济特区到沿边、沿江、内陆地区由东及西渐次展开，中西部内陆地区迎来了极好的对外开放新机遇。再加上高铁、互联网等现代化联结方式的重大变革，大大模糊了内陆与沿海的界限，偏远地区不再偏远，地域因素也不再是开放型经济的主要障碍。湖南省位于东部沿海地区和中西部地区过渡带、长江开放经济带和沿海开放经济带接合部，在区域联动发展中具有承接产业转移的优势，只要我们紧抓机遇，同样可以崛起为吸引人才、发展新经济的开放高地。

3.城市化向都市圈城市群发展的拐点正在到来

目前我国城市化发展正经历从城镇化到以大城市为核心的都市圈城市群化的阶段，人口和产业持续向都市圈城市群集聚，国家城市发展战略也逐渐调整为"以中心城市为引领，以城市群为主体形态，以都市圈建设为突破口，对中小城市分类施策"。以中心城市为引领的都市圈城市群是支撑我国经济高质量发展的主要平台，是当前及未来发展的重点。湖南省长株潭城市群具有产业协同化、交通同城化、决策一体化等突出优势，经过几十年的有效探索，已成为全省发展的核心增长极、现代化建设和全方位开放的战略支撑，也是中部崛起重要战略支点之一。据专家测算，长株潭城市群在全国24个千万级都市圈中发展潜力指数排名第12，在中部排名第2。

三　推进青春湖南建设的对策建议

青春湖南是基于湖南省人口发展、流动趋势而提出的应对性举措。建议湖南省坚持高层推动，将"青春湖南"写入党代会报告，进一步凝聚全省共识；在生育、托育、教育三方面发力，缓解"不想生""不敢生"的现状；抢抓人才"首落"位置，强化人才黏性，建设"政策友好""生育友好""人才友好"的"三好"社会。

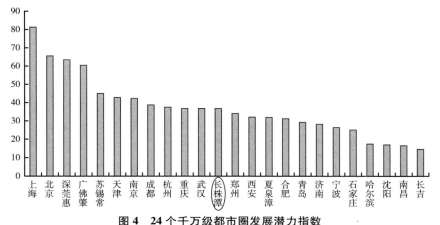

图4　24个千万级都市圈发展潜力指数

资料来源：恒大研究院。

（一）坚持"高位"推动，构建"中部领先"的"政策友好"体系

一是建议从政策上优先考虑，将"青春湖南"写入党代会报告。建议省级层面高位推动，各级党委、政府和相关职能部门统一思想、提高认识，将"青春湖南"写入第十二次党代会报告，将其提升到与"健康湖南""平安湖南"同等高度，使其更好地服务与支撑全省实施"三高四新"战略、实现高质量发展。

二是建议在实施上协同推进，出台"青春湖南"专项行动计划。建议制定《青春湖南五年行动计划》，组织、发改、人社、卫健、民政、公安、教育等部门研究出台生育支持、人才引进等相关配套实施方案。

三是建议从要素上充分保障，确保"青春湖南"落地见效。建议加大财政支持力度，鼓励社会资本参与，推动形成资金来源多元化的保障机制。加强宣传引导，设立青春湖南行动专题网站，设立青春形象大使，加强正面宣传、科学引导和典型报道，增强社会的普遍认知，营造良好的社会氛围。

（二）缓解"三育"难题，构建"想生敢生"的"生育友好"社会

一是提高生育积极性。一方面要保障女性生育权益，进一步推动落实产

假哺乳假等制度，妥善解决延长生育假、男性陪产假等的待遇保障问题，对损害女性就业权益的单位进行经济或行政处罚。另一方面要降低家庭生育成本，探索实施政府、企业、家庭分担生育成本机制，实行一定程度的税收优惠以降低企业承担的生育成本。探索建立从怀孕保健到孕期分娩再到 18 岁或学历教育结束的全面鼓励生育体系，包括孕期保健补助、住院分娩补助、托育津贴、教育津贴、家庭个税抵扣，以及对不符合交个税标准的低收入人群实行直接经济补贴等。

二是破解托育难题。大力发展以公办园为主体、公共财政投入为主的"托幼一体化"模式，鼓励公办园、普惠园向下延伸举办 2~3 岁托班，政府财政给予托班与幼儿园同等的生助补贴。激发社会力量办托活力，鼓励支持用人单位和社会力量兴办婴幼儿托育服务机构，形成全日托、半日托、计时托和临时托等多种形式的服务网络。发挥家庭成员的主力作用，探索发放隔代照料补贴，提高祖辈隔代照料的积极性。

三是减轻教育负担。稳步增加全省学位，促进教育资源均衡发展，通过"多校划片""校额到校"（即优质高中拿出名额直接给薄弱初中）进一步降温学区房。进一步完善中小学生课后服务，提高教师课后服务专项补贴，支持学校与少年宫、科技馆、青少年实践基地、社区活动中心等校外活动机构的联系合作，充分发挥社会教育资源的价值功用，减轻家庭教育负担。

（三）抢占"首落"位置，构建"来了不走"的"人才友好"环境

人才首落地具有高度的人才黏性，湖南省要抢抓人才回流和产业转移两大机遇，以高校毕业生、回流青年两大群体为突破口，努力打造人才首落地，促进创新主体的增量提质和长久留存。

一是建设高校毕业生首落地。在"升学"阶段，要加强招生统筹，将高考招生指标向河南、江西、山东、贵州等考生多、高校少的省份倾斜，吸引更多近域大学生。在"在校"阶段，要大力开展省内高校与先进制造、新能源、新材料、网络通信等领域的公司合作，建立联合培养基地，探索高校与企业联合培养研究生新模式；要积极对接、引进国内外优质高校来湖南

省设立分院、分校，开展合作办学，扩大优质高等教育资源共享。在"离校"阶段，要加大对 C9 联盟高校及湖南本土高校的定向选调力度，加强定向选调生的重点培养、优先提拔。要加大对大学生创业就业的支持力度，从创办环境、金融贷款、住房工位等各方面给予最大力度支持。

二是建设回流青年首落地。结合户籍制度改革，在全省范围实行各类人才"零门槛"落户政策，推行"先落户后就业"，各类人员凭户口本、身份证即可办理落户手续；各市州要设立"社区公共户"，建立统一落户管理平台。出台柔性人才引进管理办法和奖励标准，建立柔性引进人才信息库和线上线下服务窗口，实施动态管理，完善顾问指导、短期兼职、候鸟服务、退休返聘、对口支援等多种柔性引才方式。加强人才住房保障，对高层次及急需紧缺人才提供人才公寓免费入住服务，对新落户并在湖南工作的专科以上学历的人才，省市财政分别发放一定数额的租房和生活补贴。在各园区建设配套租赁住房，按市场租金的一定比例提供给产业技能人才租住。

三是建设企业布局首落地。一方面要把以长沙为核心的长株潭地区打造成为中部总部经济（第二总部）集聚地。将引进总部经济（第二总部）作为各级各部门招商引资引智中的重点方向和关键环节，高标准、前瞻性编制长株潭总部集聚区分区规划，打造"中央商务区+园区"模式的总部经济聚集区，在总部企业评价、重点领域扶持、财税、用地、人才、营商环境等方面推动形成总部经济发展的政策体系。另一方面要将湘南湘西地区打造成为产业转移第一区。充分发挥湘南湘西承接产业转移示范区作用，大力招引人才黏性强、就业吸纳能力强的新产业，引导产业梯度转移。进一步加强职业技能培训，完善就业和社会保障服务，大力引进高技能人才，为承接产业转移和提升产业素质提供必要的人力资源和智力支持。

乘网红城市东风，做大做强湖南省
本土餐饮品牌的对策建议*

湖南省人民政府发展研究中心调研组**

湖南省"十四五"规划明确提出，"促进餐饮住宿消费"。餐饮业在扩大内需、增加就业、促进国民经济发展以及满足人民生活需求等方面具有重要意义。近年来，随着长沙"网红城市"影响力的扩大，本土知名餐饮企业强劲出圈，全国资本的目光看向湖南，湖南省做大做强餐饮品牌的时机已至。

一　湖南餐饮业发展面临的机遇

1. 全国餐饮业发展势头依然强劲，湖南餐饮收入同比增速持续高于全国

从全国看，餐饮行业飞速发展，餐饮收入从 2012 年的 2.3 万亿元增至 2019 年的 4.7 万亿元，短短 7 年时间翻了一番。虽在 2020 年因疫情冲击降至 3.9 万亿元，但我国餐饮行业稳中向好的趋势不变，很多餐饮品牌在危机时刻反而重构商业模型，变得更加灵活开放，餐饮业用一年时间，走完了需要近乎五年才能完成的数字化路程，行业展现出巨大的发展潜力，成为拉动消费增长的新引擎。前瞻产业研究院预测，未来我国餐饮行业规模将持续扩大，2026 年餐饮收入将突破 7 万亿元。从湖南看，餐饮发展态势较好。

---

* 本报告获得湖南省政协主席李微微的圈阅，及湖南省副省长何报翔的肯定性批示。

** 调研组组长：谈文胜，湖南省人民政府发展研究中心原党组书记、主任。调研组副组长：侯喜保，湖南省人民政府发展研究中心党组成员、副主任；蔡建河，湖南省人民政府发展研究中心党组成员、二级巡视员。调研组成员：郑劲、文必正、彭丽、黄晶，湖南省人民政府发展研究中心研究人员。

2017~2020 年餐饮收入额增速持续高于全国，且高出的幅度呈逐年增长态势，即使在 2020 年疫情冲击的情况下，同比降幅依然比全国低 7.2 个百分点。

2. 全国网红城市、旅游、美食融合发展加速，湖南网红城市与美食互相成就

从全国看，随着网红城市、旅游、美食的深度融合发展，美食地位明显上升，从旅游的配套变为吸引游客旅游的主要因素之一，成为网红城市发展的重要推手，甚至化身"景点"本身。知名餐饮品牌开始反哺其所在的城市，并带动其他经济业态发展。从湖南看，这种变化体现得更加明显。不少舆论认为，旅游资源相对不强的长沙成功晋升"网红城市"，美食功不可没。根据 2020 年《第一财经》"长沙小调查"的统计数据，表示到长沙旅行的主要目标是体验美食的人数最多。不少来长沙的年轻游客称主要是冲着茶颜悦色而来。

3. 新时代年轻人美食与分享的爱好实现深度融合，湖南培育餐饮品牌的优势显现

新时代年轻人在美食方面展现出更强的偏好，拥有更强的餐饮消费力。根据《中国餐饮大数据 2021》，2020 年餐饮行业消费者年龄构成中，35 岁以下的消费者占比达 76.8%。艾瑞咨询研报显示，"95 后"是大众餐饮消费中支付能力最强的高潜力人群。此外，新时代年轻人对美食、记录、传播与分享的热衷，与"抖音"等短视频、小红书等社交媒体的快速发展碰撞出火花，推动了网红经济的畅行，形成培育餐饮品牌的黄金时代。

从湖南来看，一方面，以辣味型为主的湖南餐饮在全国拥有庞大的消费人群。根据美团《中国餐饮大数据 2021》，在众多口味中，消费者对"辣"的需求最旺盛。另一方面，《天天向上》等年轻人喜爱的综艺为湖南本土餐饮品牌走向全国提供了超强媒体展示平台。此外，网红长沙的五一商圈等节假日、非节假日期间都人流交织如梭的"心脏地带"，开始成为一个个承接全国流量的容器，源源不断涌来打卡的年轻人，为品牌缩短了成长"隧道期"。当年轻人来长沙等网红打卡地"拔草"，那些成功俘获了他们味蕾的新品牌，会被他们自发地通过朋友圈、抖音、小红书等社交媒体，把名字传到全国各地。湖南已经形成培育餐饮品牌的沃土。

图 1　2020 年消费者餐饮评价词云图

资料来源：美团《中国餐饮大数据 2021》。

4. 资本进入餐饮业的热情高涨，长沙特色餐饮品牌被热捧

2020 年，虽然餐饮业受新冠肺炎疫情冲击明显，但资本纷纷入局。美团《中国餐饮大数据 2021》显示，2020 年餐饮行业吸引的资本金额已超过此前 5 年的总和。从全国消费市场投资交易情况来看，自 2020 年至 2021 年 6 月 25 日，餐饮、食品领域以 359 起投资事件位列第一，远超服务平台（140 起）等其他领域，详见图 2。乡村基、眉州东坡、和府捞面、喜茶等全国各地的餐饮品牌纷纷获得资本的战略投资。从湖南来看，长沙的特色餐饮品牌开始受到资本的高度关注。随着"顶流"文和友、茶颜悦色的火出圈和成功融资，资本的注意力开始看向这片"特色餐饮品牌培育场"，盛香亭、虎头局、柠季等后起之秀也受到热捧，有些年轻品牌甚至被称"已经热到资本难以进去"。以墨茉点心局为例，该企业自 2020 年 8 月开业至今未满一年，却已连续获得清流资本、元璟资本、日

初资本等的多轮融资，融资总计数亿元人民币。不少资本已经看到长沙这个"网红餐饮品牌孵化器"的价值，试图在此发掘出下一个"文和友""茶颜悦色"。

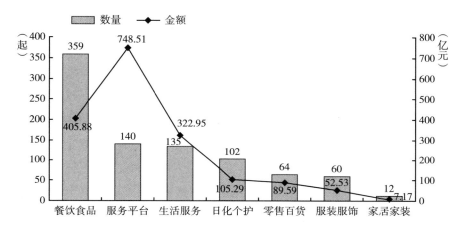

图 2　2020～2021 年 6 月中国消费市场投资交易所在领域分布

资料来源：IT 桔子，https://www.itjuzi.com/。

二　存在的主要问题

1. 在过去的十年中，湖南省餐饮行业规模排名逐渐下降

根据全国经济普查数据，湖南餐饮业呈稳步发展态势，但从横向对比看，由于四川等地餐饮业迎来大发展，湖南省与其他省市间的差距逐步被拉开。在法人单位数量方面，湖南增长相对缓慢，全国排名一降再降。从 2008 年的全国第 8，降至 2013 年的第 10，再降到 2018 年的第 16 位，被河北、安徽、福建、江西、四川、云南等省赶超。在营业收入方面，湖南省从 2013 年的 209.74 亿元增至 253.94 亿元，但占全国营业收入的比例却由 3.4% 降至 3%，全国排名降至第 12 位。

2. 餐饮业受重视程度不高，政策支持力度相对偏弱

在支持餐饮业发展的专门政策文件方面，湖南省相对较少。而其他省份

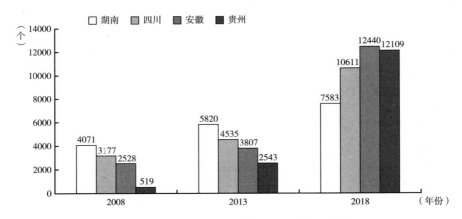

图3　2008~2018年各地餐饮业法人单位数量

资料来源：中国经济普查年鉴。

对餐饮业发展的重视程度相对较高，如四川省近十年来一直在发力，陆续出台了《四川省川菜产业发展规划（2012~2015）》《关于支持餐饮业转型发展的意见》《关于进一步加快成都市川菜产业发展的实施意见》《四川省促进川菜走出去三年行动方案（2018~2020年）》。近年江西、贵州等地也意识到打造餐饮品牌的重要意义，分别发布了《江西省打造赣菜品牌三年行动计划（2021~2023年）》《贵州省餐饮业上规提质三年行动计划（2019~2021年）》等政策。

3. 头部餐饮企业在全国不强，市场主体待发展壮大

从知名度看，"文和友""茶颜悦色"声名鹊起，但放眼全国，湖南省头部餐饮企业仍相对较弱。中国烹饪协会等发布的《2020年度中国餐饮企业百强》中，湖南无一家上榜。湖南餐饮企业的规模、连锁水平、品牌价值等仍待进一步提升。此外，网红餐厅的关注度高，群众的要求和期待相对更高。现已有一些网红餐厅在食品安全、环境卫生等方面出现负面新闻，需尤其保持警惕。

4. 网络热度高的小餐饮不少，但发展壮大的能力不足

新浪舆情通"长沙美食"的网络传播热词统计数据显示，"茶颜悦色"

"文和友""娟娟餐馆""俏孙二娘烧烤""一盏灯""天宝兄弟"等本地特色餐饮品牌热度最高。其中，"娟娟餐馆""俏孙二娘烧烤"是相当一部分湖南典型小餐馆的缩影。这些店通常靠本地人的口口相传形成口碑，在现代年轻人使用度高的"大众点评"等 App 上的评分相对不高；主要靠口味获客，店内环境相对不佳；经营模式多为家庭经营，主动发展壮大的观念不强、能力不足。从舆论来看，负面评价集中在环境差、排队久等方面，改善店内就餐环境的群众呼声高。

三　对策建议

过去的十年中，湖南省餐饮业不断被超越，建议湖南牢牢把握好机遇，充分用好网红长沙的高流量、高人气，乘势做大做强餐饮品牌，实现弯道超车。具体看，建议实施"1+4+1+N+1"方案。

1. 出台一套省级扶持政策，厚植餐饮业发展沃土

一是加大政策支持力度，聚力打造"美食强省"。建议将餐饮业作为特色优势支柱产业加以培育，以打造"美食强省"、壮大餐饮产业规模、培育餐饮企业为主要目标，出台《湖南省餐饮业发展五年规划》。鼓励各地深入挖掘本土餐饮文化，形成一市一特色，整合发布湖南名菜与市州地域特色餐饮清单，聚力把"湘味"美食打造成湖南省对外开放和湖湘文化的重要名片。二是强化文旅与餐饮联动发展，率先做强景区"餐饮"。建议在全国率先出台《湖南省文旅与餐饮融合发展三年行动计划》，进一步放宽餐饮进入文旅行业的限制，激活融合发展新动力，研究发布餐饮企业机会清单，支持湖南本土知名餐饮品牌入驻景区、与景区联合开发"舌尖上的文创"，鼓励知名餐饮创新发布相关景区的特色菜、特色饮品、特色小吃，让景区文创不再仅有"雪糕"，推动湖南旅游与美食的进一步互相成就。三是进一步优化营商环境，壮大餐饮业规模。出台支持餐饮企业发展的优惠政策，鼓励创新创业，鼓励知名餐饮来湘、鼓励影视明星餐饮品牌首落湖南。加大餐饮业公共数据支持力度，及时发布游客市场、消费者偏好等信息，助力行业的发展

与壮大。

2. 打造"一图一街一节一基金"，构建全省餐饮业发展有力支撑

一是加强全省整体布局与联动发展，打造"一图一街一节"。建议绘制一张湖南美食地图，在"文旅湖南""快乐长沙"等官微、官博、小程序上发布。在长沙建设一条湖南美食街区，充分吸取"湖南米粉街"的成功经验，汇聚14个市州的名菜、名小吃、名饮于一条街，吸纳相关知名餐企入驻，让湖南各地美食借助网红长沙的流量打响全国知名度，同时各地美食也为网红长沙增光添彩。在发展成熟后，可借鉴"袁家村小吃街"经验，将"湖南美食街"打造成超级IP，逐步迈出市、迈出省、迈向全国。率先打造一个沉浸式省级美食节，美食节期间以湖南美食街为依托，以湖湘特色元素装饰整条街道，分批组织开展14市州特色节目表演，鼓励商家着当地特色服饰，免费为入街、就餐游客提供换装服务，同时，借力《天天向上》等节目进行宣传，出台优惠政策吸引各地各方面的"大V""网红"来此打卡和推广，让"湖南美食节"响彻中国，成为游客来湘必玩项目，助力湖南餐饮品牌走出湘、走出境。二是强化资金支持，成立湖南餐饮品牌培育投资基金。借鉴合肥风投经验，成立市场化运作的餐饮业投资基金，建设一支懂产业、通政策、熟悉市场、擅长谈判、精于资本运作的人才队伍。以"五一广场"等省内重点商圈为重点，深入发掘发展潜力大的餐饮品牌，加大对小巨人、成长型、知名度高、影响辐射大、拟上规等餐企的支持力度，通过政府投资来吸引社会化投资，有效助力湖南餐饮品牌做大做强，吸引更多人来此创业发展。

3. 做强用好一个"孵化器"，让更多餐饮企业在此腾飞

建议进一步借力网红城市，顺势做强长沙这个知名餐饮品牌"孵化器"，让更多人看到"网红品牌，长沙制造"，让长沙彻底打响餐饮"超级IP制造机"名号，成为全国领先的新消费"培育场"。一是加速长沙网红城市与美食的融合发展。支持长沙将餐饮业发展、餐饮品牌培育融入促进网红城市"长红"的政策举措中，进行整体规划布局，出台《长沙"网红城市"与"美食之都"融合发展三年行动计划》，在正在编制的《长沙城市推广三年行动计划》中加入美食推广部分，让网红长沙的美食印记更加鲜明、更具吸引力。二是用好"五一商圈"等顶级全国流量容器、品牌孵化发展"加温器"。出台优惠政策鼓励餐饮首店入驻"五一广场"等重点商圈，加大新品牌扶持力度，增强商圈承载力，强化商圈的整体营销，鼓励更多"网红""大V"来此探店，借助湖南、长沙美食节之机，以"五一商圈"等人流高度聚集区为重点发放餐饮消费券等，让重点商圈成为餐饮品牌孵化发展的"加温器"，让更多流量能乘势"变现"。三是加强长沙对全省餐饮的辐射带动作用。开通13个市州餐饮入驻长沙的"绿色通道"，加大对湖南本土餐饮的扶持力度，打造"长沙周边美食游""湖南美食游"等专线，实现有效引流。

4. 壮大一批龙头企业，培育N个小餐饮品牌

一是加大对餐饮龙头企业的扶持力度。建议省级商务主管部门会同财政、税务、工商、金融等部门建立省级餐饮龙头企业认定办法及政策奖励机制，重点支持20家辐射面广、带动力强的本土餐饮龙头企业。支持餐饮企业通过兼并、收购、参股、控股等方式做大做强，鼓励发展直营连锁、加盟连锁、特许连锁，形成一批具备品牌竞争力和知名度的大型连锁品牌餐饮集团。借鉴成都等地经验，对首次进入"中国餐饮企业百强"榜单的餐饮企业发放奖励。二是加速小餐饮提质升级。建议借鉴宁波经验，出台《湖南小餐饮之星专项扶持计划》，每年评选一批口碑好、热度高、潜力大的小餐饮，给予补助资金，有针对性地开展现代化餐饮业经营管理、营销等方面的专业培训，鼓励突出和保护小店特色，助力小餐饮优化就餐环境、增强发展壮大的能力。三是打造一批促进餐企走出去的市场载体与宣传平台。建议借鉴"柳州螺蛳粉"经验，鼓励餐饮企业开发一人食、半成品、预制菜、自热食品等，促进餐企的食品率先走出去。打造"探店湖南""寻味湖南"等一批美食节目、美食纪录片，向全国公开招募"湖南美食体验官"，对在抖音、小红书等平台上传播力强、在湖南美食宣传上有突出贡献的发放奖励，提升湖南餐饮企业在全国的知名度和影响力。

5. 守住一条底线，确保"舌尖上的安全"

食品安全是餐饮业健康发展的重要基石，湖南省餐饮业要异军突起，更要守好食品安全这条底线。一是加强市场监管，强化重点监督检查。鼓励各地将辖区内订单量大、评分靠前、人气排名靠前及新媒体平台上群众关注度高的"网红餐厅"作为重点检查对象。二是增强行业自律，推动社会多元共治。充分发挥湖南餐饮行业协会、湖南标杆餐饮联盟等的引导作用，加强行业诚信体系建设，支持建立《湖南餐饮企业诚信兴商、文明经营自律公约》，鼓励知名餐饮企业带头定期发布食品安全、环境卫生自查报告，鼓励公众参与监管，有效构建共治共享食品安全格局。

打造怀化国际陆港物流枢纽
开辟湖南第三出海通道[*]

湖南省人民政府发展研究中心调研组[**]

怀化是商贸服务型国家物流枢纽承载城市和西部陆海新通道东线主通道的重要节点，将怀化打造成为面向东盟的国际陆港物流枢纽，开辟湖南第三出海通道，对于湖南省实施"三高四新"战略、构建新发展格局意义重大。

一 怀化打造国际陆港物流枢纽对湖南省实施
"三高四新"战略、构建新发展格局
具有重大意义

1. 西部陆海新通道为湖南省对接海上丝绸之路开辟新空间

西部陆海新通道拉近了我国与东盟地区的距离，双方贸易额不断提高。2020年，东盟首次成为中国最大贸易伙伴，2021年上半年双方贸易同比增长38.2%，继续呈现强劲增长势头。2017~2020年，重庆、四川、云南、广西与东盟的贸易额年均增长12.1%，远高于我国对外贸易发展平均水平。中国与东盟产业互补性强，合作空间广、潜力大，随着RCEP 2022年落地生效，双方战略伙伴关系还将迈上新高度，西部陆海新通道也将迎来加速发展。这也为湖南省对接21世纪海上丝绸之路、构建新发展格局开辟了新的空间。

本报告获得湖南省委副书记、省长毛伟明，时任湖南省委常委、省政府常务副省长谢建辉，湖南省副省长何报翔的肯定性批示。

** 调研组组长：谈文胜，湖南省人民政府发展研究中心原党组书记、主任；调研组成员：彭蔓玲、郑劲、文必正、罗会逸，湖南省人民政府发展研究中心研究人员。

2. 打造怀化枢纽为湖南省加强与东盟经贸合作搭建新支点

近年来，湖南省与东盟地区经贸合作日益密切。2020年，湖南省与东盟贸易总额达810.3亿元，增长30.9%，占同期全省进出口总值的1/6，增速高出全国24.2个百分点。湖南省与东盟地区贸易潜力巨大，畅通对东盟贸易通道的需求日益旺盛。湖南省若能"巧借"新通道"东风"，依托怀化建设国际陆海物流枢纽，打造经广西至东盟的向海经济走廊，构建服务新发展格局的战略节点，未来具有远大发展前景与巨大想象空间。

3. 怀化向海通道建设为大湘西地区开放发展提供新机遇

怀化地处湘、鄂、川、黔、桂五省份边区，自古以来就有"黔滇门户""全楚咽喉"之称，是武陵山片区货物进出的重要分拨集散地，极具成为区域性物流中心的潜力。打造怀化国际陆港物流枢纽，以西部陆海新通道为纽带，向北对接成渝双城经济圈，向南对接北部湾经济区，打通对外开放大通道，依托物流促进产业集聚发展，将带动整个大湘西地区跨越式发展。

二　怀化打造国际陆港物流枢纽需要突破三大瓶颈

1. 物流枢纽政策支持力度偏弱

怀化物流相关政策支持力度与其枢纽地位不相称。省内三大全国性综合交通枢纽中，长沙、岳阳的扶持政策整体上都要优于怀化。与外省具有相似区位的江西赣州相比，相关支持政策更是远远不如。江西省为赣州国际陆港建设量身定制重大政策文件，各部门联动支持，并争取到43个国家部委的政策红利。

2. 基础优势和地位没充分显现

怀化是我国西南铁路交通枢纽城市，铁路编组站优势突出，"两线一站"开通运营，往成渝地区的通道能力提升6倍以上，往广西地区的货物运输能力提高12.5%。然而运输能力的提高并没带动货运量的明显提升，受制于各种因素，怀化公铁联运没能真正做到无缝对接，国际铁铁联运进展较慢，铁路运输优势也没有得到充分发挥，近年来对周边的辐射呈减弱趋势。2020 年，怀化铁路货运量 271.58 万吨，不足全市货运总量的 4%。

3. 物流现状难以支撑枢纽地位

怀化缺乏领头物流企业和服务平台，大型物流企业少。截至 2021 年 12 月 31 日，仅有 6 家国家 A 级物流企业，占全省的 2%，数量远低于同为交通物流枢纽的长沙、岳阳、衡阳等地，而且 5A 级企业仍属空白，4A 级中无运输型物流企业。无网络平台道路货物运输试点企业，零担物流企业散小乱差现象突出。缺乏区域性分拨中心，大部分中小件物流均需通过长沙、衡阳等地进行中转分拨。缺少超大型骨干工业企业和品牌企业，全市 80% 以上的商品来自外地，造成大量货运车辆返程空载现象。缺乏集约仓配场地和规范运营场地，物流基础设施落后，部分商业仓储设施超负荷运行。

三　支持怀化建设国际陆港物流枢纽的对策建议

怀化肩负"建设对接西部陆海新通道战略门户城市"新定位和"构建服务新发展格局的战略节点和重要枢纽"新使命，建议集中资源全力打造国际陆港物流枢纽，重点建设"怀化—北部湾—东盟"海铁联运物流大通道，开辟湖南第三出海通道，着力提升通道运输能力，全力促进通道与产业融合发展，加快建设陆海联动的高品质向海经济走廊，带动整个大湘西地区"造血式"全面振兴。

1. 以"算大账"的魄力加大政策支持力度

一是建立常态化怀化市与省级部门单位协商合作联席会议制度。建议省级层面参照中央支持赣州国际陆港建设的模式，建立怀化市常态化与省级部门单位协商合作联席会议制度，并明确分管副省长作为会议召集人，定期召开会议，协调研究解决涉及国际陆港建设的具体问题。同时，省里积极争取国家部委支持，在中央层面参照赣州模式形成部委联合协调议事机制，给予怀化国际陆港物流枢纽大力支持。

二是尽快加入西部陆海新通道省区市合作"13+1"合作框架。"13+1"

省区市不仅共建了通道运营公司，还成立了专门组织机构（物流和运营组织中心），在规划发展、通道运营、项目推进、信息服务等方面，实行"统一品牌、统一规则、统一运作"，有效整合通道物流资源，通道班列、班车数量提升明显。西部陆海新通道日益成为连接"一带"和"一路"、协同衔接长江经济带的战略通道。湖南省及怀化市尚未加入西部陆海新通道"朋友圈"，建议湖南省早日"加群"，分享"入群"红利。

三是出台专门针对怀化国际陆港物流枢纽建设的一揽子项目、资金支持政策。加大湖南第三出海通道支持力度，由省国资系统整合成立省属国有控股的湖南省通道建设集团（平台）公司，统筹全省的出省通道建设；组建市属国有控股的"怀化国际陆港发展有限公司"，高起点高标准建设怀化国际陆港。参照江西支持赣州国际陆港发展的相关政策，制定出台促进怀化国际陆港物流枢纽的专门文件；参照岳阳市城陵矶港扶持政策支持怀化建设国际陆港（东盟物流产业园）；比照广西壮族自治区政策，对满足国家交通运输部标准（GP-1589）的公路运输集装箱运输班车，在湖南境内减半收取高速公路车辆通行费；复制推广自贸试验区改革试点经验，支持怀化建设国家跨境电商综合试验区。

四是支持怀化申报 2021 年商贸服务型国家物流枢纽建设。细化怀化商贸服务型国家物流枢纽规划设计、建设方案，积极谋划国家物流枢纽重大项目，争取将其纳入 2021 年重点建设名单。

2. 集中资源打造怀化国际陆港物流枢纽

一是加快推进国际陆港开放平台建设。利用海关总署鼓励中西部国家物流承载城市申建保税物流中心的契机，支持怀化开展保税物流中心（B 型）申建，填补湖南省中西部地区海关特殊监管区域（场所）的空白。支持"怀化-北部湾"铁海联运班列、东盟班列进一步发展，助推怀化建设"无水港"。按照国际一类口岸标准规划建设怀化铁路口岸，积极申报和建设整车、木材、粮食等指定口岸，同时大力提升外贸综合体、保税仓、跨境商品展示交易中心等各类开放平台的支撑作用。加深与广西的合作，在班列开行、货源组织、省际园区建设合作、多式联运等领域加强合作。

二是加快提升怀化互联互通能力。积极对接谋划区域铁路建设，规划"六横五纵一连"高速路网，提升国省干道等级，规划沅水、酉水、舞水鹤城至洪江段等3条骨干航道，构建多式联运体系，支撑综合物流枢纽建设。积极配合广西、湖北、重庆等城市共同争取国铁集团支持，谋划渝怀柳铁路与焦柳铁路石门经怀化至广西段复线（石怀柳复线），提升怀化在武陵山黔东南地区铁路枢纽能力。推进武陵山片区物流合作，密切怀化物流枢纽与张家界、吉首、邵阳等重要物流节点城市间的联系。

3. 招大引强，助推产业升级、发展通道经济

一是引进一流物流项目。引进两三家大型物流仓储企业投资建设现代化的仓储物流基地，解决物流仓储企业没有形成规模、聚集和"散乱"的问题。引进一批有示范引领作用的平台型企业和物流网络健全的运输实体企业，大力扶持拥有5G、AI等新兴技术实力的先进头部物流企业，加快培育融合流通新技术、新业态、新模式的创新型企业。大力引进先进网络货运公司，整合车源和货源，实现分散运输资源的集约整合、精准配置。

二是加快推进物流智慧化。出台鼓励物流新装备、新技术应用推广的政策，推动新基建赋能，利用5G、大数据、云计算、人工智能、区块链、物联网、北斗导航等新技术，全方位地提升货运效率。打造智慧物流新生态，搭建怀化国家物流枢纽物流信息平台、现代化铁路集装箱运输平台、跨境电商服务平台，成立怀化国家物流枢纽企业联盟，整合各类物流信息，加强数据交换及信息共享，形成物流企业、物流园区和部门之间的有效衔接。创建一批基础设施完善、服务功能健全、示范效应明显的智慧物流园区。加强物流信息化智慧化人才队伍建设。

三是大力发展通道经济。依托物流做好产业文章，推进湘南湘西承接产业转移示范区建设，重点承接义乌外贸"溢出货物"及外贸加工产业转移，参照中马"两国双园"模式与东盟国家互设产业园区，大力推动通道国际省际产能合作，建设武陵山片区农机工程机械及汽车贸易中心；依托产业做好物流文章，鼓励物流企业托管置换制造企业的物流要素，支持物流企业、

生产制造企业及供应链企业通过参股控股、兼并重组、协作联盟等方式共同做大做强，提升物流总量特别是出怀（化）总量，降低物流成本。

4. 加快物流企业园区整合提升服务水平

一是鼓励物流企业和园区加快整合，发挥物流规模经济效应。鼓励大型物流公司以兼并整合收购等方式重组本地小散零担企业，实现零担货运市场的功能集合和大规模运营。整合分散的物流设施资源，鼓励功能缺失、需求不足和同质化竞争明显的零散物流园合并，引导分散、自用的各类工业和商业仓储配送资源向重点物流园区集聚，重点打造具备多式联运条件、提供大宗货物转运的货运枢纽型物流园区。扩展物流园区服务功能，发展集装箱运输、多式联运、甩挂运输、智能仓储、冷链物流、流程优化、一站式服务等高端服务，以及金融服务、市场信息反馈、价格发现、商品展示、采购配送、人才培训等商贸综合性服务功能。

二是促进标准化单元化物流设施设备应用。加快物流信息、物流设施、物流装备等标准对接。实施托盘尺寸标准、集装箱标准、物流术语标准、条形码标准等标准化，支持集装箱、托盘、笼车、周转箱等单元化装载器具循环共用以及托盘服务运营体系建设，提升专业化和精细化能力。鼓励企业使用智能化托盘等集装单元化技术，研发使用适应生鲜农产品网络销售的可重复使用的冷藏箱或保冷袋，提升配送效率。鼓励企业使用标准托盘。

三是加快推进区域性物流分拨中心建设。重点建设区域性快递分拨中心、区域仓配一体化分拨中心、东盟货运集散分拨中心，促进五省边区货物向怀化大规模聚集。

区域协调发展

加快推进省域副中心建设的对策建议*

湖南省人民政府发展研究中心调研组**

建设岳阳、衡阳两个省域副中心城市，是湖南省"十四五"时期实施"三高四新"战略、全面提升区域发展格局的关键之举。调研组在对岳阳、衡阳两市进行调研的基础上，通过与湖北、河南、江西、安徽、江苏五省七个省域副中心城市进行比较，找出了湖南省两个省域副中心城市的优势和短板，进而针对性提出高位推动、政策支持、对接中心、城市扩容的对策建议。

一 岳阳、衡阳离省域副中心有多远
——从六省九个副中心城市的
比较中找差距

与一般地级市相比，省域副中心城市应具备一定的经济实力、城市承载

---

* 本报告获得时任湖南省委常委、省政府常务副省长谢建辉的肯定性批示。
** 调研组组长：谈文胜，湖南省人民政府发展研究中心原党组书记、主任；调研组副组长：唐宇文，湖南省人民政府发展研究中心原副主任、研究员；调研组成员：李学文、龙花兰、张诗逸，湖南省人民政府发展研究中心研究人员。

力、人口聚集力、辐射带动力。相比湖北宜昌和襄阳、河南洛阳、江西赣州、安徽芜湖、江苏苏州和无锡等七个省域副中心城市，岳阳、衡阳在上述四个方面都还存在一定差距。

1. 经济实力：两市经济总量偏小，质量有待提升

一是经济总量偏小、对全省经济贡献度偏低。2020 年，9 个省域副中心城市中，有 8 个城市的经济总量处于全省前三的位置，仅衡阳市居全省第 4 位（见表 1）；岳阳 4001.6 亿元和衡阳 3508.5 亿元的 GDP 分别居第 6 位和第 9 位，GDP 占全省的比例分别为 9.58% 和 8.40%，居第 7 位和第 9 位。二是经济发展质量和效益不高。2019 年，岳阳、衡阳两市人均 GDP 分别为 65357 元、46379 元，居第 7 位和第 8 位，仅高于江西赣州市，且均低于全国平均水平，其中衡阳市人均 GDP 比全国平均水平低了 2.4 万多元；岳阳市、衡阳市地方财政收入分别为 150.18 亿元和 170.2 亿元，税收占比①分别为 64.0% 和 64.9%，两项指标均排名最后两位，与苏州、无锡等成熟的省域副中心城市相比，湖南省两市税收占比低 20 个百分点及以上。

表 1　九个省域副中心城市经济总量和发展质量情况

省份	城市	GDP（2020 年）			2019 年		
		总量（亿元）	在全省排名	占全省比例（%）	人均GDP（元）	一般公共预算收入（亿元）	税收占比（%）
湖南	岳阳	4001.6	2	9.58	65357	150.18	64.0
	衡阳	3508.5	4	8.40	46379	170.2	64.9
湖北	宜昌	4261.4	3	9.81	107830	240.79	69.3
	襄阳	4602	2	10.59	84815	300.24	67.2
河南	洛阳	5128.4	2	9.32	72912	369.8	67.1
江西	赣州	3645.2	2	14.19	39968	280.37	74.9
安徽	芜湖	3753	2	9.70	96154	321.79	70.4
江苏	苏州	20171	1	19.64	179174	2221.81	89.6
	无锡	12370	3	12.04	180044	1036.33	84.0

资料来源：根据各省市 2020 年国民经济和社会发展统计公报、2020 年统计年鉴数据整理。

---

① 这里指税收收入占财政收入比重。

2. 城市承载力：两市城区规模偏小，人均建设用地严重偏低

从城市建设来看，城区羸弱是湖南两个省域副中心城市的通病。一是城区规模偏小。岳阳市总面积 14858 平方公里，衡阳市总面积 15299 平方公里，在 9 个城市中分别排第 4 位和第 6 位，但中心城区面积分别仅有 1413 平方公里、698 平方公里，排在第 7 位和第 9 位；其中衡阳的中心城区面积最小，在省内 14 个市州中也居倒数第 2 位，其建成区占市区面积比例达 19.63%，在 9 个城市中居第 3 位，接近东部发达城市无锡的水平，明显与其发展阶段的需求不符（见表 2）。二是人均建设用地严重不足。2019 年，岳阳和衡阳两市人均建设用地分别为 17.3 平方米和 17.9 平方米，严重低于中国城市人均建设面积（129.57 平方米），且城区人口密度仅为衡阳市 1/3 的赣州，人均建设用地面积也有 21.9 平方米，同在中部的芜湖市更高达 47 平方米，湖南省两个省域副中心城市城区承载力远远落后于同级别城市。

表 2　2018 年各省域副中心城市建设情况

省份	城市	总面积（平方公里）	市区面积（平方公里）	市区户籍人口密度（人/平方公里）	建成区面积（平方公里）	建成区占市区面积比例（%）
湖南	岳阳	14858	1413	778	110	7.78
	衡阳	15299	698	1447	137	19.63
湖北	宜昌	21230	4234	300	176	4.16
	襄阳	19728	3671	621	199	5.42
河南	洛阳	15236	879	2355	218	24.80
江西	赣州	39363	5324	428	180	3.38
安徽	芜湖	6026	1491	1006	179	12.01
江苏	苏州	8657	4653	782	476	10.23
	无锡	4627	1644	1600	343	20.86

资料来源：《中国城市统计年鉴（2019）》，中国统计出版社，2020。

3. 人口集聚力：两市人口外流严重，城镇化率偏低

一是人口总量不低但流失情况较为严重。9 个城市中，岳阳市、衡阳市 2019 年年末户籍人口分别为 568.7 万人和 805 万人，居第 6 位和第 2 位，但岳阳市 2016~2020 年户籍人口流失 101562 人，其中省内长沙市为主要流向城市，

广东省为主要省外流向地；衡阳市户籍人口总量仅次于赣州，但其常住人口比户籍人口少 75 万人，广东吸纳其迁出人口的 60% 以上。二是人口未能有效向城镇集聚。2019 年，岳阳、衡阳城镇化率分别为 59.20% 和 54.93%，在 9 个城市中居第 6 位和第 8 位（见表 3）；岳阳虽较芜湖市多了 200 万常住人口，但城镇化率却低了 7.2 个百分点，中心城区户籍人口密度更是低了 23%；衡阳市人口密度位居全省第 1 位，但城镇化率低于全省水平 2.29 个百分点。

表 3　2019 年各省域副中心城市人口和城镇化情况

省份	城市	年末户籍人口（万人）	常住人口（万人）	常住人口城镇化率（%）
湖南	岳阳	568.70	577.13	59.20
	衡阳	805.00	730.06	54.93
湖北	宜昌	390.94	413.79	60.45
	襄阳	589.80	568.00	61.70
河南	洛阳	717.02	692.22	59.10
江西	赣州	983.07	870.80	51.85
安徽	芜湖	389.84	377.80	66.40
江苏	苏州	722.60	1074.99	77.00
	无锡	502.83	659.15	77.10

资料来源：各省 2020 年统计年鉴。

4. 辐射带动力：两市产业辐射度偏低，交通基础条件较好但未充分发挥作用

一是产业辐射度偏低。在 9 个城市中，岳阳和衡阳两市的第二产业区位商①分别为 1.04 和 0.83，居第 7 位和第 9 位；上市公司数量分别为 11 家和 3 家，居第 5 位和第 9 位；尤其是衡阳市两项指标均居最后一位，区位商小于 1 说明其产业发展专业化程度不高，上市公司数量少说明实力强劲的大企业偏少，辐射周边地区的能力较弱（见表 4）。二是交通有优势但尚未有效发挥作用。岳阳、衡阳的交通基础条件都比较好；岳阳坐拥"长江八大良

---

① 区位商是指一个地区特定部门的产值在地区生产总值中所占的比重与全国该部门产值在全国地区生产总值中所占比重之间的比值。区位商大于 1，可以认为该产业是地区的专业化部门；区位商越大，专业化水平越高，辐射带动力越强；如果区位商小于或等于 1，则可认为该产业是自给性部门。

港"之一的城陵矶港，同时具备高铁和机场，水陆空交通网络十分完备；衡阳是全国 45 个交通主枢纽城市之一，境内高铁站点达五个，还配备了机场，陆空立体交通条件优越。但是从机场运力来看，在 7 个有机场的城市中，2019 年岳阳三荷机场的旅客吞吐量和货邮吞吐量分别为 556266 人次和 45.32 吨，均排第 7 位；衡阳南岳机场的旅客吞吐量和货邮吞吐量分别为 1102857 人次和 1258.64 吨，排第 6 位和第 5 位，说明岳阳、衡阳两市在中部地区的交通优势尚未得到有效发挥（见表 4）。

表4 2019 年各省域副中心城市区域辐射力一览

省份	城市	第二产业区位商	上市企业数量（家）	高铁干线	机场运力情况	
					货邮吞吐量（吨）	旅客吞吐量（人次）
湖南	岳阳	1.04	11	京广高铁	45.32	556266
	衡阳	0.83	3	京广高铁	1258.64	1102857
湖北	宜昌	1.18	9	沿江高铁 呼南高铁	4597.39	3263912
	襄阳	1.24	9	呼南高铁 武西高铁	2848.69	1899458
河南	洛阳	1.19	12	呼南高铁	1151.5	1537355
江西	赣州	1.01	5	京港高铁 厦长渝高铁	5664.937	2088731
安徽	芜湖	1.25	16	京港高铁	—	—
江苏	苏州	1.22	149	京沪高铁	—	—
	无锡	1.22	92	京沪高铁	145128.16	7973446

资料来源：根据各省 2020 年统计年鉴、Wind 数据、各市政府官网、国家民航局网站整理。

二 岳阳、衡阳省域副中心怎么建——借鉴外省经验，立足自身实际，在高位推动、政策支持、对接中心、城市扩容上下功夫

1. 健全高位推进机制，增强统筹协调和资源配置能力

一是建议为岳阳、衡阳两市高配市委书记。湖北襄阳市、河南洛阳市、

江西赣州市、江苏苏州市均为省委常委兼任市委书记，尤其是襄阳市自省委常委兼任市委书记后，实现跨越式发展，2012 年地区生产总值超过河南南阳市，2017 年超过宜昌市，成为湖北省经济体量第二大城市。外省实践表明，通过高配省域副中心城市市委书记，有利于进一步统筹协调在资金、平台和政策等方面的支持，全面优化升级城市的资源配置能力。

二是成立省域副中心城市建设领导小组。参照长株潭一体化发展领导小组，建立以省政府常务副省长牵头，省发改委、省财政厅、省住房城乡建设厅、省自然资源厅、省工业和信息化厅、省农业农村厅、省商务厅、省民政厅等省直有关部门和岳阳、衡阳市政府参与的省域副中心建设领导小组，对省域副中心城市建设工作进行总体设计和统一领导。建立"厅市会商"机制，定期召开省域副中心城市工作推进会，指导和统筹相关工作。

2. 强化政策支持，通过开"口子"、赋权限、设基金、建清单，全面激发内生活力

一是给予省域副中心城市项目申报单列待遇。参照湘江新区项目申报管理办法，允许各省直部门开辟省域副中心城市项目申报专属通道，建立省域副中心项目资源库。二是赋予省域副中心城市管理更大自主权。参照江西省的做法，赋予岳阳、衡阳两市部分省级管理权限，在财政、金融、交通、科技、开放型经济、城乡建设、生态文明、土地政策、产业发展、人事制度、薪酬激励等方面赋予省域副中心城市先行先试的权限。三是设立省域副中心城市发展基金。发挥财政资金的"四两拨千斤"作用，参照长株潭一体化发展资金运行模式，重点支持岳阳、衡阳两市产业发展、重大平台、公共服务设施等项目建设，撬动社会资源形成省域副中心发展资金蓄水池。四是制定省域副中心城市建设"项目清单"。建议从全省各部门、岳阳和衡阳两市征集省域副中心城市建设的重大项目，经省域副中心城市建设领导小组筛选、会审，于每年初制定公布省域副中心城市建设"项目清单"，如岳阳三荷机场改扩建工程、长江百里绿色经济发展走廊，衡阳建设轨道交通项目、白沙绿岛高新技术产业开发区建设等，对覆盖基础设施建设、产业平台发展、公共服务升级的重大项目予以重点支持。

3. 精准对接中心城市，有效发挥副中心城市的作用与功能

一是精准化产业对接，与中心城市产业耦合发展。借鉴苏州市发展经验，瞄准中心城市，培育先发优势。岳阳市应重点推进石化、食品、物流、装备制造、电力能源、节能环保、轻纺建材等七大产业做大做强；要借长株潭之势，做强先进制造业发展腹地；借湖南自贸区建设之势，进一步扩大开放度，以水空双港驱动，做活枢纽经济。衡阳市应重点提升汽车、有色金属及新型合金、化工新材料、新型能源及电力装备、生物医药等产业链水平；要借湘南湘西承接转移示范区之势，前瞻性谋划园区发展环境，加速园区管理体制改革，推动粤港澳科技园区在衡建设"飞地园区"，加快形成工业品"大湾区研发、衡阳生产分拨"和农产品"衡阳加工集散、大湾区消费"的产业协同格局。

二是发挥资源优势，承接中心城市功能疏解。长株潭地处湘东，地理地质条件决定了其无法承担对全省能源、物资、医疗功能的辐射，省域副中心城市的功能支撑显得尤为重要。支持岳阳建设湖南省能源综合基地、湖南省应急物资储备中心，功能覆盖长株潭大都市圈所在湘北区域；支持衡阳建设区域能源储备中心、区域性医疗中心，功能覆盖娄底、邵阳、永州和郴州等湘南区域各市。

三是打造区域职业教育中心，优化产业人才支撑体系。在岳阳、衡阳两市集中布局一批职业教育、技能院校，梳理省内资源，搭建省域副中心校企合作平台，支持两市建设国家级公共实训基地、高技能人才培养基地和职业技能竞赛集训基地，优化省域副中心产业人才支撑体系，加快提升人才聚集度和辐射力，为省域副中心发展提供和蓄积核心能量。

4. 高标准擘画城区规模，提升城市辐射带动力

一是支持省域副中心城市扩大城区范围。扩大城市区划空间是城市加速释放人口红利效应、强化经济实力的必经之路，如安徽省芜湖市于2020年7月调整区划后，市区面积直接增加到2788平方公里，中心城区面积将近岳阳市的2倍、衡阳市的4倍，市区常住人口直接增至227.4万人，城市规模跃升为中部地级市的佼佼者。建议支持将岳阳县纳入岳阳市区，支持将衡

南县划入衡阳各中心城区，南岳区与衡山县合并设区，如此岳阳市和衡阳市区面积将分别增至 4200 平方公里、4228.5 平方公里，两市市区常住人口均将超过 200 万人，达到二线城市发展门槛，极大改善城市梯度发展格局，为增强城市承载力和辐射力提供地域空间保证。

二是立足资源禀赋，高质量推进城市品质提升。参照河南洛阳以产业集聚区建设为载体加快城市化进程，进而实现城市经济实力快速提升的经验。湖南省应尽快统筹制定省域副中心城市发展规划，立足资源禀赋、明确功能定位、强化公共服务，加速人口集聚，实现城市品质与城市承载能力双提升。支持岳阳按照"江湖城共生、港产城融合"的空间组织思路，打造湘鄂边界区域现代服务业发展中心，辐射周边华容县、临湘市以及石首市、监利县、洪湖市、赤壁市、崇阳县、通城县等湖北省多个县市。支持衡阳在城市 TOD 开发等领域先行先试，打造区域性现代消费中心，辐射娄底、邵阳、永州等湘南区域城市。

从七大经济指标看"十三五"
湖南省四大板块发展态势

湖南省人民政府发展研究中心调研组 *

　　"十三五"期间，长株潭、湘南、大湘西和洞庭湖地区四大板块经济发展更趋均衡。长株潭地区在 GDP、社会消费、出口、财政收入总量和占比方面优势依然明显，规模以上工业增加值、地方一般公共预算收入年均增速保持领先；洞庭湖、大湘西地区 GDP 和出口总额占全省的比重均有提高；湘南地区的固定资产投资、社会消费品零售额年均增速最快；大湘西地区的城镇、农村居民收入增速均为最快；四大板块税收占地方财政一般预算收入的比重均出现大幅提高。"十四五"时期，湖南省要从强规划、补短板、优产业、重造血等方面持续发力，加快构建形成"一核两副三带四区"区域发展新格局。

一　四大板块主要经济指标比较分析

1. GDP：洞庭湖、大湘西地区 GDP 占全省比重略有提高

　　四大板块经济实力稳步提升。2020 年，长株潭、湘南、大湘西和洞庭湖地区 GDP 为 17591.46 亿元、8119.27 亿元、6884.41 亿元和 9604.16 亿元，分别是 2015 年的 1.4 倍、1.4 倍、1.5 倍和 1.5 倍。"十三五"期间，长株潭、湘南、大湘西和洞庭湖地区 GDP 年均增速分别为 7.5%、7.2%、7% 和 7.1%，增速差距缩小，其中 GDP 增速最快的长株潭与最慢的大湘西，增速差距由 2015 年的 1.2 个百分点下降至 2020 年的 0.4 个百分点。2020 年，长株潭、洞

---

　　* 调研组组长：谈文胜，湖南省人民政府发展研究中心原党组书记、主任；调研组副组长：唐宇文，湖南省人民政府发展研究中心原副主任、研究员；调研组成员：李学文、龙花兰、夏露，湖南省人民政府发展研究中心研究人员。

庭湖、湘南和大湘西地区 GDP 占全省比重分别为 41.7%、22.8%、19.2%和 16.3%。与 2015 年相比，长株潭、湘南地区 GDP 占比分别下降 0.85 个和 0.01 个百分点，洞庭湖、大湘西地区 GDP 占比分别提高 0.66 个和 0.20 个百分点。

表 1 2015～2020 年四大板块 GDP 占全省比重及增速

单位：%，个百分点

年份	GDP 绝对值占全省比重				GDP 增速				最快与最慢地区增速差距
	长株潭	湘南	大湘西	洞庭湖	长株潭	湘南	大湘西	洞庭湖	
2015	42.54	19.25	16.11	22.10	9.8	8.7	8.6	8.7	1.2
2016	42.20	19.44	16.34	22.01	8.9	8.2	7.8	7.9	1.1
2017	42.12	19.02	16.35	22.51	8.7	8.2	8.0	7.8	0.9
2018	41.12	19.43	16.53	22.92	8.3	8.3	7.8	8.2	0.5
2019	41.66	19.24	16.38	22.73	8.0	7.7	7.9	7.7	0.3
2020	41.69	19.24	16.31	22.76	4.0	3.9	3.6	4.0	0.4

资料来源：湖南省统计局。

2. 规模工业：仅长株潭地区年均增速快于全省平均水平

"十三五"时期，长株潭、大湘西、湘南和洞庭湖地区规模以上工业增加值年均增速分别为 7.2%、6.8%、6.7%和 6.6%，仅长株潭地区年均增速快于全省平均水平（6.9%）。增速最快与最慢地区间的差距缩小，由 2015 年长株潭与大湘西地区间的 1.7 个百分点，下降至 2020 年大湘西与湘南地区间的 0.4 个百分点。

表 2 2015～2020 年四大板块规模以上工业增加值增速

单位：%，个百分点

年份	长株潭	湘南	大湘西	洞庭湖	最快与最慢地区增速差距
2015	3.5	7.4	6.8	7.2	1.7
2016	7.3	6.6	6.4	6.6	0.9
2017	3.1	7.2	7.5	6.5	1.6
2018	7.9	7.5	7.3	7.5	0.6
2019	3.8	8.2	7.8	8.1	1.0
2020	4.7	4.6	5.0	4.8	0.4

资料来源：相关年份《湖南统计年鉴》，《2020 年湖南省国民经济和社会发展统计公报》。

3.固定资产投资：湘南地区年均增速最快

"十三五"时期，湘南、大湘西、长株潭和洞庭湖地区固定资产投资年均增速分别为 11.5%、10.9%、10.4% 和 10.2%，分别比全国平均水平（5.7%）快 5.8 个、5.2 个、4.7 个和 4.5 个百分点，湘南年均增速比全省平均水平（10.9%）高 0.6 个百分点，长株潭、洞庭湖地区年均增速比全省平均水平低 0.5 个和 0.7 个百分点。

表3   2015~2020 年四大板块固定资产投资增速

单位：%，个百分点

年份	长株潭	湘南	大湘西	洞庭湖	最快与最慢地区增速差距
2015	17.9	21.8	18.8	19.9	3.9
2016	11.9	14.0	14.1	7.7	6.4
2017	13.2	13.5	13.8	14.0	0.8
2018	9.7	10.3	10.0	10.6	0.9
2019	10.7	11.2	8.5	9.5	2.7
2020	6.5	8.8	8.4	9.2	2.7

资料来源：相关年份《湖南统计年鉴》。

4.社会消费：长株潭零售总额占全省比重下降

"十三五"时期，湘南、大湘西、洞庭湖、长株潭地区社会消费品零售总额年均增速分别为 8.0%、7.9%、7.9% 和 7.8%，增速基本同步。增速最快与最慢地区的差距缩小，由 2015 年湘南与大湘西地区之间的 7.4 个百分点，下降至 2020 年洞庭湖与大湘西地区之间的 0.3 个百分点。2020 年，长株潭、洞庭湖、湘南和大湘西地区社会消费品零售总额分别占全省的 38.8%、22.8%、20.3% 和 18.1%，与 2015 年相比，长株潭地区占比下降 3.2 个百分点，洞庭湖、湘南和大湘西地区占比分别提高 1.7 个、0.8 个和 0.7 个百分点。

表4　2015~2020年四大板块社会消费品零售总额占全省比重及增速

单位：%，个百分点

年份	社会消费品零售总额占全省比重				社会消费品零售总额增速				最快与最慢地区增速差距
	长株潭	湘南	大湘西	洞庭湖	长株潭	湘南	大湘西	洞庭湖	
2015	42.0	19.5	17.4	21.1	15.8	19.1	11.7	16.5	7.4
2016	42.0	19.5	17.4	21.2	11.6	11.8	11.8	11.9	0.3
2017	41.9	19.5	17.4	21.1	10.5	10.6	10.7	10.4	0.3
2018	41.6	19.7	17.6	21.1	9.9	10.4	10.2	9.9	0.5
2019	38.8	20.3	18.1	22.8	10.1	10.3	10.2	10.3	0.2
2020	38.8	20.3	18.1	22.8	-2.5	-2.6	-2.7	-2.4	0.3

5. 出口总额：洞庭湖地区占全省比重提高、年均增速最快

"十三五"时期，长株潭、湘南地区出口总额占全省比重下降，年均增速慢于全省；洞庭湖、大湘西地区出口总额占比提高，年均增速快于全省。2020年，长株潭、湘南、洞庭湖、大湘西地区出口总额占全省的比重分别为56.4%、18.7%、14.9%和10.0%，与2015年相比，长株潭、湘南地区占全省的比重分别下降3.6个和3.5个百分点，洞庭湖、大湘西地区占全省的比重分别提高4.7、2.3个百分点。洞庭湖、大湘西、长株潭和湘南地区出口年均增速分别为32.5%、29.4%、21.2%和18.6%，长株潭、湘南地区年均增速比全省平均水平（23.4%）低2.2个、4.8个百分点，洞庭湖、大湘西地区比全省平均水平高9.1个、6个百分点。

表5　2015~2020年四大板块出口总额占全省比重及增速

单位：%

年份	出口总额占全省比重				出口增速			
	长株潭	湘南	大湘西	洞庭湖	长株潭	湘南	大湘西	洞庭湖
2015	60.0	22.2	7.7	10.2	-2.0	-15.5	0	22.8
2016	55.9	22.8	9.3	12.0	-5.6	4.2	22.3	19.8
2017	51.5	25.4	9.7	13.5	19.7	44.4	35.6	45.5
2018	55.3	21.9	10.4	12.4	39.1	11.5	39.7	19.2
2019	55.8	19.1	10.7	14.4	53.5	32.3	56.2	76.2
2020	56.4	18.7	10.0	14.9	8.4	5.6	0.4	11.5

6. 地方财政收入：长株潭、大湘西地区占全省比重提高

2020 年，长株潭、湘南、洞庭湖和大湘西地区地方一般公共预算收入分别占全省的 53.3%、16.7%、15.7% 和 14.3%，与 2015 年相比，长株潭、大湘西占比分别提高 4.92 个、0.08 个百分点，湘南、洞庭湖占比分别下降4.45 个和 0.55 个百分点。从地方税收占地方一般公共预算收入比重看，四大板块均提高。2020 年，长株潭、湘南、大湘西和洞庭湖地区地方税收收入占比分别为 71.2%、68.4%、65.4% 和 65.3%，比 2015 年分别提高了 9.2个、19.6 个、10.9 个和 10.1 个百分点。

表 6 2015～2020 年四大板块地方一般公共预算收入占全省比重及增速

单位：%，个百分点

年份	地方一般公共预算收入占全省比重				地方一般公共预算收入增速				最快与最慢地区增速差距
	长株潭	湘南	大湘西	洞庭湖	长株潭	湘南	大湘西	洞庭湖	
2015	48.35	21.16	14.25	16.24	13.3	5.6	11.7	9.2	7.7
2016	47.79	21.20	14.42	16.58	5.8	7.2	8.3	9.3	3.5
2017	50.56	17.67	14.85	16.92	9.0	−15.0	5.9	4.3	24
2018	50.94	17.60	14.86	16.60	3.8	2.7	3.1	1.1	2.7
2019	50.92	17.52	15.14	16.42	6.0	5.5	8.1	4.9	3.2
2020	53.27	16.71	14.33	15.69	2.6	2.3	1.4	2.4	1.2

资料来源：相关年份《湖南统计年鉴》。

7. 居民收入：大湘西地区城镇、农村居民收入增速最快

"十三五"时期，大湘西地区城镇、农村居民收入年均增速最快。大湘西、湘南、洞庭湖和长株潭地区，城镇居民人均可支配收入年均增速分别为7.9%、7.9%、7.7% 和 7.6%；农村居民人均可支配收入年均增速分别为10.4%、8.5%、8.4% 和 8.1%。四大板块城镇、农村人均可支配收入持续提高。2020 年，长株潭、湘南、洞庭湖和大湘西地区，城镇居民人均可支配收入分别为 53149 元、36482 元、35296 元和 30258 元，分别是 2015 年的1.45 倍、1.46 倍、1.46 倍和 1.46 倍；农村居民人均可支配收入分别为

28809 元、18429 元、18260 元和 12952 元，分别是 2015 年的 1.48 倍、1.50 倍、1.52 倍和 1.64 倍。

二　进一步推动四大板块协调发展的对策建议

1. 强规划：完善区域发展战略体系

一是做好战略规划和制度供给。推进长株潭地区一体化发展，把长株潭打造成为全省领跑型现代都市圈，建成中部地区崛起和长江经济带发展核心增长极；积极融入长江经济带发展，促进洞庭湖生态经济区绿色发展；充分发挥承接产业转移示范区平台功能，加快湘南地区开放发展；提升大湘西地区开发水平，将大湘西地区建成脱贫地区高质量发展先行区。及时调整四大板块产业发展目录、市场准入门槛、产业空间布局；推动要素自主有序流动，加快健全要素市场化交易平台、交易规则和服务，提升要素交易监管水平，保障不同市场主体平等获取土地、劳动力、资本、技术和数据等生产要素的权利和地位，切实提高区域开发质效。二是深入对接融入国家区域战略。加强对接"一带一路"、长江经济带、粤港澳大湾区、长三角一体化等国家区域战略布局，借鉴辽宁省经验，专门出台《关于对接国家重大区域发展战略的实施意见》，明确四大板块重点承接区域和重点行业，做到精准对接有序承接。三是加强与周边省份的战略协同合作。创新区域合作模式，借鉴长三角城市群多层次交流机制，加强长株潭城市群与武汉都市圈、昌九都市圈的联系互动，发展壮大长江中游城市群；推进湘赣边区域合作示范区建设等，实现抱团发展。

2. 补短板：加快推进基础设施建设

一是加快基础设施通达化。加快渝长厦、常益长、长赣高铁等项目进程，构建"五纵五横"干线铁路网和"七纵七横"高速公路网；加快长沙黄花机场改扩建，推进湘西、娄底等地机场建设，构筑"一枢纽一干九支多点"航空网和长沙"四小时航空经济圈"，打造省外大通道、省内大循环的综合交通枢纽。二是加快构建长株潭"半小时通勤圈""一小时经济圈"。

加快建设"三干两轨四连线"等关键项目,强化基础设施互联互通,推进设施同网,努力打造全国城市群一体化发展示范区。三是强化物流基础设施建设。推动洞庭湖治理与"四水"水系建设,解决当前洞庭湖缺水及四水航道吨级水位偏低的问题,建设以港口码头为重点的水运设施和高吨水路网络,充分发挥湖南长江黄金水道功能;以城陵矶港为龙头,充分整合长沙港、常德港、衡阳港等港口资源,积极发挥支线和喂给港的功能作用;打通城陵矶港、长沙港等重要港口铁路进港"最后一公里",提高公铁水空运输一体化水平,加快长沙、岳阳全国性交通枢纽城市建设。

3. 优产业:发挥比较优势,培育特色产业

一是长株潭地区加速打造"领跑"型产业集群。依托长株潭国家自主创新示范区、国家创新型城市建设,搭建协同创新平台,推进科技成果转移转化,全面提升自主创新能力,在工程机械、轨道交通、航空航天、信息技术及新材料等领域形成具有"领跑"能力的产业集群,将长株潭打造为全国重要增长极。二是洞庭湖地区加快绿色产业发展。发挥岳阳省域副中心城市和自贸区作用,加快建设内陆临港经济示范区,建设湖南开放"北大门"。进一步推进洞庭湖地区传统产业转型升级,对产能过剩、污染严重、工艺落后的企业继续实施关、停、并、转,着重发展对接长株潭地区的电子信息和机械装备制造产业;发展适合湖区特点的粮食、蔬菜、油菜等特色种植业和食品加工业,推广绿色种植、创建绿色品牌,提高绿色农业经济效益;高质量发展旅游产业和休闲观光农业。三是湘南湘西深入推进产业转移示范区建设。加快推进衡阳省域副中心城市建设,进一步发挥其承接产业转移"领头雁"作用。加速湘南湘西地区要素集聚和产业体系建设,着力招大引强选优,积极承接区域总部,有效发挥产业链主导企业和商会协会的作用,吸引更多产业链上下游项目;加快推进园区建设、交通物流等基础设施和公共配套设施建设,提升产业承接能力。

4. 重造血:增强落后地区发展内生动力

借鉴江苏省南京与淮安、无锡与徐州、苏州与宿迁、常州与盐城、镇江与连云港结对,南北挂钩共建苏北开发区的经验,推动长株潭地区与大湘西

地区合作共建，围绕园区共建、劳务培训、人才交流、科技教育、卫生旅游等内容开展挂钩合作。制定大湘西地区共建园区扶持政策，借鉴长株潭地区发展经验，促进大湘西地区产业转型升级。加强科技人才交流培养，加大对大湘西地区科技人才培养与储备力度，优化大湘西地区产业链、创新链，加快形成优势互补合力。

借鉴浙江"山海协作"经验，
打造"湘伴而行"协作品牌[*]

——进一步缩小湖南省城乡收入差距的对策建议

湖南省人民政府发展研究中心调研组[**]

党的十九届五中全会把"全体人民共同富裕取得更为明显的实质性进展"作为 2035 年基本实现社会主义现代化远景目标的重要内容。习近平总书记强调指出，"实现共同富裕不仅是经济问题，而且是关系党的执政基础的重大政治问题"。从湖南实际看，尽管全省城乡收入差距呈逐年缩小态势，但在开启全面建设社会主义现代化新征程后，进一步缩小城乡收入差距的要求更加迫切。通过比较和分析发现，浙江省推行"山海协作"的经验有较好借鉴意义，建议湖南省全面实施"湘伴而行"结伴协作工程，不断缩小湖南省城乡收入差距，打造实现共同富裕的湖南品牌。

一 进一步缩小湖南省城乡收入差距具有紧迫性

一是湖南省城乡收入比较高，近年来城乡收入差距缩小幅度不及全国平均水平。

2013~2020 年，湖南省城镇居民人均可支配收入从 24352 元增加至 41698 元，农村居民人均可支配收入从 9029 元增加至 16585 元，城乡收入

---

[*] 本报告获得时任湖南省委副书记乌兰的肯定性批示。

[**] 调研组组长：谈文胜，湖南省人民政府发展研究中心原党组书记、主任；调研组副组长：唐宇文，湖南省人民政府发展研究中心原副主任、研究员；调研组成员：李学文、龙花兰、夏露，湖南省人民政府发展研究中心研究人员。

比从 2.70 降至 2.51，但 2020 年湖南省城乡收入比与山西省并列为中部地区最高，比中部地区最低的河南省高了 0.36，全国有 20 个省份的城乡收入比低于湖南省，有 2 个省份与湖南省持平。七年间，湖南省城乡收入比累计下降 0.19，同期全国累计下降 0.25，表明湖南省城乡收入差距缩小幅度低于全国平均水平，累计下降幅度在中部地区仅居第 4 位。

表 1　2013 年、2020 年湖南与全国及中部各省城乡收入比

区域	城乡收入比		2013~2020 年累计降幅
	2013 年	2020 年	
湖　　南	2.70	2.51	0.19
山　　西	2.80	2.51	0.29
安　　徽	2.58	2.38	0.20
江　　西	2.43	2.27	0.16
河　　南	2.42	2.15	0.27
湖　　北	2.34	2.25	0.09
全　　国	2.81	2.56	0.25
湖南在中部和全国的位置	在中部地区仅比山西省低，全国有 19 个省份比湖南低	与山西省并列为中部地区最高，全国有 20 个省份比湖南低、2 个省份与湖南持平	降幅在中部地区居第 4 位，在全国居第 21 位

资料来源：相关年份各地统计年鉴及 2020 年统计手册。

二是省内市州和县市区间的农民收入差距较为明显。

从市州来看，2020 年，有 4 个市州的农民人均可支配收入超过 2 万元，收入最高的长沙市达到 34754 元，是全省平均水平的 2.1 倍；有 6 个市州的农民人均可支配收入低于 16585 元的全省平均水平，收入最低的湘西自治州为 11242 元，不到长沙市的 1/3，是全省平均水平的 68%。

从县市区来看，剔除 16 个没有农民收入统计数据的城市市辖区，在其余 106 个县市区中，有 57 个县市区农民人均可支配收入超过全省平均水平，其中居前十位的县市区农民人均可支配收入均超过了 3 万元；有 49 个县市区低于全省平均水平，其中收入最低的十个县市区均不足 1.1 万元。

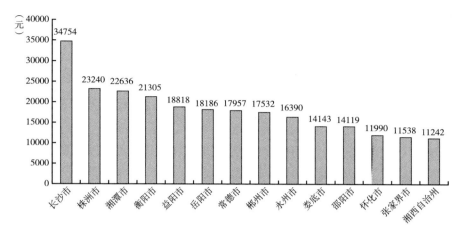

图1　2020年全省各市州农民人均可支配收入

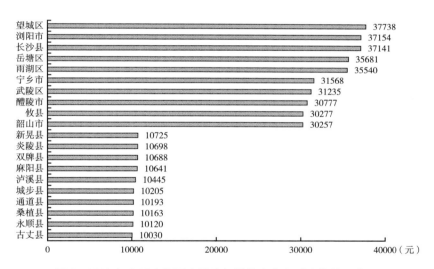

图2　2020年农民人均可支配收入居前十位和后十位的县市区

二　湖南省借鉴浙江经验具备可行性

一是全国城乡收入比低于2的3个省份中浙江最具借鉴意义。

2020年，全国城乡收入比低于2的省份仅有天津（1.86）、黑龙江

（1.92）和浙江（1.96），但三者城乡收入比低的原因并不相同。天津市具有明显的都市圈型城乡均衡发展特征，依托大城市，通过推进城市化、减少农民数量、发展都市农业来缩小收入差距。黑龙江省是因为发展不充分，其农村居民可支配收入在全国排第18位，城镇居民可支配收入在全国排第31位，其城乡居民收入比持续缩小的本质是城乡发展乏力。浙江省则反映了区域城乡融合发展的路径，2020年浙江城镇居民人均可支配收入居全国第3位，农民人均可支配收入居全国第2位，城镇与农村人均可支配收入都排名靠前，且城乡要素加速融合推动收入差距稳定缩小。因此，上述三个省市中浙江的经验最有借鉴意义。

二是湖南省发展阶段与"十二五"中后期的浙江大致相当。

浙江为"七山一水两分田"地理地貌，湖南为"七山二水一分田"地理地貌，两者大致相同。2020年，湖南GDP、城镇居民人均可支配收入相当于浙江省2014~2015年的水平，湖南农民人均可支配收入相当于浙江省2012~2013年的水平，湖南城乡收入比相当于浙江省2006~2007年的水平。浙江省近年尤其是"十三五"以来缩小城乡收入差距的做法，对湖南省下一阶段的城乡均衡发展具有重要的借鉴意义。

表2　湖南与浙江GDP、城乡居民收入及比值比较

年份	GDP（亿元）		城镇居民人均可支配收入（元）		农村居民人均可支配收入（元）		城乡收入比	
	湖南	浙江	湖南	浙江	湖南	浙江	湖南	浙江
2013	24622	37757	24352	37080	9029	17494	2.70	2.12
2014	27037	40173	26570	40393	10060	19373	2.64	2.09
2015	28902	42386	28838	43714	10993	21125	2.62	2.07
2016	31551	47251	31284	47237	11930	22866	2.62	2.07
2017	33903	51768	33948	51261	12936	24956	2.62	2.05
2018	36330	58003	36698	55574	14093	27302	2.60	2.04
2019	39752	62352	39842	60182	15395	29876	2.59	2.01
2020	41781	64613	41698	62699	16585	31930	2.51	1.96

资料来源：相关年份各地统计年鉴及2020年统计手册。

三　浙江省推进"山海协作"的主要做法与经验

2002 年，浙江以农民收入低于全国平均水平的山区 26 个县市为重点，启动"山海协作"工程。从实践效果来看，2002～2019 年，山区 26 个县市累计获得省财政专项、结对市县援助等渠道资金近 100 亿元；引进并落地特色产业项目 11289 个，到位资金 5845 亿元。通过协作既实现了把欠发达地区培育成为新经济增长点的目标，也促进了发达地区拓展空间、转型升级。

一是精准完善的结对协作和考核制度体系，形成了强大合力。

省级层面强力统筹。成立了浙江省山海协作领导小组，每年召开全省山海协作工程推进会，建立了工作推进和目标考核机制，每年对考核结果进行通报；在领导小组下设立了 10 个专题合作组，设定不同的职责分工和目标任务。

精准灵活的结对方式。分三个层次进行结对，设区市明确杭州、绍兴、宁波、湖州、嘉兴五市与衢州、丽水两市结对，跨市县市区明确由 20 个经济强县与衢州、丽水所辖 15 个县市区结对，此外还有 11 个县由同一地级市内其他经济强县市区——结对。此外，其他经济强县还可以自行结对帮扶，截至 2021 年 5 月，浙江全省与 26 个欠发达县结对的发达县市区已经增加到 43 个，同时拓展了部门、村镇、村企等结对方式。

二是构建了以"飞地经济"为核心的协作模式，创造了双赢局面。

所谓"飞地经济"协作，即通过结对地区开展异地投资建设，发达地区为结对地区规划"飞地"发展空间，入驻企业在项目、金融、人才等方面享受属地同等优惠政策和优质服务，"飞出地"政府则承担开发建设用地指标、耕地占补平衡指标和"飞地"开发建设支出，同时享有收入。浙江省开创了"产业飞地""科创飞地""消薄飞地"三种模式。

"产业飞地"：全省统筹安排，在杭州湾新区、省级高能级平台等相关产业发展平台，为山区 26 县布局以先进制造业为主的"产业飞地"园区，园区由山区县负责建设、招商和运营管理，入园项目享受所在地优惠政策，通过"产业飞地"税收收益为山区县不断输入"新鲜血液"。

"科创飞地"：山区县在结对经济强县建立科技创新飞地，由飞入地与其开展联合建设，利用飞地在交通、区位、基建、人才、政策等方面优势，汇聚高等院校、科研单位、高新企业、风投机构等资源，为山区县发展新兴业态和高科技产业，为其推进产业转型和做大做强提供创新支撑，形成"企业总部、研发、销售在沿海经济强县，产业基地、仓储、物流在山区县"的协作模式。

"消薄飞地"：针对大量集体经济薄弱村，由山区县提供土地指标、资金投入、建设管理，经济强县保障落地、保障招商、保障收益，吸纳多个集体经济薄弱村入股共同经营管理产业园区、厂房物业或其他项目，采取"收益保底+税收分成"方式，持续为山区县集体经济薄弱村注入稳定的经营性收入。

三是通过生态产业帮扶协作，把山区县乡村公共品变成市场品，增强了发展的可持续性。

山区县乡村建设需要大量的资金支撑，仅靠当地政府的投入是困难且不可持续的。浙江省借助山海协作机制，通过加强结对双方产需对接、产用结合和产业链上下游整合，推动山区县不断做强做优生态农业，推进农业与服务业融合，把乡村建设这一公共产品变成面向城市群体的市场品，大力发展乡村旅游、养生养老、运动健康、文化创意等，越来越多的农民从卖农产品到卖风景、卖乡愁，从养鸡养鸭到"养城里人"，一批新型乡村服务业态正在加速崛起，成为山区县农民增收致富的新渠道、农村经济新的增长点，切实提升了山区县生态产业的可持续发展能力。

四　缩小湖南省城乡收入差距的对策建议

一是打造"湘伴而行"结伴协作品牌，促进共同富裕。

成立省"湘伴而行"结伴协作领导小组。将结伴协作工作纳入省委、省政府年度重点工作，制定年度协作计划，每年召开协作工程推进会，健全工作推进和目标考核机制，开展年初部署、年中督评和年终考核。

明确结对关系。以 2020 年为时间节点，选择 20 个欠发达县（农民人均可支配收入不到全省平均水平 70% 的县）为结伴协作对象；选择 22 个较发达县市区（16 个没有农民人口的市辖区，以及农民人均可支配收入超过 3 万元且人均 GDP 排名在全省前 25 位的县市区，剔除重复部分）作为结伴者；从多个层面进行结对协作，地州市层面，由长沙市与怀化市、湘西自治州结伴协作；县市区层面，株洲市茶陵和炎陵县，由本市内的荷塘区、芦淞区、石峰区、天元区进行市内结伴，岳阳市平江县由本市内的岳阳楼区进行结伴；其他县市区采取跨地市结伴，双方正式签署结伴协议，每年签订结伴任务书。

二是突出各类结伴协作发展平台打造，增强造血功能。

打造一批生态旅游文化产业园。选择部分具有良好自然生态旅游资源和历史人文景观的欠发达县，引进较发达结伴协作地区的资本和管理运营模式，采取双方共建共享的方式，高标准推进产业园核心区以及集散中心、停车场、通景公路等旅游配套设施建设，并以生态旅游文化产业园建设为契机，加大旅游资源整合和联动开发力度，重点打造以康养、乡愁、传统文化、山地特色、红色教育为主题的多条生态旅游线路。

逐步建设一批"飞地"园区。一方面，支持较发达县市区在结伴县建立"飞地"产业园，引导部分劳动密集型产业、电子商务企业、农产品精深加工企业将生产基地布局到欠发达地区。另一方面，要大力支持欠发达县到结伴较发达县市区设立人才、科技和产业孵化等"飞地"园区，使得欠发达县的企业能够借助飞地享受与较发达地区县市区企业同等的待遇，解决欠发达县科技创新能力不足、产业基础薄弱、高端人才匮乏等难题。

加快开展一批消除集体经济薄弱村项目。把增强村集体经济实力作为乡村可持续发展的重要手段，结合乡村振兴驻村帮扶，鼓励 20 个欠发达县的集体经济薄弱村，采用县或乡镇组团、集资入股的方式，在结伴的发达县市区兴建或购置商铺店面、农贸市场、仓储设施、职工宿舍、标准厂房、写字楼等物业，委托发达县市区进行管理，或者与发达县市区合作建设各类园区、开发区、特色小镇等，采取"固定收益+分成"等方式，为欠发达县村集体经济提供稳定收益。

三是强化多方面政策支持，形成共赢局面。

加大对 20 个欠发达县的直接政策支持力度。推动 20 个县开展制造业与互联网深度融合，在认定省级制造业与互联网深度融合试点示范企业时，同等条件下给予其优先考虑。适当降低 20 县省级农业龙头企业评选标准，在建立健全农产品区域公用品牌标准、认证、标识、全程追溯监管体系上加大支持力度。在符合村土地利用规划的前提下，允许 20 县使用农村建设用地增减挂钩节余指标新建住宿、餐饮及旅游配套设施。

加大对结对协作的政策支持力度。资金方面，设立省级结对协作专项资金，并要求结伴的较发达县市区设立一定规模的专项协作资金，鼓励各级财政统筹使用相关财政资金支持结伴协作相关建设。土地方面，省级统筹安排"飞地"园区国土空间规划指标，"飞地"建设用地指标由飞出地通过土地综合整治与生态修复工程和农村土地综合整治产生的城乡建设用地增减挂钩节余指标予以保障；支持 20 个欠发达县将考核奖励用地计划指标调剂用于各类"飞地"园区建设项目，支持"飞地"双方城乡建设用地增减挂钩节余指标和耕地占补平衡指标异地调剂使用。人才方面，推进结伴协作县市区干部交流互派，协调安排省属单位优秀干部到 20 县挂职，较发达县市区分批选派优秀处级、科级干部到结伴县挂职；支持 20 县优先定向选调优秀高校毕业生，省委党校每年为 20 县举办优秀年轻干部和后备干部专题班。

打造轨道上的长株潭都市圈研究[*]

湖南省人民政府发展研究中心调研组^{**}

习近平总书记 2020 年 9 月在湖南考察时指出，长株潭一体化发展要继续抓下去，抓出更大成效。长株潭城市群拥有世界领先的轨道交通产业集群，打造"轨道上的长株潭都市圈"是以城带产、以产兴城、产城融合的重大举措，是长株潭一体化发展的重要推动力。

一　打造"轨道上的长株潭都市圈"具有引领作用

打造"轨道上的长株潭都市圈"将形成一个全球标杆性应用场景示范基地。湖南轨道交通产业集群是世界最大生产研发和出口基地，近年来，电力机车全球市场占有率超过 20%，轨道交通产业占全国全行业份额的 33%。打造轨道上的长株潭都市圈，将在湖南形成产品研发、模式创新、应用示范、市场推广示范基地。

打造"轨道上的长株潭都市圈"将推动三市硬件融城。长株潭的轨道交通网络，能显著缩短各城市间的时空距离，增强长沙作为龙头核心城市的集聚与辐射作用，提升区域的城市化现代化水平。

打造"轨道上的长株潭都市圈"将助力湖南省先进制造业高地建设。轨道上的长株潭都市圈建设，对带动长沙工程机械之都、株洲中国动力谷、湘潭智造谷高端制造业发展，助力湖南省的重要先进制造业高地建设，具有重要意义。

---

* 本报告获得湖南省委副书记、省长毛伟明的肯定性批示。

** 调研组组长：谈文胜，湖南省人民政府发展研究中心原党组书记、主任。调研组副组长：唐宇文，湖南省人民政府发展研究中心原副主任、研究员。调研组成员：左宏、李银霞、闫仲勇，湖南省人民政府发展研究中心研究人员；付书地、周琦、夏练武，株洲动力谷发展研究中心研究人员。

二 打造轨道上的长株潭都市圈已具基础条件

1. 长株潭轨道交通网综合展示了多样化的运输方式

长株潭是国内轨道交通应用场景最丰富的样本区。2020 年底国内城市轨道交通运营里程，长沙排名全国第 15 位，是同时拥有地铁、城轨、磁悬浮三种轨道交通运输方式的城市。此外，株洲还拥有 14.6 公里智轨示范线。

2. 长株潭是轨道交通高效运营的示范区

2021 年 5 月 14 日全国城轨客流强度数据显示，长沙地铁客流强度 1.414，居全国前五。磁悬浮快线年客运量约 400 万人次，其中高峰时点达到 16227 人次/天。长株潭城际铁路 2019 年发送旅客 889.29 万人次，2021 年日均旅客发送量达 2.42 万人。株洲智轨廊道内平均客流量约为 12805 人次/天。

3. 建设目标明确且部分项目已获审批

《长株潭一体化发展五年行动计划（2021~2025 年）》提出，长沙要建设国家综合交通枢纽，畅通域内主干线，建设轨道上的长株潭。2022~2023 年，长沙已获批建设 1 号线北延一期等 7 个项目，总长度 121.29 公里。到 2022 年，将形成 7 条线路、总长 264 公里的轨道交通网络。

三 打造轨道上的长株潭都市圈四大问题不容忽视

1. 密度上，长株潭轨道规模与都市圈发展需求未"精准匹配"

目前，长沙城市建成区 567 平方公里范围内的地铁和磁悬浮的线网密度仅为 0.28 公里/平方公里。而长株潭城际的主干线——长株潭城际铁路，虽有线路 104 公里，但尚未闭环，与都市圈发展需求不匹配。

2. 规划上，轨道上的长株潭还少"一张图"

截至 2021 年 5 月，对如何推动长株潭多种轨道交通方式一体化协同发展，还缺乏统筹规划。只有科学进行轨道交通规划，合理布局新建城际铁路、市郊铁路、地铁等，才能形成长株潭交通循环。

3. 审批上，轨道上的长株潭面临"高门槛"

根据 2018 年国务院办公厅的规定，申报地铁的城市一般公共财政预算收入应在 300 亿元以上，GDP 在 3000 亿元以上，市区常住人口在 300 万人以上，客运强度不低于每日每公里 0.7 万人次。2020 年《国务院办公厅转发国家发展改革委等单位关于推动都市圈市域（郊）铁路加快发展意见的通知》要求，对于单程通行时间 1 小时以内，主要串联 5 万人以上的城镇、园区和景点，可以建设市郊铁路，但严禁以新建市域铁路名义变相建设地铁、轻轨项目。建设轨道上的长株潭，存在一定的门槛。

4. 硬件上，长株潭城轨与地铁、公交等仍不能"一体通"

一是没有实现一卡通，支付系统公交卡和地铁卡可以互用，但城际轨道不能通用。二是轨道交通之间的换乘体系不健全，城市轨道沿线公交站点转场、安检互认等存在诸多换乘不便，转场缺少风雨桥、廊道等辅助设施。

四 轨道交通建设促进都市圈发展的"他山之石"

1. 用多元立体化交通系统，解决"最后一公里"难题

德国莱茵-鲁尔都市区轨道交通分为高速铁路、短途铁路、城市轨道三个功能层级，以小型换乘接驳站等实现不同类型、不同层级交通的便捷换乘，解决了"最后一公里"难题。

2. 通过科学规划和统一标准，保障"无缝对接"

德国轨道交通在规划时，先将所有交通方式放在一张网上进行统筹，实现不同方式的无缝对接、技术标准全国统一。城市轨道交通线路标准与国铁均为 1435mm 轨距，应用相同的配电标准、信号控制标准，城际铁路、地区铁路、市郊铁路、地铁、有轨电车之间可共用设施。

3. 通过一体化发展实现"共建共享"

德国将轨道交通线路设置在城市道路中部，与公交汽车线路平行，实现轨道交通与公交汽车的站台共用。在土地资源较为紧张的城市，轨道线路一

般与公交汽车、私人机动车共用线路空间。

4. 推动都市圈、交通圈"两圈融合"，打造"轨道上的城市群"

日本东京都市圈以新干线为骨干网连接"一日交通圈"，交通圈的发展带动了东京都市圈的繁荣。国内都市圈建设也重视轨道圈建设，如长三角计划到 2025 年，铁路密度达到 507 公里/万平方公里，实现中心城市间 1~1.5 小时快速联通，基本建成"轨道上的长三角"；粤港澳大湾区构建区内主要城市间 1 小时通达的交通圈，打造"轨道上的大湾区"；成渝都市圈推动干线铁路、城际铁路、都市圈市域（郊）铁路和城市轨道交通"四网"融合发展，打造"轨道上的双城经济圈"。

五 打造轨道上的长株潭都市圈的对策建议

2020 年 12 月国务院提出，要加强长江中游都市圈的市域铁路建设。长株潭三市可抢抓机遇，抱团发展，争取先行先试，获得国家城际项目建设批复，实现长株潭轨道交通闭环运行，构建具有全球示范效应的轨道交通应用场景。

1. 形成"一个顶层设计"：高度重视+高位协调+高标规划

一是高度重视。将建设轨道上的长株潭，作为湖南省"十四五"时期的基础设施建设、产业发展、城市融合的重要举措。二是高位协调。建立省主要领导牵头的都市圈轨道交通建设工作推进机制，高位协调，落实习近平总书记关于加快推进长株潭一体化的指示精神，针对国家部委审批的门槛，以推进长株潭三市综合配套改革为突破口，以城市群为整体，争取国家部委和广铁集团支持，协调省直相关部门形成合力，协调三市之间及 3+5 城市协同推进，破除各自为政的体制机制障碍。三是高标规划。全面落实《长株潭一体化发展五年行动计划（2021~2025 年）》，出台《长株潭都市圈轨道交通建设专项规划》和《长株潭都市圈轨道交通技术标准体系》。

2. 完善"一个立体网络"：从三个层面推进轨道网络体系建设

一是长株潭三市之间力争到 2025 年，形成"半小时通勤圈""一小时经济圈"。规划建设株洲西站-长沙地铁 6 号线人民路站、湘潭北-株洲西线路，将长株潭城际轨道交通西环线南延至株洲，加快城际轨道交通西环线长沙山塘站-湘潭北站建设。推进株洲、湘潭至长沙南站磁悬浮轨道项目建设可行性论证及立项。二是形成从 3 市向周边 5 个城市的环状辐射。"十五五"时期重点推进常德、岳阳、衡阳等城市与环长株潭轨道交通网络对接，2035 年逐步构建环长株潭 3+5 城市群城际轨道交通网。三是最终形成以长株潭为核心辐射全省的立体交通网络。以长株潭为核心，建成由高铁干线、城际铁路、都市圈市域（郊）铁路和货运铁路等组成的多层次现代化轨道交通网络，形成人悦其行、货优其流、分工合理、安全高效的铁路客货运体系。

3. 打通"三个关键堵点"

一是打通支付方式的堵点。争取广铁集团改造城铁进站刷卡设施，推动城铁与公交一体的便捷支付体系落地。二是解决"有缝"换乘的堵点。建立多种交通方式协调运行机制，简化换乘流程，缩短换乘时间。三是畅通绿色出行的堵点。探索城市交通"多式联运"路径。在城郊设立大型低价停车场，换乘站点周边建设立体车库、智能停车场，运用 ETC 不停车收费系统，便利私家车换乘。

4. 建设"一个应用之城"：打造全球轨道交通应用全场景

一是产业之城：推动轨道交通制造企业向总承包商转变。促进中车株机等从制造业向产业链两端延伸，拓展定制设计、生产、运营等综合业务，实现从铁路系统建设到运营的全产业链延伸。二是运营之城：互通提质改造，提升综合运营效益。建设零换乘设施，规划餐饮、娱乐、购物等综合休闲消费设施，利用换乘等候时间，发展客流经济，提高综合收益。三是智慧之城：进行交通一体化智慧运维和智慧应用开发。推进都市圈轨道交通与多种运输方式"多网融合"，开展智慧轨交建设项目示范，搭建运营服务一体化平台，发展智慧交通新应用。四是未来之城：搭建应用场景，孵化面向未来的高新技术产业。应用区块链、人工智能、大数据等技术，建设智慧轨道交通创新中心，孵化一批新兴产业。

长株潭都市区辐射带动周边县域协同发展研究[*]

长株潭都市区辐射带动周边
县域协同发展研究[*]

湖南省人民政府发展研究中心调研组^{**}

长株潭都市区是湖南实施"三高四新"战略的主阵地，是湖南发展的核心竞争力所在。进一步提升长株潭都市区辐射能力，加快带动周边县域协同发展，有利于构建优势互补、高质量发展的区域经济格局，加快建设现代化新湖南。

一 都市区与周边县域^①互动发展成效明显

近年来，随着长株潭区域经济一体化不断推进，都市区综合实力不断提升，辐射带动周边县域发展取得明显进展。

---

* 本报告获得湖南省委副书记、省长毛伟明，时任湖南省委常委、省政府常务副省长谢建辉，湖南省委常委、长沙市委书记吴桂英的肯定性批示。

** 调研组组长：谈文胜，湖南省人民政府发展研究中心原党组书记、主任。调研组副组长：唐宇文，湖南省政协研究室主任；蔡建河，湖南省人民政府发展研究中心党组成员、二级巡视员。调研组成员：袁建四、曾万涛、刘海涛，湖南省人民政府发展研究中心研究人员。

① 长株潭都市区及周边县域范围界定：《长株潭城市群国土空间规划（2020~2035）》确定长株潭都市区范围为长株潭三市中心城区以及长沙县南部、湘潭县东北部，渌口区北部的区域，总面积5449平方公里。考虑到县域经济是国民经济的基本单元，从2019年人均GDP来看，长株潭三市中心城区普遍在10万元以上，长沙县、湘潭县、渌口区分别为15.56万元、5.57万元、4.7万元。2020年GDP分别为1808亿元、501亿元、150亿元。从城镇化水平来看，2020年，长沙县城镇化率为74%，湘潭县、渌口区则在50%左右，可见长沙县辐射带动力显著强于湘潭和渌口区（原为株洲县，2018年6月经国务院批准撤县设区）。因此，本报告将长株潭都市区范围界定为长株潭三市中心城区和长沙县，周边县域指与长株潭都市区接壤的县市，包括宁乡、浏阳、湘阴、汨罗、平江、渌口区、醴陵、湘乡、韶山、湘潭县等10个县市区。

1. 都市区综合实力不断增强

一是经济体量不断增强。2020 年，长株潭都市区 GDP 合计 12252 亿元，比 2015 年增加 3522 亿元，占全省的比重为 29%，其中第二、三产业 GDP 分别为 4923 亿元、7253 亿元，占全省的比重分别为 31%、33%。产业高端化步伐加快。涌现出工程机械、先进轨道交通装备两大国家先进制造业集群和新材料、汽车及零部件、电子信息等一批千亿级产业集群。科技、金融、物流、电子商务等现代服务业快速发展，移动互联网、智能网联汽车、航空航天等新兴产业加速崛起。二是交通一体化程度不断提升。轨道上的长株潭建设，目前已建成长株潭城际铁路、长沙地铁 1～5 号线、长沙磁悬浮快线、京港澳、沪昆、武深、许广、长益等高速公路以及万家丽路、湘府路、红旗路（雨花大道）、芙蓉木道、潭州大道、洞株路等快速通道，以长沙为中心、以 60 公里为半径的"半小时通勤圈""一小时经济圈"加快形成。三是人口资源要素集聚能力不断增强。2020 年，长株潭地区人口达到 1667 万人，比 2015 年增加 137 万人。全省 60% 以上的创业平台、70% 以上的高新技术企业、80% 以上的高校科研机构、85% 以上的科研成果汇聚在都市区。

表 1　长株潭都市区及周边县域 GDP、人口情况

市县区	GDP（亿元）	人口（万人）	市县区	GDP（亿元）	人口（万人）
芙蓉区	1163.28	58.29	浏阳市	1493	137.35
天心区	1120.64	66.6	宁乡市	1105.92	133.84
岳麓区	1360	95.8	湘阴县	339.8	71.08
开福区	1041	69.08	汨罗市	517.58	70.14
雨花区	2193.24	94.98	平江县	330.79	95.42
望城区	857.04	72.57	醴陵市	737.55	96.75
长沙县	1808.34	110.94	湘乡市	500.24	81.89
荷塘区	224.16	29.75	韶山市	97.08	10.38
芦淞区	414.1	29.18	湘潭县	501.04	87.35
石峰区	358.93	36.1	桃江县	279.88	79.55
天元区	467.31	34.03	安化县	240.12	86.1
渌口区	150.34	30.86	涟源市	302.92	99.44
雨湖区	646.79	60.51	攸县	420.56	66.48
岳塘区	598	48.02	衡东县	290.81	60.94
合计	12403.17	836.71	合计	7157.29	1176.71
占全省比重（%）	29.69	12.09	占全省比重（%）	17.13	17.01

资料来源：2021 年湖南省国民经济和社会发展统计手册、湖南统计年鉴 2020（人口为 2019 年数据）。

2. 周边县域融入都市区发展态势明显

一是积极推动战略对接。长沙市在"十四五"规划中明确，联动湘阴、汨罗、平江，打造融入长江经济带高质量发展示范区。周边县市纷纷将融入长株潭发展作为区域发展重要战略。宁乡将东进融城作为主要发展战略，全力融入长沙、对接长沙。益阳市"十三五"时期提出"东接东进"战略，桃江等县市主动对接和融入长株潭经济圈。汨罗、平江、湘阴等县市将融入大长沙都市圈列入"十四五"重大战略。二是成立专门机构。湘阴在县发改局设立融入长株潭发展研究中心，明确为副科级事业单位。汨罗、平江等县市也成立了融长办或相应机构。三是不断完善工作机制。湘阴县成立了由县委书记、县长亲自挂帅的对接发展工作专班。汨罗市委、市政府把全面融入大长沙定为发展总方向，极力推动汨罗融长发展，"四大家"领导定期或不定期赴长沙县、望城等地学习交流。

3. 都市区辐射带动周边县域发展呈现良好态势

一是产业协作有序推进。汨罗飞地园区升格为湖南省工程机械配套产业园，雨花区与韶山高新区合作成立长沙雨花经开区（韶山）智能制造产业园。湖南省先进装备制造产业园落户湘阴。二是创新协同稳步推进。长沙新材料产业研究院依托长沙市高新区新材料研发总部，建立了10个省市级技术中心/实验室，并在湘乡市工业园、宁乡高新技术产业园区等地建立生产基地；湘阴坚持产学研城融合思路，对接对标岳麓山大学科技城，借鉴四川省宜宾市打造大学城和科技城"双城"经验，推进天鹅山大学科技片区建设，引入湖南交通工程学院、湖南中医药大学湘杏学院等高校落户，着力打造长沙北科教创新培育高地。三是优质公共服务正在共建共享。湘雅等一批重点医院通过与地方共建区域医联体、建设专科联盟、打造航空医疗联盟等方式，积极促进优质医疗资源有效下沉；长沙一中、长郡中学、雅礼中学、师大附中等通过合作办学、共建名师在线课堂及研学实践基地等，推动优质教育资源共享。

二 都市区辐射带动周边县域协同发展存在的主要问题

1. 辐射带动能力有待增强

与上海、广州、深圳等地相比，都市区在经济体量、人口密度、要素资源集聚等方面差距仍然明显。2020年，上海、广州、深圳GDP分别达到38701亿元、25019亿元、27670亿元，分别是长株潭都市区的3.16倍、2.04倍、2.26倍。人口密度分别为3922人/km²、2512人/km²、8791人/km²，分别是长沙（850人/km²）的4.61倍、2.96倍、10.34倍。金融机构本外币各项存款余额分别是155865亿元、101897亿元、67798亿元，分别是长沙的6.68倍、4.37倍、2.90倍。由于整体实力仍然不强，都市区现阶段不仅对全省人才和科技等资源要素的虹吸效应显著，甚至长沙对株洲、湘潭的人才和科技、金融资源要素的虹吸效应也非常明显。

2. 产业协同度有待提升

一是产业外溢效应较弱。除工程机械等少数产业外，都市区多数产业规模不大，外溢能力不强，周边县域承接产业转移以粤港澳大湾区、长三角为主。二是产业链协同不紧密。都市区产业链条向周边县域延伸不足，主导产业本土配套率较低。以工程机械产业为例，2020年23类核心零部件省内配套率约为30%，只有6类零部件省内配套率超过50%、5类核心零部件可实现省内采购。三是"产业飞地"合作有待完善。受相关管理机构及管理规章制约，现有"飞地经济"模式下，双方职责分工往往不够清晰，在面临管理运营、税收分成、筹融资担保等方面分歧时，缺乏有效沟通协调机制，致使利益分配与风险分担不对称，影响双方合作积极性。

3. 交通一体化程度有待提升

一是轨道交通有待完善。都市区与周边县域地铁、城际铁路连通基本空白，仅与醴陵等个别县市通有高铁。二是快速通道网络有待加强。都市区与宁乡、浏阳、湘阴等县市建有金洲大道、金阳大道、芙蓉北路等快速通道，但与汨罗、平江等县市之间的快速通道没有打通，都市区与周边县域尚未形成通畅便捷的快速道路体系。三是县界"断头路"亟待打通。县市区之间因规划对接不到位、发展定位不同或是征地拆迁阻力等原因，易出现"断头路"。由于利益诉求不同，在对接打通县界"断头路"时，易出现"一头热、一头冷"现象。如，汨罗意图打通南部弼时镇、川山坪镇通往长沙县、望城区的国省干道、城市主干道，但长沙县、望城区对此缺乏积极性。平江意图打通连接 S202、S209 的断头路，而浏阳市、长沙县对此积极性不高。

4. 辐射带动发展不平衡

一是北强南弱态势明显。从都市区内部来看，长沙中心城区（含长沙县）是辐射带动的主导力量。"十三五"期间，长沙市中心城区（含长沙县）GDP 由 2015 年的 6556.88 亿元增长到 2020 年的 9543.3 亿元，贡献了整个都市区增量的 84%。2020 年株洲中心城区、湘潭中心城区 GDP 分别为 1614 亿元、1244 亿元，仅与浏阳（1493 亿元）、宁乡（1106 亿元）大体相当。二是受行政区划影响明显。浏阳、宁乡属长沙市，接受辐射带动明显多于其他 7 县市。而湘阴、汨罗、平江属岳阳市，接受辐射带动相对较少。

三　推动都市区辐射带动周边县域协同发展的对策建议

1. 做强辐射源，提升长株潭都市区辐射带动能力

一是大力实施"三高四新"战略，做大做强长株潭都市区。大力发展工程机械、轨道交通、航空航天、海工装备、新材料等高端制造优势产业，推动现代服务业和高端制造业深度融合，加快打造国家重要先进制造业高地。全面提升自主创新水平，瞄准高端制造领域，加快突破一批关键核心技术，提升产业创新能力和科技支撑引领能力。强化湖南自贸区长沙片区引领作用，联动临空经济示范区和重点产业园区，加快形成全领域多层次开放发展新格局。二是提升都市区一体化水平。依托三市中心城区，加快创建国家中心城市，不断提高要素资源总量、产业聚集程度和人口承载能力。加快建设轨道上的长株潭，打造一体化交通体系。推动长株潭教育、医疗、社会保障等基本公共服务均等化，加快打造民生"幸福圈"。三是优化空间发展格局。推进长沙县、湘潭县撤县设区，加快构建以三市中心城区为主中心，宁乡城区、浏阳城区、醴陵城区、湘乡城区、湘阴城区为副中心，包括核心圈层（0~30km）、邻近圈层（30~50km）、辐射圈层（50~80km）三大圈层的长株潭都市圈，围绕副中心布局一批产业基地、新城新区和特色小镇，推

动都市区由"一核集聚"向"多核多圈层"的都市圈转变。在都市圈基础上，进一步向南北延伸至岳阳、衡阳，形成以湘江为纽带，长株潭为核心，岳阳、衡阳为省域副中心的湘江城市带。

2. 提升辐射能级，打造便捷通畅综合交通网络

一是完善轨道交通网络。按照主中心与副中心之间至少一条轨道交通连线思路，有序推进长沙地铁向宁乡、浏阳金阳新区、湘江新区湘阴新片区延伸，长株潭城际铁路向湘乡城区、醴陵城区延伸，打造"轨道上的长株潭"升级版。二是构建快速道路交通体系。按照都市区与周边县域间至少一条快速道路原则，加快启动芙蓉北路快速化改造（长沙-湘阴）、万家丽路快速化改造（北延线延伸至汨罗）、黄兴大道北延线（北延至平江）等一批快速道路改造，完善快进快出、互联互通的路网体系。推进县界"断头路"畅通工程，加快打通一批县界"断头路"，优化县域交通路网连通。三是完善物流运输体系。按照"通道+枢纽+网络"思路，结合都市圈内产业布局，统筹布局一批货运场站、物流中心、物流站点，提升都市区与周边县域物流运行效率。

3. 做实辐射重点，推动产业链创新链协同发展

一是推动产业梯度转移。加大都市圈产业发展省级统筹力度，推动都市区中低端产业向周边县域梯次转移，促进都市区产业高端化、周边县域产业特色化，避免产业同质化竞争，有效提升都市圈产业整体竞争力。二是加快产业链创新链延伸。推动都市区工程机械、轨道交通、航空航天、海工装备、新材料等高端制造产业链条向周边县域延伸，优先围绕五大副中心布局建设一批产业配套园区，积极构建产业配套、功能互补的优势产业集群。围绕产业链引导创新成果在周边县域转移转化，加快构建科研创新在中心、生产转化在周边的协同发展格局。三是加快破解"产业飞地"发展难题。借鉴深汕特别合作区等成功经验，推行以"飞出地"为主导的"飞地经济"发展模式，完善园区规划建设、管理和利益分配等合作和协调机制，促进互利共赢。或在省级层面成立"产业飞地"园区发展投资公司，按市场化运作方式，出资入股参与飞地园区共建共管，推动以"飞出地"为主导、多方共同参与、公司化运营的模式落地落实，打造一批产业转移合作示范园区。

4. 推动资源共享，提升公共服务均等化水平

一是推动优质医疗资源扩容和均衡布局。加强湘雅医院、人民医院等重点医院对周边县域的指导帮扶，通过医院联点、派驻医疗专家驻点、专家在线就诊、开设分院等方式，建立利益共享机制和高效的纵向医联体，促进三甲医院优质医疗资源下沉常态化、机制化，提升周边县域医疗水平。二是推动教育资源共享。鼓励长沙市一中、雅礼中学、长郡中学等省级重点学校增加名师网络授课，积极探索多校协同、区域组团、同学段联盟、校联体等办学模式，促进优势教育资源共享，提升教育服务均等化水平。三是强化科技人才带动。探索建立长株潭都市圈科技人才一体化机制，促进都市区人才资源更好服务县域科研创新，切实解决周边县域科技人才引进难、留住难的问题。推动长株潭都市圈内科技创新资源和科研平台资源共享，加强科技成果转化交流合作，促进都市区科技成果在周边县市区推广应用、转化。

5. 完善工作机制，更好地发挥都市区辐射引领作用

一是强化组织领导。加大省级统筹力度，在省级层面成立长株潭都市区辐射带动周边县域协同发展领导小组，由省级领导任组长，领导小组办公室设在发改委，重点协调解决长株潭都市区和周边县域协同发展中涉及跨区域、跨部门的重大问题。二是增进交流合作。搭建长株潭都市区和周边县域协同发展合作交流平台，建立健全都市区与周边县市协同发展联席会议机制，定期组织召开交流会，交流学习典型经验和成功做法。

打造长株潭协同发展先行区研究[*]

湖南省人民政府发展研究中心调研组[**]

为促进长株潭地区提高协同发展水平，将长株潭核心地区打造成跨区域产业发展新高地，建议将围绕长株潭绿心地区的 11 个县（区市）及临近绿心的株洲芦淞区共 12 个县（区市）作为长株潭协同发展的先行区，包括长沙 3 区 1 县 1 市（雨花区、天心区、岳麓区、长沙县、浏阳市）、湘潭市主城区及湘潭县、株洲市主城区（不包括渌口区）。以生态绿心为中心的长株潭融城核心地区位于此区域，先行区在长株潭一体化发展中起着重要和关键的作用。

一 协同发展先行区建设的重要性分析

1. 协同发展先行区是长株潭一体化发展的核心区域

一是长株潭的地理邻接区。先行区内的 12 个县（区市）是长株潭三市地理上的邻接区，湘江贯穿其间，三市的 9 个中心城区依次相连。二是长株潭一体化建设成效最好的展示平台。协同发展先行区涉及长株潭一体化中跨区域的体制机制和平台建设、跨区域的利益协调、跨区域的合作共赢，是长株潭一体化建设中最关键最吃紧的地方，也是长株潭一体化建设成效最好的展示平台。

---

[*] 本报告获得时任湖南省委常委、省政府常务副省长谢建辉，湖南省委常委、长沙市委书记吴桂英的肯定性批示。

[**] 调研组组长：谈文胜，湖南省人民政府发展研究中心原党组书记、主任；调研组副组长：侯喜保，湖南省人民政府发展研究中心党组成员、副主任；调研组成员：袁建四、徐涛、刘海涛，湖南省人民政府发展研究中心研究人员。

2. 可以整合既有优势地区，实现重点突破

长株潭三市内部差异性大，既有城市经济发达的省会城区、园区经济发达的强县强市、地市级行政经济中心，也有较为偏远、发展水平不高、人均水平较低的农业大县。以 2020 年 GDP、人均 GDP 水平和财政收入水平综合衡量，长株潭三市内的 23 个县（区市），其发展水平可分三个层次（见表 1），发展差距较大。从 GDP 水平来看，2020 年，最高的雨花区为 2193 亿元，有 15 个县（区市）低于 1000 亿元，最低的炎陵县为 88.5 亿元。从人均 GDP 水平来看，2020 年，最高的芙蓉区、雨花区在 18 万元左右，有 13 个县（区市）低于 10 万元，最低的茶陵县仅 4.56 万元。从地方一般公共预算收入来看，2020 年，最高的长沙县为 134 亿元，有 12 个县（区市）在 20 亿元以下，最低的炎陵县仅 3.5 亿元。从常住人口的变化来看，2010～2020 年，长沙市常住人口增加 300 万人，成为超过 1000 万人口的超大城市，这期间，株洲市仅增加 4 万人，湘潭市减少 2 万人。

表 1   长株潭 23 县（区市）发展水平分层

	第一层次	第二层次		第三层次
县（区市）	雨花区、芙蓉区、天心区、开福区、长沙县、浏阳市	第一档（两个指标进前十）		韶山市、湘潭县、湘乡市、荷塘区、渌口区、攸县、炎陵县、茶陵县
		岳麓区、望城区、宁乡市		
		第二档（一个指标进前十）		
		雨湖区、岳塘区、芦淞区、石峰区、天元区、醴陵市		

注：第一层次包括 GDP、人均 GDP 水平和地方一般财政收入水平三个指标均在前十的县（区市），第二层次包括至少有一个指标进入前十的县（区市），第三层次是第一、二层次外的其他县（区市）。

比较而言，协同发展先行区内的 12 个县（区市）基本上处在长株潭发展水平的第一层次和第二层次，9 个中心城区和长沙县是长株潭发展中心区。其中，长沙的 3 区 1 县 1 市实力强，雨花区是湖南的第一区（县），天心区是省府板块，岳麓区是市府板块，湘江新区发展势头正隆，长沙县、浏阳市产业园区发展水平高，县域经济实力强。第三层次的荷塘区和湘潭县发

展状况也较好。2010～2020 年，除湘潭县外，先行区内的县（区市）常住人口均保持增长。将这 12 个县（区市）作为协同发展先行区，协同发展难度会小一些，更容易出成效。

3. 促进株洲湘潭加快发展，提升长株潭整体实力

当前，长株潭发展更多地体现在长沙的发展，比较起来，株洲、湘潭发展并不突出。从全省来看，2010～2020 年，长株潭 GDP 占全省的比重，提升大约 0.6 个百分点，长期在 41.5% 左右轻微波动。其中，长沙 GDP 占全省的比重大约提升了 1 个百分点，株洲、湘潭合计下降 0.3 个百分点。2010～2020 年，长沙 GDP 名义增长率年均增长 11.5%，株洲、湘潭年均增长分别为 10.4% 和 11.3%。长沙在基数较大的情况下，增长水平仍居全省第 3。湘潭居第 5，但低于体量差不多的邵阳、永州、益阳，它们分列第 1、第 2 和第 4 位。株洲增长水平居全省第 11 位，增长水平排名低于体量略大于它的岳阳、常德、衡阳。从长株潭内部来看，长沙总量优势更加突出。GDP 方面，2020 年，长沙 GDP 为 1.2 万亿元，株洲、湘潭分别为 3105 亿元和 2343 亿元，和 2010 年相比，长沙和株洲、湘潭的 GDP 差距分别由 3270 亿元、3650 亿元扩大到 9000 亿元和 9800 亿元。地方一般公共预算收入方面，2020 年与 2010 年相比，长沙和株洲、湘潭的差距由 240 亿元、270 亿元扩大到 750 亿元和 830 亿元。

4. 扩大长沙南部的发展空间

长株潭绿心总面积约 528 平方公里，生态环境受到严格保护，其中长沙占 57.9%。长沙主城区南部紧邻受保护的绿心，发展空间将受限。通过先行区的发展，可以拓展长沙南部发展纵深，加强长株潭融核地区的融合。

二 协同发展先行区建设的有利条件分析

1. 交通制约基本解除

长株潭协同发展先行区内的交通一体化成绩显著，连线织网，交通一体化已走在了前列。区域内铁路航空航运交通条件优越，城际铁路相连，"三

干两轨四连线"交通架构稳步推进，即芙蓉南路、洞株公路、潭州大道快速化改造；长株潭城际铁路"四完善两加快"和长株潭轨道交通西环线；潇湘大道-滨江路、新韶山路-昭山大道、昭云大道-云峰大道、湘潭大道-铜霞路连接线建设。其中，"三干"快速路已通车，长株潭城际轻轨已投入运营，"半小时交通圈"基本形成。

2. 长株潭一体化向深处推进

自长株潭一体化发展战略 1997 年实施以来，长株潭一体化正在一步步变为现实，特别是在交通方面，成绩尤为显著。当前，长株潭内县（区市）间签约合作频繁，积极推进规划对接、公共服务共享、生态环境共治、产业协作，相向发展。特别在产业发展方面，长沙园区在湘潭、株洲打造飞地园区，湘潭九华片区纳入湘江新区一体开发建设，大企业进行"总部+基地"的产业布局，呈现辐射融合趋势，推动一体化向纵深发展。

3. 特色产业布局基本成形

协同发展先行区内产业园区密集分布，以绿心为中心的产业环带基本成形。依次有雨花经开区、天心经开区、长沙湘江新区、九华经开区、岳塘经济开发区、湘潭高新区、天易经开区、株洲高新区、株洲经开区（云龙示范区）、长沙临空经济示范区等，其中国家级园区 3 个，省级园区 5 个，较有实力的有雨花经开区、九华经开区、湘潭高新区、天易经开区、株洲高新区。特色装备制造业优势突出，包括新能源汽车及零部件、动力、电机等，人工智能、数字信息技术产业也具有一定优势（见表2）。

表 2　先行区内主要产业园区产业特色

产业园区	产业特色
雨花经开区	新能源汽车及零配件为主导产业，人工智能和机器人（含数控机床）为特色产业的"一主一特"产业体系
九华经开区	湖南省重要的汽车整车生产基地，形成了汽车全产业链条，是智能制造、电子信息产业发展高地
湘潭高新区	风电等新能源装备制造产业、精品钢材深加工、机电一体化产业特色突出
天易经开区	食品医药、先进装备制造和新材料为主导

续表

产业园区	产业特色
株洲高新区（一区四园）	突出发展动力产业,包括轨道交通、通用航空、新能源汽车产业集群,硬质合金材料实力突出
长沙临空经济示范区	长江经济带重要空铁联运枢纽、高端临空产业聚集区、绿色生态智慧宜居临空新城

4. 长沙发展的溢出效应逐步显现

近年来,长沙发展很好,实力增强,常住人口增加很多,城区边界扩张很快,辐射能力大幅增强。作为湖南的中心城市,没有长沙的强势发展,在全国性的区域竞争中,湖南将缺乏领头羊。长沙强势发展,如同上海之于长三角,深圳之于珠三角一样,会重组区域内的产业布局和分工,协同发展先行区会优先受益。

5. 高位统筹将加速推进一体化发展

国家层面,2020 年 9 月,习近平总书记在湖南考察时明确指示,"长株潭一体化发展要继续抓下去、抓出更大成效"。国家"十四五"规划中,长株潭都市圈首次纳入国家规划,长株潭一体化成为"国家战略"。省内层面,2020 年 12 月,建立新的长株潭一体化发展高位推进机制,由省委书记任组长、省长任第一副组长,长株潭一体化统筹机制进一步提升。《长株潭一体化发展五年行动计划（2021~2025 年）》发布,提出长株潭规划同图、设施同网、三市同城、市场同治、产业同兴、生态同建、创新同为、开放同步、平台同体、服务同享的"十同"目标。协同发展先行区作为长株潭一体化关键区域,发展前景会越来越好。

三 协同发展先行区建设的问题分析

1. 协同发展的共识仍需加强,深度需要提升

长株潭三市在产业、人才、科技、教育方面的竞争是客观存在的。特别

是在产业发展方面，协同发展还存在一些困难，表现为空间规划统筹不够、招商引资恶性竞争、重复建设。产业链上下游联动互动不够，配套水平不高，协同机制不健全，协同能力不强。如果长沙担心"溢出"、株洲湘潭担心"虹吸"，一体化深入发展势必受到影响。

2. 先行区内的株洲湘潭部分发展较为滞后，多数区县"造血"能力不强

从 GDP 来看，先行内长沙 3 区 1 县 1 市 GDP 均过千亿元，雨花区超过 2000 亿元，长沙县超过 1800 亿元，浏阳市近 1500 亿元。株洲四区 GDP 无一过 500 亿元，湘潭二区一县均在 600 亿元左右。从 GDP 增速来看，株洲 4 区和湘潭 2 区，除天元区外，增速水平低，其中，岳塘区、石峰区的增速在长株潭 23 县（区市）中垫底。从第二产业增加值水平来看，雨花区达 1200 亿元，株洲、湘潭各区（县）均不及其 1/4。从产业园区营业收入来看，株洲、湘潭与长沙的园区相比，规模差距也很大（见表 3）。从人均地方财政收入来看，芦淞区、雨湖区、荷塘区三区的人均水平在长株潭 23 个县（区市）中垫底。从常住人口的变化来看，除天元区增长较明显外，株洲、湘潭主城区增长不多，湘潭县是负增长。

表 3   2019 年长株潭较强产业园区营业收入

单位：亿元

产业园区	主营收入	产业园区	主营收入
长沙经济技术开发区	1932	湘潭高新技术产业园区	553
株洲高新技术产业开发区（一园四区）	1105	湘潭经济技术开发区（九华）	549
长沙高新技术产业开发区	921	宁乡高新技术产业园区	485
浏阳经济技术开发区	807	湘潭县天易经济开发区	479
湘乡经济开发区	708	长沙雨花经济开发区	478
宁乡经济开发区	637	醴陵经济开发区	453

资料来源：调研组根据资料整理。

3. 建设协同发展先行区尚没有规划指引

目前，在长株潭一体化建设中，还没有一个针对先行区这个特定区域的

发展规划，需要从省级层面提出整体规划，明确协同发展目标，建立推进该区域协同发展的相关机制，做出有针对性的政策制度安排。

四　国内区域协同发展先行区建设经验分析

1. 建设先行区是促进区域发展较多采用的一种模式

广佛两市同处珠三角核心区域，中心城区直线距离仅 20 公里，两地携手编制《广佛高质量发展融合试验区建设总体规划》，在广佛 197 公里长的边界两侧，选取 629 平方公里区域，合力建设包括"1 个先导区和 4 个片区"的高质量发展融合试验区，推动两市在各个领域实现全面互联和深度融合，逐步实现广佛全域同城化。其中，广佛融合先导区总面积 372 平方公里，广州范围 193 平方公里，佛山范围 179 平方公里。四川邻水县是四川省距离重庆主城区及两江新区最近的县城，提出打造成渝双城经济圈毗邻区域协同发展先行区，推进与毗邻地区规划、产业、交通等一体化布局、一体化建设，加快融入重庆主城都市区发展。四川遂宁市赋予大英县"成遂协同发展先行区"的发展定位，构建"一核三片、四区协同"的区域发展新格局。保定市落实京津冀协同发展战略有关体制机制改革要求，打造京津冀一体化发展先行区。浙江长兴县加速融入长三角，打造苏浙皖省际毗邻地区协同发展先行区。

2. 交通先行和发展产业是重要抓手

广佛试验区利用广州南站枢纽作用，强化交通联系能力，规划建设 29 条跨市衔接轨道和 60 条两市衔接通道，形成"中心直达、枢纽共享、边界融合、多网合一"的广佛一体化交通网络。在产业方面，探索设立广佛产业核心技术攻关专项资金，大力推进广佛两市汽车、医药、机械制造等多领域的对接交流，共建高端高质产业集群。深圳珠海两市在推进协同发展中，加快打造区域交通枢纽，持续深化与港澳创新合作，将高新区作为协同发展先行区，建设深珠两个经济特区中的国家高新区创新对接、产业链接、园区衔接机制，打造国家高新区协同发展先行示范。河北渤海新区全力打造京津冀协同发展先行区，突出做好承接产业转移和科技成果转化，在承接汽车、生物医药、科创、石材等产业转移，引进大学优势教育资源，加强与央企战略合作等方面取得丰硕成果。

3. 致力于打破壁垒和建设跨区域协调机制

浙江长兴在企业服务上打破"楚河汉界"，创新推动长三角区域物流中心、G60 科创走廊、跨省办理工业产品生产许可证等工作，在社会民生事务方面也"互联互通"，特别是推动长三角异地医疗资源共享。保定市落实京津冀协同发展战略有关体制机制改革要求，解决跨行政区域的异地就业、就医、就学、企业资质互认等现实问题，积极探索创新政策分享、财税分成、生态补偿、标准互认等体制机制，建立与京津冀统一的人才流动、就医结算、社保转移、排放标准、油品供应、车辆通行等政策体系。广佛两市扩展跨城通办事项清单，两市跨城通办的政务服务事项已达 1426 项，将进一步扩展跨城通办的服务事项清单，包括加快完善信用体系，加强知识产权保护，建立跨市"一照多址、一证多址"企业注册模式，建设统一开放、标准互认、要素自由流动的营商环境，完善社保、医疗、养老等跨区域服务机制。在试验区的合作框架下，广佛两市建立生态环境跨境执法和信息共享机制，进一步加大饮用水源地的保护力度，联合做好试验区内高污染、高能耗行业的整治，共同推进生态产品的综合建设和生态空间的保护性利用。

五　政策建议

建设长株潭协同发展先行区就是要缩小长株潭区域内部的发展差距，促进长株潭一体化发展再上新台阶。在建设过程中，要明确"两突出"，即要突出以绿心为中心的长株潭融城核心地区的发展，要突出促进株洲湘潭发展。通过先行区的建设，推动长株潭成为"三高四新"战略实施的主阵地、现代化新湖南建设的主力军和全国重要增长极。

1. 突出规划指引，将协同发展先行区作为长株潭高质量一体化建设的重要抓手

打造长株潭协同发展先行区并将此作为长株潭高质量一体化建设的重要

抓手，既抓住了长株潭一体化发展的重要区域，又缩小了地域范围，重点更加突出。要制定长株潭协同发展先行区的发展规划，明确规划区域，落实"十同"要求，全面促进长株潭融核地区发展。

2. 提升协同发展的意识，形成协同发展合力

先行区内 12 个县（区市）要树立协同发展意识，心往一处想、劲往一处使。长沙市及先行区内的长沙 5 个县（区市）要加大对先行区内融核地区发展的支持力度。长沙要发挥省会担当，响应株洲、湘潭期盼，帮助解决好先行区内高水平人才落户购房、医疗、子女就学等问题，积极化解涉及三市一体化发展中的堵点问题。长沙县和浏阳市要加强邻近绿心区域的产业发展布局，加快推进长沙临空经济示范区和浏阳市西南部发展。株洲、湘潭要主动作为，学习长沙经验，加紧现有产业园区和老工业基地的迭代升级，加强招商引资和产业链合作。省里及三市在政策和资源分配上对先行区有所倾斜，支持交通设施、产业、政务服务、生态环保、教育医疗、通用平台发展，在先行区内先期建设好人才、土地、技术、资本等跨区域的统一要素市场。

3. 将产业同兴作为先行区协同发展的重点

一是做好产业发展的顶层设计。发挥长株潭一体化省级统筹机制作用，充分利用先行区内已有产业园区和产业示范区，突出制造业发展，以产业发展促进人口聚集，打造世界级产业集群，培育合理布局、各具特色的产业协作体系，提升整体实力，建设长沙南部跨区域产业集聚发展新高地。二是突出特色产业集群发展。统筹调整区域内产业布局，整合已有产业园区，明确产业发展方向，走特色发展道路。存优汰劣，迭代升级，动态调整。围绕工程机械、轨道交通、航空航天打造世界级高端装备产业集群。做大做强新能源汽车、能源装备、海洋装备、金属材料、先进硬质合金材料、工业机器人、先进电传动及风电装备、生物医药、电子信息、食品服装、高端临空产业等特色产业。强化产业链供应链配套协作，增强 5G+大数据、人工智能、数字经济的实力，推动制造业与现代服务业深度融合。加强"飞地园区"、"总部+基地"、园区托管等方面的合作。统筹产学研平台建设，打造研发、

生产、服务一体化的产业综合体，提升相关共性技术服务平台共享水平。三是做好产城融合发展。探索新型产城关系，注重产业园区社会民生事业发展，围绕生产、生活、生态"三生融合"目标，做好产城融合，房住不炒，降低营商成本，致力于破解高房价低生育难题，建设宜居宜业宜育（生育）的新型增长极。四是提升产业发展活力。重视区域内民营经济发展，重视民营企业家，积极招商引资，不断壮大民营经济经营主体力量。加强创投等融资平台建设，提升社会投资比重，推动科技成果转化。鼓励创新创业，鼓励"专精特新"企业发展壮大。

4. 加强生态环境保护

坚持绿心地区不上工业项目、严控房地产开发，做好绿心地区的生态修复治理工作，打造绿心文旅康养品牌。环绿心产业建设要守住生态底线，做好水体、空气和自然生态的全面保护。

5. 打造良好的营商环境

要将良好的营商环境作为协同发展先行区的一块金字招牌，全面深化放管服改革，提升政府部门服务水平和行政审批效能，加强政务服务"跨域通办"合作，促进市场开放。加强法治建设，监督企业合规经营，维护民营经济合法权利，保护劳动者法定权益。在财税、金融、项目支持等方面出台政策，促进中小企业、个体经济蓬勃发展。

6. 加强跨区域联动制度和机制建设

一是探索跨区域的统计核算方式。涉及先行区内飞地园区、托管园区主要经济指标的统计规范及分享机制。二是建设跨区域的服务平台。比如统一的社保经办信息平台、统一信用平台、城乡居民医保异地联网结算，实现相关信息即时互通共享。三是统一认证体系建设。比如，高层次专业人才统一认定。

乡 村 振 兴

推进涉粮合作社向社会服务综合体转型，护航粮食安全[*]

湖南省人民政府发展研究中心调研组[**]

2020年习近平总书记在汝城沙洲瑶族村考察时指出，要鼓励发展农民合作社，推动农业适度规模经营，加强对农民的科技服务，提高农产品质量，提高参与市场竞争和应对灾害能力。涉粮合作社是保障粮食安全的重要载体，推动涉粮合作社向综合服务体转型，通过专业化社会化分工带动农业生产力发展，推动湖南省粮食生产在现有基础上再实现一个较大的发展，为保障粮食安全打下更加坚实可靠的物质基础。

一 湖南涉粮合作社服务化转型的 "天时、地利、人和"

当前，湖南涉粮合作社服务化转型正当其时。既有脱贫攻坚向乡村振兴

---

 * 本报告获得时任湖南省委副书记乌兰的肯定性批示。

** 调研组组长：谈文胜，湖南省人民政府发展研究中心原党组书记、主任；调研组副组长：唐宇文，湖南省人民政府发展研究中心原副主任、研究员；调研组成员：禹向群、言彦，湖南省人民政府发展研究中心研究人员。

衔接过渡的历史机遇，又有多年发展的坚实基础，还有广大农户的殷切期盼，具备"天时、地利、人和"。

（一）湖南涉粮合作社服务赋能农户的时机已经成熟

从乡村振兴战略来看，合作社是衔接产业链条的有效载体，在乡村振兴战略中发挥着独特的功能作用。2021年中央一号文件，明确提出要加大对运行规范的合作社的扶持力度，要发展壮大农业专业化社会化服务组织。截至2019年底，全国农业社会化服务组织总量达89.3万个，其中服务型合作社服务规模最大，带动小农户数量最多，达到5000多万户。随着农业、农村的不断发展，农民的服务需求在不断提升，合作社作为最靠近农民的组织，在发展的过程中，以其优势能够创造出更加优质切合实际的服务。

从湖南实践来看，湖南合作社主要集中在粮食生产领域，共有农业社会化服务组织3.2万个，服务小农户248.6万户，服务面积达1440万亩。探索出一批典型性的服务模式。如，益阳农田谋士首倡，省农业农村厅大力推广的"十代"模式，由专业机构提供代育秧、代耕整、代插秧、代管理、代防治、代收割、代烘干、代仓储、代加工、代销售等十个环节的服务，农户以"点餐"或"全托"方式选择"十代"服务，粮食亩均增产50公斤左右、产值提升120元左右、节约成本约190元，农户亩均增收约300元。隆平高科探索并逐渐成熟的"隆平粮社"模式，吸引小农户入社，对不同品种针对性地设计种植技术方案，每社留置10亩示范基地开展对比实验；集中采购生产物资、统一开展生产服务、溢价组织粮食收购。据测算，隆平粮社可降低种植成本20%，提高产量5%，品质粮溢价提高产出值15%以上，亩均增收超过300元。该模式入选农业农村部"全国农业社会化服务典型案例"两批44个推介案例之一。

（二）湖南涉粮合作社服务赋能农户的基础已经具备

在规模上，涉粮合作社是数量最多的农业经济主体（见表1）。截至2020年三季度，全省共有涉粮合作社10.6万家，总量居全国第四，有成员422.5万户，占全省农户总数的30.5%。

表 1   农村各类经济主体比较（至 2020 年 3 季度）

经济主体	规模
种粮大户（30 亩以上）	16.1 万户
家庭农场	3.95 万户
合作社	有成员 422.5 万户
规模以上农产品加工企业	4800 家（其中：国家重点龙头企业 47 家,省级龙头企业 708 家）

资料来源：湖南省农业农村厅网站。

在质量上，湖南省合作社逐步由小规模、分散化向规模化、联合型转变。据统计，全省各类合作社联合社发展到了 409 家，至 2019 年底全省合作社成员出资总额达 2700.2 亿元，平均每个合作社成员出资额达 270 多万元，合作社实有资本在全国排名第二。合作社的服务领域由单纯的技术、信息服务转向生产、加工、销售等产业链各环节，由单一要素合作转向劳动、技术、资金、土地等多要素集聚。

（三）湖南涉粮合作社服务赋能农户的需求十分迫切

一方面，经济效益吸引农户参社共赢。合作社不需要流转土地，在机制上有利于对接小农户低成本形成规模优势，有利于对接农科院所和龙头企业引进技术和成本控制，综合成本相对较低（见表 2）。

表 2   各类农业服务模式效益比较

服务模式	流转成本	规模优势	技术优势	成本控制	风险控制	总计
工商资本流转	1	4	3	1	1	10
外来大户承包	2	2	1	2	1	8
合作社	5	4	4	3	1	17
家庭农场	3	1	3	5	3	15

资料来源：碧桂园农业控股有限公司研究报告。

另一方面，"无人种地"的现实困境倒逼服务需求出现。湖南是农民工输出大省，随着时间推移，农村老龄化、兼业化问题突出，种地与务工的矛盾难以调和。发展农业社会化服务业，在不流转土地的前提下，将供种加流销各环节托管给合作社完成，既坚持了农村土地集体所有和家庭承包经营的基础性地位，又让农民从繁重的劳动中解脱出来，安心外出务工经商或就地转移从事二三产业，进一步释放了生产力。

二　湖南涉粮合作社服务化转型的"病症"与"药方"

合作社是国内外广泛采用的农业服务供给模式，在欧洲、日韩有 100 多年历史，国内从 2007 年《中华人民共和国农民专业合作社法》正式实施算起，也已近 20 年。国内外合作社的成熟经验，是湖南合作社发展"病症"的有效"药方"。

病症一：合作社单体规模小、活力低、竞争力弱。大部分合作社经济实力不强，益阳、常德部分水稻合作社具有一定的区域品牌效益，但整体竞争力还不强。

药方一：不断修订合作社法律法规，倡导市场主导下的联合合作。随着合作社发展及时调整修订法规，日本《农业协同组合法》从 1947 年公布到 2016 年，70 年间共修订了 85 次。通过立法引导合作社联合壮大，法国法律规定合作社破产时不能将资产清算分给成员，只能转让或者并入其他合作社。法国农业合作社从 1965 年的 7500 家左右减少到 2018 年的 2400 家。我国 2017 年新修订的《中华人民共和国农民专业合作社法》中增设联合社专章，为联合社发展提供了支撑框架。在实践中，联合社失败的案例很多，但成功的也不少，关键是要发挥联合社的能动性，因社制宜。如，山西永济蒲韩种植专业合作社联合社规定本地户籍或居住 3 年以上的自耕农才能入社，对社员的资格股和资金股进行限制，防止少数人在合作社控股，增强了合作社的凝聚力。浙江乐清金穗水稻合作社联合社注册"金越"大米品牌，统一加工稻谷再销售，仅此项每亩稻谷可增收 100 元左右。设立内部资金互助信用部，对社员提供资金互助服务，年累积周转量达 100 万元左右。

病症二：服务内容单一，薄弱环节覆盖不到位。合作社业务以初级的信息交流、技术指导、购销合作为主，高附加值、全链条的合作社较少。生产薄弱环节如育插秧、烘干、环保等服务覆盖面不广。服务附加值不高、同质化严重，恶性竞争时有发生。

药方二：推进合作社的业务多元化和类型多样化。欧洲农业合作社的服务范围经历从单一到多元的过程，目前合作社已涵盖农资供销、农机作业、技术信息、加工流通、储藏销售等环节。此外，随着服务化发展的推进，合作社业务必将从农业经营领域向金融领域拓展。近年来中央主推的是生产、供销和信用综合合作模式。怀化涉粮合作社、供销合作社和信用服务社"三社合一"服务站综合改革试点亮点较多，服务站归并整合农业生产、流通、金融三大业务，提升了资源要素的利用效率。服务站作为承接政府购买服务的统一平台，有利于涉农资金整合。将参与服务站工作情况作为大学生村官考录、村务专干公考、提干重要参考依据，有利于优秀人才引进和集聚。

病症三：要素集聚能力不强。如，土地要素（小农户）：尚未探索出一套既能高效参与市场竞争又能有效维护小农户利益的成熟机制；资本要素：财政投入和金融支持都严重不足；技术和人才要素：对最新科技进展及应用追进不及时，机构改革削弱了原有农经体系，管理人才、技术人才严重匮乏；数据要素：对信息化技术应用不足，要素不足限制了合作社的服务供给能力。

药方三：公司化转型或公司化合作是最佳途径。合作社在组织成员开展生产、为农户服务等方面具有便利条件，而在产后加工和市场竞争中，公司架构更具优势。合作社与公司紧密结合有利于发挥各自优势，对于集聚要素、提升竞争力具有重要意义。如辽宁阜蒙县润禾种植专业合作社，注资500 万元成立润禾农业开发有限公司，流转土地 1.56 万亩等，以公司化运行机制管理农事。土地（小农户）要素：欧洲大型合作社普遍实行公司化运作，合作社选举的公司理事会，行使公司决策权，确保公司决策符合合作社成员利益；公司管理团队负责公司运营管理，为合作社创造更多的盈余。

芬兰瓦里奥集团将公司盈余的 6% 留作公司积累，剩余的 94% 则全部返还给成员。资本要素：江苏近几年对合作社扶持资金保持在 2.2 亿元，累积达13.25 亿元；山东是全国最早开展合作社金融试点的省份，它大力推动的合作社资金互助由银行全程托管的办法，在融资便利性和监管有效性之间获得了较好的平衡。部分合作社与农商行合作，以合作社社员为界限，成立农信担保体，评估授信后发放贷款，成效也较显著。技术、人才要素：吉林惠泽合作社与吉林农大建立合作关系，采用政府购买服务的方式，组建科研团队，编制生产指导手册和操作标准；胶东地区探索党支部领办合作社模式，在极大程度上发挥出党员先锋带头作用，将更多农业资源聚集到了一起。数据要素：山东丰信与合作社联合搭建技术落地体系，提供全程技术托管服务，针对 94 种作物设计了 11362 种托管方案，通过线上平台推送给农户；线下以县为单位安排店长推进全程技术托管方案落地，并提供系统培训；将店长现场服务过程中发现的问题通过线上平台反馈至后台技术专家，专家针对问题优化方案并监督方案落地，通过线上线下融合指导农户高效种植。

三 湖南涉粮合作社向农业服务综合体转型对策建议

通过完善政策框架，强化示范引领，加大扶持力度，重点支持企业、高校与科研院所联合办社，加快推进湖南涉粮合作社向服务综合体转型。

（一）进一步完善合作社转型的政策框架

在现有政策体系的基础上，进一步建立健全法规政策标准体系，完善从战略规划到田间操作的政策体系。一是加快修订《湖南省实施〈中华人民共和国农民专业合作社法〉办法》。在保持现行法律总体框架、原则稳定的前提下及时调整相关条款。包括：按照 2019 年中央一号文件要求在农民专业合作社成立党组织，在条件具备的地方探索村支部书记兼任合作社理事长模式；强化与上位法的衔接，适当扩大合作社经营范围；提升合作社法律地位、保障公平合法权益等。二是出台推动涉粮合作社高质量发展的意见办法。对合作社的登记、运营、合并、解散全生命周期进行全过程管理，重点把握建社登记、动态监管两个关键节点；巩固前期清理"假冒社""僵尸社""空壳社"成果；加强服务价格指导、服务组织监测和服务合同监管等制度建设。三是完善社会化服务标准体系。联合农田谋士、隆平高科等龙头企业和行业协会，积极推广使用示范合同文本，颁布出台《农业生产托管服务规范》省级服务标准，创建农业大数据智能服务平台，基于不同区域、不同品种、不同环境，通过作物种植建模、人工智能算法，开发"全程技术支撑方案"。

（二）从数量导向转向质量导向，创建示范社

按照农业农村部的要求，认真做好7县全国合作社质量提升整县推进试点工作，积极引入社会力量，促进合作社质量提升。围绕"千亿产业"，继续开展省、市、县示范社三级联创，建议不要设定硬性数量指标，不下达规模任务，在制度上规避把合作社作为"政绩工程"的风险，避免背离合作社初衷。建议示范社创建采取达标创建模式，设置科学合理的标准，达标一个创建一个。一是规范示范社管理流程。设定认定、创建、评选、管理四阶段，自愿申报、分批纳入、定期考核、验收示范，明确标准，将管理流程制度化。二是加快建立以合作社为主体的县级社会化服务组织名录库，加强服务组织动态监测，聚集当地优秀服务组织，规范区域服务市场。三是实施"扶强扶特"战略，对服务规模大、模式有特色、带动能力强的服务组织重点扶持，打造区域性服务龙头。实施事中事后奖补，改变"给牌子、分银子、戴帽子"的做法，对评选考核结果为优秀的示范社给予奖励，发挥标杆旗帜的引领作用。四是实施动态管理，有进有退，每两年请第三方机构开展考核评估，将不达标者淘汰或降格处理。五是总结典型模式，强化示范宣传，利用现场交流会、案例分析会、工作推进会等方式加强合作社之间的经验交流，充分利用多种传播途径开展多种形式的宣传活动。此外，积极主动用好全国农业社会化服务平台，先在项目县开展整县试点，条件成熟后再全省推广应用。

（三）加大对合作社开展生产服务的扶持力度

一是高效利用中央、省级扶持资金。积极争取中央生产托管项目资金，组织合作社开展生产托管项目，专款专用。重点支持初始投入大、作业成本高、短期效益不明显、群众积极性不高的关键薄弱环节。加强项目监管，组织监测评估，确保托管项目严格规范实施。设立省级农业服务社会化发展专项资金，支持发展专业化服务主体，引导兼业主体扩大服务规模。整合调整现有涉农扶持资金，从补主体、补装备、补技术向补服务转变。二是提高社会化服务的补贴标准。加大对集中育秧、机插机抛、统防统治、烘干等关键薄弱环节的服务补贴力度；加大对烘干、仓储、机库棚、育秧棚等有服务功能的基础设施投入的支持力度；加大对以小型水利设施、乡间机耕道路为重点的基本农田建设力度。三是鼓励合作社优化整合。通过兼并、合并等方式进行组织重构和资源整合，为合作社提升自身实力提供了新路径。四是加强人才培养。将农业社会化服务组织人才培养纳入乡村人才振兴的重要内容，切实解决当前农业社会化服务组织专业化人才不足的问题。五是创新金融服务。建议由省金融管理局会同涉粮金融机构建立符合合作社特点的评级授信体系；鼓励金融机构创新合作社信用担保方式，适当提高大型农业机械设备、土地经营权等资产的抵押率；实行差异化的农业保险扶持政策，把规模化设施农业以及大型农机具等纳入中央财政保险补贴覆盖范围，探索建立种类更加丰富的保险模式。

（四）鼓励公司（高校院所）领办或支持合作社

公司领办型合作社在传统合作社横向联合的基础上再进行了产业链的延伸，能有效增强合作社的竞争能力。首先，支持基层政府与隆平高科、角山米业等粮食龙头企业建设区域性农业社会化综合服务中心，涵盖农资供应、农机作业、绿色防控、烘干仓储、加工销售等全产业链服务，提升专业化服务水平。对主体为开展服务兴建育秧工厂、添置烘干设施等投入较大的固定服务设施建设，按服务规模和能力给予奖补支持。按照"政企共投、企业运营、政府监管"的模式构建"一站式"线上服务平台，提升数字支撑能力，依托合作社加快平台推广，实现信息共享和云端监管。其次，要完善公司领办型合作社的内部治理结构，落实合作社下设理事会、监事会和社员大会的权利和义务。完善利润分配制度，建立了"固定租金"和"股权分红"两种分配模式。切实保障小农户的"自由退出权"，提升小农户的农民话语权和谈判能力，保留其"用脚投票"的能力。最后，建议鼓励省内农业院所、高校，如省农科院、湖南农大等牵头领办合作社或与合作社开展深度合作，发展服务联合体、服务联盟等，发挥科研院所、高校的科研优势，充分发挥公益性服务功能。

积极发展旱杂粮作物
保障综合粮食安全[*]

湖南省人民政府发展研究中心调研组[**]

中央一号文件明确提出，深入推进农业供给侧结构性改革，提升粮食和重要农产品供给保障能力以及推进农业绿色发展等具体目标。新时代的粮食安全不仅包含口粮安全，还包含保障重要农产品供应安全的综合粮食安全，以及供应与需求匹配的结构安全。在乡村振兴战略和构建国际国内双循环新格局新要求下，传统的单纯以水稻主粮衡量粮食安全的观点，难以满足市场经济条件下多元粮食安全的需要，充分发挥旱杂粮作物的作用，对湖南省进一步落实国家粮食安全责任意义重大。

一 仅以水稻产量为标准的粮食安全观面临三大挑战

2020年湖南的粮食总产量3015万吨，但仍需要大量进口粮食，从粮食缺口来看，调入粮食中满足养殖业需要的旱杂粮的比例较大。根据长沙海关的数据，2019年湖南进口粮食103.36万吨，其中大豆79.29万吨，约占进口总量的76.7%。当前湖南以单纯鼓励水稻生产保障粮食安全的粮食安全观，面临如下三大挑战。

1. 粮食生产结构与高质量粮食安全之间的矛盾凸显

湖南的粮食安全总量和结构问题并存。一是省内粮食的种植结构与消费

---

* 本报告获得时任湖南省委副书记乌兰的圈阅。

** 调研组组长：谈文胜，湖南省人民政府发展研究中心原党组书记、主任；调研组副组长：唐宇文，湖南省人民政府发展研究中心原副主任、研究员；调研组成员：禹向群、李银霞，湖南省人民政府发展研究中心研究人员。

结构差距拉大。随着生活水平的提高，水稻在所消费粮食中的比重在下降，面食、薯类、豆类以及肉食在饮食结构中的比重在提升。从满足民众粮食需要的角度看，高品质杂粮和肉类消费，在未来的粮食安全中地位将不断提升。二是消费市场升级，低端水稻面临市场难题。如今百姓对水稻的品质要求不断提升，而为追求水稻多产而种的多季稻中的早稻因口感粗糙等问题往往市场需求不旺，从而过度依赖地方储备，带来收储压力和陈粮运营负担重等问题。三是片面强调精粮的粮食结构不利于粮食安全。湖南是水稻大省，却是商品粮小省，主要原因是湖南是全国第二大水稻产区同时也是全国第二大生猪大省，饲料用粮缺口较大，农村地区有大量粮食被消耗在生猪饲养上，据测算，每年粮食还需净调入约 100 万斤。随着需求结构的变化，传统以水稻为主的粮食种植，与现实粮食需求结构之间的偏差在不断加大。

2. 旧粮食安全观无法满足双循环新格局下的新需求

新形势下，粮食产业不仅关系口粮安全，还维系着地方经济的安全。例如种类繁多的旱杂粮，其产业链条较长，除了成为口粮还可能是精细化工原料以及不可或缺的加工制造业原料。以大豆为例，它既是重要的油料，又是重要的饲料和工业原料，而早年国际巨头对我国大豆的产业倾销，导致国内大豆基本被进口大豆替代，而今一旦国际大豆供应紧张，原来需要依靠大豆作为原料的产业，都将遭受巨大的打击，危及国内相关产业链的安全。旱杂粮中的豆类、薯类、高粱等作物品种，与其他产业的关系密切，加工生产产业链条较长，在疫情影响进出口的条件下，保障国内水稻以外的旱杂粮作物的自给，在疫情和复杂的国际形势之下，具有保障经济安全的重要意义。因此，加强对旱杂粮品种的研发和利用，是构建高质量的经济双循环不可或缺的内容。

3. 传统的粮食安全战略将不利乡村振兴战略的实施

一是水稻为主的种植结构增收空间有限。从当前乡村振兴的要求看，旱杂粮的产出效益明显优于水稻，调优水稻与旱杂粮的种植比例，能起到明显的增收效果。据省内旱杂粮产业联盟反映，省内对旱杂粮的补贴较少，但农民种杂粮比较效益仍然高于水稻。二是加强旱杂粮种植有利提高综合产出效益。自古以来水稻和杂粮套作轮作，不仅能提高土地综合产出效率，还能减少化肥使用量。省农科院推广的"玉米大豆带状复合种植""玉米甘薯间套作"等高效种植模式，实现了土地利用效率提高20%以上。通过水旱轮作，将旱杂粮与水稻进行种植模式组配，研发了"超级稻+冬马铃薯""春玉米+晚稻"种植模式。三是推广杂粮种植可以解决湖南省污染土地利用问题。由于存在土地污染和重金属超标问题，当前大量耕地面临休耕和治理，而旱杂粮相比水稻，对土壤适应性高，可以充分利用土地资源，是解决镉超标耕地综合利用的重要途径，为重金属污染耕地利用提供了有效的治理改造方式。

二 进一步提升综合粮食安全面临的主要困难

1.湖南旱杂粮在粮食生产和粮食安全中的地位低

一是湖南粮食政策未能充分考虑湖南居民饮食结构变化需要。湖南粮食政策长期以水稻种植为先，以致水、旱粮食的生长周期冲突时，首先保障水稻，对发展旱杂粮缺乏系统规划和足够重视。根据相关数据，湖南水稻面积长期居全国第1位，其中双季稻面积占到全国的1/4强，2020年，全省粮食播种面积达到7132.13万亩，而根据2016~2018年湖南省统计数据，湖南省旱杂粮面积稳定在1100万亩左右，总产量在350万吨左右，播种面积和产量仅占粮食15%和12%，粮食种植政策与当前百姓餐桌消费结构需要不匹配。二是湖南省对旱杂粮种植的支持力度相对较弱。浙江省2013年就专门出台了《关于加快发展旱粮生产的意见》，由省财政支持补贴旱杂粮规模化生产，大幅度提升旱杂粮种植的组织化、规模化、标准化、科技化程度。国家根据不同地方的情况制定不同的旱杂粮种植补贴政策，湖南是国家水稻重点保障地区，国家对湖南省旱杂粮的补贴较弱，导致湖南省旱杂粮作物种植长期处于补贴真空地带，因时因地制宜发展规模化旱杂粮种植，没有得到足够的重视。

2. 科技投入的结构严重影响旱杂粮藏粮于技

一是相比主粮，湖南省旱杂粮研发人才和成果积累不足。作为水稻科研大省，湖南杂交水稻的研发名声在外，因而也集中了大部分粮食科技投入。长期以来，国家和地方对旱杂粮的研发财政投入较少，造成湖南省与发达地区优质新品种研发与推广差距明显。从种植应用类型看，虽然旱杂粮有上百个品种，但湖南省重点研究和推广应用的仅有与主粮季节协同的玉米、马铃薯、红薯、大豆等数种，荞麦、杂豆等特色旱杂粮作物零星分布，不仅没有开展新品种选育，对原始资源都缺乏保护。从旱杂粮作物的研究来看，湖南省专业从事旱杂粮科研的研究人员不足百人，主要集中在湖南省农科院和湖南农大，与水稻研究力量相比，杂粮科技投入远远不足。二是创新和推广的覆盖面不足。旱杂粮种植地域性差别较强，品种本地化改良任务艰巨。俗话说"千里麦百里豆"。为保证品质和效益，大豆等旱杂粮本地化品种研究必不可少。科研推广体系难以适应当前旱杂粮种植需要。据湖南农科院反映，该院旱杂粮选育品种有100多个，但只占全省推广品种的40%，研发和推广不力的局面，对提高旱杂粮产出效益极为不利。三是旱杂粮机械化研发不足。由于缺乏适应丘陵山地的机械，省内旱杂粮作物机械化程度低。2016年湖南省大豆机播与机收率达不到3%，远低于全国平均水平。农机农艺不配套，导致省内旱杂粮的成本高，市场竞争力弱。

3. 省内大粮食产业链短制约着农业产业现代化

一是水稻富民效应较弱。水稻产业链短，以国家储备粮为基础，形成了依靠国家补贴和保护价收购的封闭大循环，影响了省内稻谷的市场化，制约了产业链延伸和效益提升。二是旱杂粮在粮食经济中的作用未能充分发挥。目前省内旱杂粮种植规模较小，以小农经济为主的经营模式与现代市场体系脱节。除了新品种推广不足、优质旱杂粮种植少外，农户种植模式也缺少技术支持。即便种良种，也不一定能种得出，即便种得出，没有品牌、缺乏专业的市场对接能力，也卖不动。三是粮食下游产业实力不强。省内从事旱杂粮生产加工企业数量较少，全省农业产业化国家重点龙头企业仅3家，超百亿元的粮食加工产业集群匮乏。产业链上游农户规模小，缺乏组织，抵御自然和市场风险能力弱；下游生产加工企业对上游支持不足，产业链不长、精深加工能力欠缺、消费市场拉动力不足，导致粮食产业附加值低，现代化、市场化水平不高。

三　提高湖南省综合粮食安全保障能力的对策建议

进入新时代，旱杂粮经济在未来综合粮食安全中的重要性凸显，不仅是巩固湖南口粮安全的第二道重要防线，对湖南省保障农副食品供应安全、经济安全和乡村振兴都具有重要的意义。有必要根据大粮食安全观，调整湖南省粮食产业政策，要合理运用藏粮于地、藏粮于技的腾挪空间，引导水旱作物协调发展，促进旱杂粮在新经济新格局中发挥更大作用。

1. 科学规划，重新定位旱杂粮在湖南省粮食安全中的地位

跟随百姓消费需求结构的变化，主动调整湖南省的粮食种植结构，确立水稻与旱杂粮并重的发展战略。一是加强水旱协同发展的产业政策研究。建议开展湖南省土地资源调查，根据湖南省的土地资源状况和粮食需求结构，针对性编撰地区粮食生产规划。以提高商品粮比重和粮食自给率为标准，合理配比湖南省主粮杂粮结构，形成系统性的全省粮食生产规划，有效利用土地资源。二是根据实际需要制定旱粮产业发展规划。建议由湖南省旱杂粮产业联盟组织牵头，按照"精、特、细"的要求，开展重点旱杂粮品种的产业发展专项规划研究，有步骤地形成全产业链旱杂粮的发展规划体系，科学引导行业纵深发展。三是根据新战略发展需要，配套湖南省的粮食生产的辅助体系。根据市场的需要，规划水稻和杂粮均能够使用的基础设施体系建设，统筹水、旱杂粮食收购，增强农机开发研究中心和粮食检验检测中心、仓储中心、交易市场等公共服务平台的服务能力，激活省内粮食生产和交易。

2. 以综合效益优先的原则，科学改善粮食种植结构

通过市场与计划相结合，调整粮食作物的种植结构，通过适度的价格杠杆和种粮补贴，引导粮食产业高质量发展。一是建立湖南省生态农业标准，

优化粮食补贴政策体系。增强关于保障粮食安全的生态效益和社会效益补贴，鼓励减少化肥农药使用量，利用生物技术提升农作物产量和质量，形成对减少农药化肥使用量和提高土壤肥力等方面的鼓励政策，提升发展旱杂粮作物的吸引力。推广粮食作物轮作等先进保土保墒种粮方式，提升土地质量，增强湖南省藏粮于地的能力。二是开展污染土地利用及生态种植的综合试点，对生态种植给予专项补贴。利用旱杂粮及对镉污染低吸收的水稻新品种，安全替代传统种植，科学利用重金属超标耕地，发展生态农业；支持在不宜进行双季稻种植的稻区开展早稻+秋旱杂粮、早熟旱杂粮+晚稻模式的推广试点，提升综合产出效益。

3. **夯实湖南省藏粮于技战略，增强农业科技储备**

一是加强旱杂粮科技人才投入，打造与杂交水稻齐名的特色旱杂粮研究中心。适度加强省内高校的旱杂粮作物研究和研究人才培养，增加高校杂粮专业教师和课程配置，加大人才培训和培育力度，强化科研队伍实力，保障全省重点领域旱杂粮作物研究全覆盖，形成细分领域专家库人才群体和专业团队。二是加强旱杂粮重大科研项目立项。针对相对薄弱的旱杂粮生产关键技术问题进行科研立项，组织科研院所、大专院校及农业企业的科研力量进行联合攻关；充分发挥科技管理部门"外引内联"作用，通过牵线搭桥，组织研究力量，争上国家科研项目和横向联合项目，争取省内旱杂粮作物研究获得更多财政科技支持投入。三是完善科研基础设施体系。加大旱杂粮作物优质资源种子库、基因编辑实验平台、病虫害实验室等科研基础设施建设和投入力度，建设高水平农业科技研发平台。

4. **增强市场化能力，保障粮食安全与富民相统一**

通过提高粮食产业综合效益、提高市场化发展能力，保障综合粮食种植效益。一是创新种植模式。建立高标准的农业机械化示范区，推广玉米、大豆、甘薯等主要适宜机械化种植的作物全程机械化生产技术，建立高产样板以发挥示范引领作用，推广规模化、产业化、组织化的现代农业生产模式。二是创新组织模式。以加工龙头企业为核心，对接合作社，重点建立旱杂粮的新品种推广和产销对接体系，打通上下游，方便农户与加工产业市场相结合，助力农村粮食产业结构升级和粮食商品化水平的提升。三是创新市场能力。打响湖南的粮食品牌，以旱杂粮新品种为突破点，形成区域性有影响力的品牌，改变湖南农产品历史悠久但品牌不久的局面，提升湖南粮食的附加值和美誉度。

湖南打造种业创新高地研究与对策分析*

湖南省人民政府发展研究中心调研组**

习近平总书记高度重视种业问题，多次强调"中国人的饭碗任何时候都要牢牢端在自己手上，我们的饭碗应该主要装中国粮"，并提出"要下决心把民族种业搞上去"。2020年中央经济工作会议做出了"打好种业翻身仗"的战略部署，湖南省作为农业大省和种业大省，在这场翻身仗中，应充分发挥杂交水稻全球领跑优势，以"隆平"杂交水稻品牌和"岳麓山"科技创新品牌塑造长沙"种业硅谷"品牌力，突出抓好杂交水稻和生猪种业两大支柱，争创国家种业技术创新中心和国家生猪战略种源基地，抢占生物育种技术创新制高点，树牢和扩大种业创新优势，打造具有核心竞争力的种业创新高地，提升湖南种业的国家战略地位，助力打好"种业翻身仗"。

一 湖南省具有打造种业创新高地的基础和优势

1. 地方特色种质资源极其丰富

湖南省种养业历史悠久，农作物、畜禽、水产、林木、微生物等种质资源丰富，是全国17个具有全球保护意义的生物多样性关键地区之一。农作物方面，建设了省农作物种质资源库，目前保存农作物种质资源3万多份，建成全世界最大的辣椒种质资源库，建设了果、茶等种质资源圃400多亩，保存各类多年生种质资源近万份；畜禽方面，现有21个优质珍贵地方畜禽

---

* 本报告获得湖南省政协主席李微微的肯定性批示。

** 调研组组长：谈文胜，湖南省人民政府发展研究中心原党组书记、主任；调研组副组长：唐宇文，湖南省人民政府发展研究中心原党组副书记、副主任；调研组成员：彭蔓玲、文必正、彭丽、黄晶，湖南省人民政府发展研究中心研究人员。

品种，7 个品种列入国家畜禽遗传资源保护名录，建成了 1 个国家级保护区、32 个资源场（原种场），所有地方品种均建有保种场，建有种畜禽场 327 个；水产方面，现有淡水鱼类 223 种，主要经济鱼类 40 种，珍稀水生保护物种 29 种，建成了 4 个国家级水产原良种场、35 个国家级水产种质资源保护区、5 个国家级现代渔业种业示范场、42 个省级水产良种场；林木方面，油茶建有首个国家级资源库和两系杂交种子园，保存种质 2500 余份，是全国规模最大、数量最多、类型最丰富的资源库；微生物方面，现存农业微生物菌种 1 万余株，建成了省农业微生物菌种保藏中心，现库藏功能微生物和食用、药用菌种 3624 株，备份 7.4 万份。

2. 杂交水稻科研实力全球领先

湖南是"杂交水稻的故乡"，超级杂交水稻已成为湖南科技、湖南农业的一张世界级名片。"杂交水稻之父"袁隆平院士领衔的杂交水稻研究，填补了农作物杂交理论体系的空白，掌握了水稻育种不可替代的核心技术，目前开展的第三代杂交稻、镉低积累水稻、耐盐碱杂交稻、低成本制种小粒型品种选育取得重大突破，高产育种攻关突破亩产 1200 公斤大关，育成超级稻品种 17 个。拥有国家杂交水稻工程技术研究中心等一大批国家级创新平台，创建了全国首个商业化育种机构，建有南繁科研育种园（海南省陵水），"芙蓉区现代农业产业园"成为种业领域第一个获批的国家现代农业产业园。拥有 AAA 级种业企业 24 家，占全国 20%，5 家企业销售额进入全国 20 强，常年制种 40 万亩，占全国的 30%，年产良种 8000 万公斤，向省（境）外供种 3500 万公斤，是全国水稻种业第一大省。2020 年，龙头企业隆平高科出口种子 420 万公斤，销往菲律宾、巴基斯坦、孟加拉国、越南等地，在印尼、巴基斯坦、印度等 8 个国家开展杂交稻研发，种子市场份额占全球的 30%，收入规模及盈利能力居全国第 1 位、全球第 8 位。

3. 在多个领域处于全国领先地位

湖南省生猪产业规模大，长期稳居全国前三，种猪业在畜禽种业中体量最大、基础最好，最有可能在全国率先取得突破。宁乡猪、大围子猪、沙子岭猪、湘西黑猪 4 个地方猪品种列入国家畜禽遗传资源保护名录。培育的新品种特色鲜明，如"天心健康猪"抗病性强；"唐人神美味猪"风味独特、肉质好；"佳和高产猪"具有高繁殖性能；"湘村黑猪"和"湘沙猪"集聚了瘦肉型猪和地方猪优良性能，已获国家新品种（配套系）证书。佳和农牧、天心种业、新五丰、唐人神4家企业均持有国家生猪核心育种场，其中佳和农牧现有存栏纯种母猪3万余头、能繁母猪14万余头，大白母猪产仔数持续多年在全国100多家核心育种场中位居前列，种猪生产能力位列全国前三，计划5年内种猪产能达到110万~120万头，将是世界种猪强国丹麦的2倍。湖南省生猪联合育种走在全国前列，由省内主要生猪龙头企业共同出资组建的湖南湘猪科技股份有限公司，是省内最大的商业化公猪站运营公司，专注于父系育种，已投产运营4个大型种公猪站，正在建设父系猪育种场，有望成为全国最好的商业化生猪联合育种平台企业。

油茶、辣椒、油菜等品种选育也极具影响力。湖南省油茶育种水平全国第一，科研实力国际领先，"中国油茶科创谷"落户湖南省，拥有3个国家级重点良种基地，培育优良品种110余个，14个被列入"全国油茶主推品种目录"，油茶产业拥有全国最丰富的人才储备、最成熟的技术体系、最完整的产业链支撑，攻克了多项扩繁技术难题；湖南省是中国乃至世界的辣椒种业中心，拥有全国最大、世界第二的辣椒种质库，辣椒种子占全国市场份额的1/4以上，是世界上最大的辣椒种子供应中心，"湘研辣椒"是世界上种植面积最大的辣椒品种，"湘研"品牌为中国驰名商标；油菜常年种植1800万亩，面积和总产居全国前三，育成了我国第一个优质品种"湘油11号"，育成"双低"杂交品种20个，化学杀雄利用杂种优势研究和应用在世界上处于领先地位。

4. 种业创新平台集聚效应凸显

以芙蓉区和隆平高科技园为主阵地的"长沙·中国隆平种业硅谷"（简称"种业硅谷"）是湖南种业创新发展的核心承载区，定位为"一地两区"，即种业重大原始创新策源地、种业发展最佳生态示范区和种业文化交流展示区。袁隆平、官春云、印遇龙、邹学校、刘仲华、刘少军等六位院士齐聚"种业硅谷"，带动市级以上高精尖人才90余人、副高以上专家2500

余名，是我国生物育种尖端人才最密集的区域；拥有湖南农业大学、湖南省农业科学院、湖南杂交水稻研究中心、中国科学院亚热带农业生态研究所等高等院校、科研院所25家，拥有3个国家重点实验室、3个国家工程技术研究中心、9个国家育种中心或改良分中心，是我国乃至世界生物育种研究院所最密集的区域；拥有生物育种产业链上中下游企业近200家，是我国生物育种企业最密集的区域之一。2020年，集多方优势力量成立了岳麓山种业创新中心，致力于建设成为国家种业关键共性技术中心、国家种业安全战略发展中心、国际种业技术交流合作中心，目前聚焦关键共性技术和优势物种领域攻关，已启动分子育种技术、生物育种智能大数据2个共性技术研究中心和水稻、油菜、蔬菜、畜禽、水产、茶树、林果花草、中药材等8个专业研究中心建设。

二　湖南省打造种业创新高地面临的新形势和突出问题

1. 抢占生物育种技术制高点成为现代种业发展的时代新命题

目前，世界种业正迎来以基因编辑、合成生物学、人工智能等技术融合发展为标志的现代生物育种科技革命，种业强国纷纷进入育种"4.0时代"。发达国家不断加强生物育种技术创新，利用基因编辑等先进技术，把大量种子功能基因注册申请专利，种业创新走向集约化、规模化、生物技术产业化。美国长期占据全球第一大种子市场位置，占比35%以上，在农作物转基因研究方面独领风骚；全球转基因种子销售额已高于传统作物种子，占农作物种子市场的54.3%；拜耳（孟山都）、科迪华农业是种业市场的超级航母，占据全球种业TOP20的60%，在转基因作物与现代生物技术领域拥有绝对优势。

为顺应现代种业新一轮科技革命和国际种业市场大变局，党的十九届五中全会把"生物育种"列为强化国家战略力量重点发展的八大前沿领域之一，"十四五"规划将"基因技术"列为未来产业谋划布局，中央经济工作会议提出有序推进生物育种产业化应用，中央一号文件提出要加快实施农业生物育种重大科技项目，农业农村部近期专门发文鼓励农业转基因生物原始创新，提出支持从事新基因、新性状、新技术、新产品等创新性强的农业转基因生物研发活动。湖南省打造种业创新高地正当其时，应重点加强生物育种技术创新，发挥隆平高科在农业转基因创新等方面的先发优势，积极发展基因技术产业链，抢占现代生物育种技术的制高点。

2. 打造种业创新高地面临的困难和突出问题

一是生物育种前沿技术开发应用滞后，满足市场需要的原创型、突破性品种稀缺。基础研究薄弱，现代生物技术应用程度低，品种选育方法手段落后，品种审定与市场严重脱节，修饰模仿育种泛滥，同质化严重。据 2020 年农情调度，省内市场销售水稻品种超过 1300 个，全省审定二等以上优质稻仅占总数的 4%。种畜禽遗传改良缓慢，平均繁殖性能下降，高效优质的瘦肉型猪育种群体规模小，蛋鸡、奶牛、生猪、肉鸡核心种源对外依存度分别达 100%、100%、90%、60%。二是种业创新投入不足，良种繁育基地建设水平不高。需要长期投入的育种科技项目没有引起相关部门的高度重视，企业在育种、科研、设施建设等投入上也严重不足。制种基地规模偏小、效益偏低、设施落后，种子质量难以保证，可持续发展能力弱。杂交稻制种基地存在成本高、自然风险高、收购价格低等问题，制种农户积极性下降。种畜禽纯种保护和扩繁体系不健全。三是种业人才比较匮乏。种业从业人员知识水平偏低，高层次种业人才缺乏，复合型、创新型、专业型人才少，成果转化专门人才及高素质管理人才更少，年轻一代种业创新人才支撑不足。四是种质资源保护和开发利用不足。种质资源未获有效保护，水稻地方品种 1956 年以来已消失 94%，湘西黄牛、桃源鸡、东安鸡、马头山羊等地方特色品种濒危，浏阳黑山羊纯种种群生产性能退化严重。多数资源库缺乏保存鉴定条件，深度开展鉴定评价的资源占比不到 3%，原创型种质稀缺，核心种质创制和重要性状功能基因发掘不充分。

三　推动湖南省加快打造种业创新高地的建议

中央已将种业发展提到了前所未有的高度，湖南省要抓住此次历史性机遇，按照"三高四新"战略部署，落实"稳进高新"工作方针，充分发挥自身种业基础优势，突出抓好杂交水稻和生猪种业两大支柱，积极争创国家种业技术创新中心和国家生猪战略种源基地，努力在生物育种技术和种业产业上实现大突破，打造具有核心竞争力的种业创新高地。

1. 大力发展生物育种技术，争创国家种业技术创新中心和国家生猪战略种源基地，提升湖南种业的国家战略地位

一方面，要以"一谷一中心"（"种业硅谷"、岳麓山种业创新中心）为核心，争创国家种业技术创新中心。重点依托岳麓山种业创新中心建设，研究突破一批"卡脖子"技术，加快提升种业自主创新能力。大力发展以全基因组选择育种、转基因技术、基因编辑等为代表的生物育种技术，加快基因编辑、合成生物等技术升级换代与叠加整合，推动精准化、智能化、工厂化种业革命。加快推动大数据、人工智能、5G技术等与育种技术相结合，加强新兴交叉领域技术研发，争取在重大基因挖掘与功能解析、重要性状形成的分子机制等方面取得重大进展。加强跨区域、多学科、全产业协作攻关研究，整合集聚科研力量和创新资源，面向国家重大发展战略、影响国家种业发展重点领域创新需求，组建实体化创新联合体，实现更多"从0到1"的突破。另一方面，以县域为单位，争创具有高标准生物安全和高质量核心群的国家生猪战略种源基地。抓住国家计划2021～2035年在全国布局5家国家生猪战略种源基地的契机，利用湖南山区隔绝疫病的独特优势，总结攸县、湘潭县、宁乡市等山区养猪大县在防控非洲猪瘟等疫病中的成功经验，进一步加强种猪场疫病防控，完善生物安全防护措施，实施特殊保护政策，打造协同高效的"国家生猪核心育种场+国家核心种公猪站+国家生猪战略种源基地"育种框架。

2. 突出抓好杂交水稻和生猪种业两大支柱，打造"湘"字号优势粮猪种业，稳固和扩大湖南种业创新的全国优势

一方面，发挥杂交水稻全球领跑优势，依托"隆平"杂交水稻品牌和"岳麓山"科技创新品牌，创建全国杂交水稻创新引领区，扩大"种业硅谷"国内国际影响力。借鉴东北"五常大米"、日本"越光米"等品牌创建

的成功经验，聚焦大品种持续发力，不断改进品质，加强湖南省媲美泰国香米的优质绿色杂交水稻新品种的研发和推广，打造全球知名的"湘"字号水稻大品种品牌。重点培育适合机械化制种、高产稳产、优质、多抗的广适性杂交稻，推动传统育种技术与分子育种手段相结合，攻克小粒型母本及机械化制种技术，提高制种产量，增强杂交稻种子市场竞争力。重点支持第三代杂交水稻、耐盐碱杂交稻、低镉杂交稻等方向的科技创新，将其列入"十四五"科技专项。另一方面，加快培育自主知识产权的"湘"系瘦肉型猪种，创建全国生猪核心种源先导区，打造具有国际竞争力的现代生猪种业。深入实施优质生猪核心种源自主选育工程，对标世界生猪种业一流水平，育成一批高繁殖、高产肉、瘦肉型猪新品系，构建育种繁殖全程信息化控制的瘦肉型猪育繁推一体化生产体系，着力培育打造"湘"系种猪自主品牌。大力支持专业化育种和联合育种发展，形成国家核心育种场选育母系猪、专业联合育种平台公司选育父系猪和开展育种数据服务的商业化联合育种机制。探索与广东省谷越科技、温氏股份合作，开展跨省区域性联合育种，发展基于全产业链的新型育种模式。重点引进国家生猪大数据平台，建立高效智能化种猪性能测定体系。

3. 做强做优做大种业龙头企业，加快推进现代生物技术应用和科技成果产业化，推动生物育种产业高新化发展

推动省内种业企业加快整合，支持企业从经营单一种子向种子种苗、农资、农产品转变，促进"种子种苗到餐桌"的全产业链开发，大力培育具有核心竞争力的市场主体。加大对龙头企业的支持力度，在科技创新、人才、上市融资、用地政策、税收等方面给予支持，推进重大种业项目建设，鼓励企业兼并重组做大做强。发挥企业主体作用，加快推进现代生物技术应用和科技成果产业化，打造具有国际水平的种业科技创新研发中心及具有国际影响力的种业品牌。鼓励隆平高科等有实力的企业开展国际并购、在境外实行本土化策略、建立研发中心和基地、参与种业国际竞争。培育一批经济作物种苗龙头企业，打造油茶、柑橘、茶叶、蔬菜、花卉等特色种业品牌。用好芙蓉区现代农业产业园"国"字号招牌，吸引种业企业入驻，形成产业集聚。发挥集中力量办大事的制度优势，推进优势科研资源与企业研发体系的有机结合，建立以企业需求为导向的"揭榜制"攻关机制，解决重点领域、重大技术难题，推进科研机构和种子企业深度融合，创新利益分享方式，探索构建"科研机构+优势种子企业+主体功能区"的产业发展新模式，将技术优势转化为产业竞争优势。推进"互联网+现代种业"发展，借助互联网技术、数字农业技术等新型基础设施，建立全省种业大数据平台，加快种业信息化建设。

4. 强化种质资源保护与利用，高标准建设农作物制种基地和畜禽良种繁育体系，夯实种业创新物质基础

一方面，加强农业种质资源收集保存、基础研究与深度发掘、保护体系建设。抓紧开展资源抢救性收集保护，构建湖南省种质资源共享利用服务大数据平台，启动种畜禽资源普查，建设省生猪遗传评估中心、种猪登记和遗传评估信息系统，启动一批作物资源库、畜禽基因库、资源繁殖与更新复壮中心、资源原（异）位原生境保护圃（区、点）、畜禽遗传资源保种场（区）建设。加强地方特色种质资源鉴定和优质基因挖掘，应用生物技术开展种质资源鉴定评价，构建 DNA 分子指纹图谱库，加快培育具有湖南省地方特色和拥有自主知识产权的"湘字号"新品种、新品系。重点加强在绿色、抗逆、高产、优质、专用和宜机械化作业的突破性新种质、新品种创新方面的培育攻关，利用基因编辑、分子标记辅助选择、全基因组选择等技术手段，规模化创制遗传稳定、目标性状突出、综合性状优良的新种质、新品种。探索开展资源保护与利用权益改革试点，完善农民对"土种子"的保护和创新激励机制，合理设定农民对种质资源权益的分享比例。另一方面，加快湖南省南繁科研育种园建设，以国家级、省级制种大县为重点，扶持农民合作社、家庭农场、制种大户开展杂交稻规模化制种，争取国家支持高标准农田项目建设，提高基地制种机械化水平，增强基地生产能力。成立种子公司、制种合作社、制种大户等相关方参与的利益联合体，提高基地农民制种积极性。加快国家级区域性良繁基地建设，实现柑橘、西甜瓜、中药材等种苗基本自给。围绕生猪、奶牛、肉牛等优势区域，建设一批种公畜站和扩繁场，健全从核心场到扩繁场、生产场的良种繁育体系，探索建立种畜禽无疫区，加强品种区试站、抗性鉴定站、种性安全评价基地、畜禽测定站等建设。

5. 大力引进和培育种业人才，加强种业知识产权保护，加强种业监管，营造优良的种业创新政策环境

积极引进高端人才，鼓励种业企业建立院士工作站，强化人才培育与科研团队建设，支持国际合作与交流。依托湖南农业大学、湖南省农业科学院优势建设一批农业重点学科和创业孵化基地，培育现代农业所需的各层次人才。完善科研成果确权和成果交易平台，允许育种科学家与企业按照市场规则进行收益分成，调动基础性公益性科研人员的积极性。改革人才考核激励制度，突出市场生产应用导向，将能否拿得出符合生产和市场需求、经得起生产检验和农民欢迎、能大面积推广应用的品种作为育种科技人员考核的核心内容。建立人才柔性流动机制和人才共享制度，引导年轻人积极投身育种事业。全面加强种业知识产权保护，充分发挥长沙知识产权法庭作用，依托"种业硅谷"打造我国种业知识产权保护标杆。提高品种审定门槛，提升品种保护层级，实施实质性派生品种制度，将品种权纳入知识产权严重失信主体联合惩戒清单，让模仿抄袭者付出代价。加强育种科研单位的集体知识产权保护，防止在人才流动中流失集体知识产权。切实加强种业监管，完善监管制度和技术标准，健全打假机制，强化种子质量抽查，加强种业行政许可中后期监督，确保种业知识产权保护水平明显提升，假冒侵权、"仿种子"问题得到根本遏制，保护种业创新的制度得到有效落实，发展环境明显改善。

探索脱贫攻坚接续乡村振兴的新路径[*]

—— 平江县从脱贫县迈向"休闲食品之都"的启示与建议

湖南省人民政府发展研究中心调研组^{**}

习近平总书记指出，脱贫摘帽不是终点，而是新生活、新奋斗的起点。脱贫摘帽后，让人民群众过上更加美好的生活，需要做好巩固拓展脱贫攻坚成果同乡村振兴有效衔接。这一转续如何顺利实现？调研中我们发现，作为国贫县的平江县于 2019 年正式脱贫摘帽后，并没有止步于脱贫，而是以产业发展带动乡村振兴，培育了年产值达 300 亿元的休闲食品产业，在打造"全国休闲食品之都"的路上行稳致远。

一 平江县产业扶贫扶出"大产业"的成效和经验

平江县位于湖南省东北部，属于全国首批贫困县。2014 年，全县共有贫困村 191 个（并村前），贫困人口 40845 户 14.15 万人，贫困发生率为 14.48%；农民年人均纯收入 6828 元，远低于同期全国 10489 元、全省 10060 元的平均水平。近年来，平江县主动培育辣条、酱干等特色休闲食品产业集群，有力带动脱贫攻坚，截至 2019 年末，平江县休闲食品产业年解决就业 20 万余人，发放工资超过 80 亿元，形成了乡村振兴的有力支撑。2019 年，全县实现地方生产总值 322.49 亿元，农村居民年人均可支配收入 10480 元，平江县发展的经验有四点。

---

* 本报告获得时任湖南省委常委、省政府常务副省长谢建辉，湖南省政协副主席易鹏飞的肯定性批示。

** 调研组组长：谈文胜，湖南省人民政府发展研究中心原党组书记、主任；调研组副组长：唐宇文，湖南省人民政府发展研究中心原副主任、研究员；调研组成员：左宏、张鹏飞，湖南省人民政府发展研究中心研究人员。

（一）专注"土特产"赢得"大市场"

平江县是一个典型的集"老、山、边、穷、大"五位一体的内陆县，空间区位和资源禀赋都不优。为了寻找到能带动全县脱贫致富的支柱产业，平江县深挖本县特色资源，从酱干、辣条等"土特产"里面找到了"大市场"。起源于清咸丰年间的长寿乡酱干一直是平江的一大特色，20世纪90年代，本地企业家又将酱干的制作工艺用于面筋制品，发明了辣条这一食品。近年来，特别是扶贫攻坚战以来，平江以辣条、酱干、风味鱼为代表的休闲食品产业迎来了快速发展期。据统计，目前平江有近20万人在从事休闲食品产业，企业数量300多家，年产值300亿元，为巩固脱贫成果夯实了基础。从具体行业看，截至2020年底，平江县辣条产业年产值达200余亿元，占全国市场份额超过1/3；平江酱干生产企业49家，小作坊63家，年产值近50亿元，2012年获评中国地理标志证明商标，2016年被认定为湖南省著名商标；休闲小鱼食品年销售达12亿包，销量稳居行业第一。

（二）推动"低端低效"升级为"品质品牌"

酱干、辣条、小鱼干都曾经是"低端食品""垃圾食品"的代名词。以平江辣条为例，曾经0.5元一袋、简陋包装，在地摊上售卖。央视3·15晚会2019年曝光了辣条生产车间脏乱差的问题，让辣条行业进入"低谷"，京东、淘宝各大电商纷纷下架辣条，甘肃、青海等省份禁止在学校周边200米以内销售辣条。近年来，平江县政府和企业下定决心，扭转平江休闲食品"低端低效"的印象，加大技改资金投入，支持企业建立产品研发中心，引导企业与高校院所开展产学研合作，以"壮士断腕"的勇气关停大批小作坊和卫生不达标的工厂。5年来，平江县关停低端车间27家，改造升级102家；27家企业投入2亿多元进行净化洁净车间改造升级，52家企业投入2200多万元对厂区其他硬件设备设施进行升级。2020年，《人民日报》、央视纷纷为辣条行业"正名"，辣条成为新时代的"国民零食"。据统计，平江辣条已经卖到了全球 160 多个国家和地区。2021 年 1 月，淘宝公布 2020 年度十大产业带及百强产业带榜单，湖南平江辣条入选 TOP20。

（三）聚焦"产业扶贫"，引领"共同富裕"

平江县休闲食品产业通过合作社带动、扶贫车间等方式，加快一二三产业融合，建立市场主体与贫困农户利益联结机制，着力增强脱贫内生动力，带动了贫困群众精准稳定可持续脱贫。截至 2019 年末，平江县休闲食品产业年解决就业 20 万余人，发放工资超过 80 亿元。同时，通过农产品本地化采购等，有力带动了其他农业产业和食品相关行业的繁荣发展。以辣条产业为例，上游带动辣椒、油菜等农副产品生产，中游驱动食品工业、包装印刷等行业，下游推动物流、电商集体作战。2015 年，平江县获评"全国食品工业强县"和"中国面筋食品之乡"等，2016 年，被中国食品工业协会确定为"中国休闲食品文化节永久主办地"。

（四）突出"有为政府"，培育"有效市场"

平江县委县政府根据休闲食品产业发展需求，围绕产业链构建生态链，重点培育招引适合平江发展的休闲食品企业，探索形成了支持休闲食品产业发展的路径。一是成立了全省首个"县级综合检验平台"。围绕食品产业发展，2016 年成立平江县检验检测中心。该中心实验室面积 2000 平方米，恒温室面积 1000 平方米，拥有液相质谱仪、气相色谱仪、原子吸收、原子荧光、紫外分光等一批进口的先进仪器设备；目前食品检验检测项目参数达到 578 个，农产品检验检测项目参数达到 135 个，正在筹建"湖南省调味面制品质量监督检验中心"，是全省市、县二级唯一一家双认证的食品、农产品综合技术机构。二是在全国首开辣条专业班。2020 年 9 月，由平江职业技术学校与企业合作共建，首个辣条专业班开班，该专业班共有 59 位学生，专业开设挤压膨化机理、食品质量与安全、市场营销等课程，为行业输送人才。三是深入开展"引老乡回故乡建家乡"活动。全国辣条行业的平江籍企业占比 90%，全国最大的辣条企业卫龙虽然落户在河南，但企业创始人为平江人。依托平江县籍休闲食品人才的优势，充分借助平江籍异地商友会、商务渠道以及人脉资源等，大力开展"引老乡回故乡建家乡"活动。近五年，全县共引进休闲食品企业 108 家，投资总额 204.7 亿元；2020 年，引进企业 18 家，投资总额 13.4 亿元。

二　脱贫攻坚接续乡村振兴的难点

当前，在脱贫攻坚接续乡村振兴的过程中，平江县还面临诸多方面的难题。

（一）扶贫攻坚政策退了后怎么办？

对于刚刚摘掉贫困县帽子的地区来说，经济发展程度还不高，"造血"能力弱，特色产业对乡村振兴支撑不足。从平江县来看，自 1986 年被国务院列为第一批国家扶贫开发工作重点县，2019 年 3 月 1 日，湖南省人民政府正式批复同意平江摘帽，平江贫困县的"帽子"一戴就是 33 年。这些年来，国家、省市各级政府给予了平江大力支持。如 2019 年，平江县扶贫资金项目总额达到 6.4 亿元。虽然 2021 年中央一号文件明确脱贫攻坚目标任务完成后，对摆脱贫困的县，从脱贫之日起设立了 5 年过渡期，做到扶上马送一程；但具体的政策尚未出来，乡村振兴的体制机制还不完善，是否能接续上扶贫后的需求？调研中，干部、企业主普遍存在"脱贫摘帽后怎么办"的担忧。

（二）乡村振兴产业基础不牢怎么办？

脱贫攻坚接续乡村振兴，产业兴旺是基础和关键。近年来，湖南县域特色产业取得了较快发展，部分产业甚至在全国占有较大的市场份额，如新化文印、嘉禾县钢锄、临湘浮标、平江辣条等。从调研来看，还存在竞争力不足、转型升级慢等问题，主要表现为特色产业的整体规模普遍不大、实力较强的龙头企业不多、上规模企业数量偏少、产业链配套能力不强等问题。以平江县为例，平江县休闲食品企业的数量虽然达到了 300 多家，培育了玉峰、旺辉、华文等一批骨干企业，但与行业发展需求相比，具有较大影响力和较大规模的龙头企业相对较少，龙头企业对中小企业及本地经济发展的带动力不够。平江县休闲食品规模企业占全县休闲食品企业总数的比例不足 20%，家庭作坊式生产比较普遍。以 2019 年为例，全县税收过 5000 万元的企业仅 1 家，过 2000 万元的 1 家，过 1000 万元的企业也只有 5 家。

（三）发展要素支撑不足怎么办？

乡村振兴之所以困难，一个重要原因就是劳动力、土地、资本等生产要素向城市的"单向流动"，其结果是乡村生产要素的相对缺乏和发展能力的持续下降。以平江县为例，高考二本上线人数连年递增，2019 年二本以上录取达到 2370 人，但全县特色产业从业者大专以上学历占比不到 1%。仅旺辉、玉峰、山润、今麦郎等龙头企业有技术团队和高端技术人才，其他多数企业的实验室、化验室"有名无实"，专业人才紧缺。

三　构建乡村振兴可持续发展长效机制

贫困地区要顺利实现从脱贫攻坚到乡村振兴的转换，必须从根本上扼制扶贫短期化偏向，构建可持续的产业发展长效机制。

（一）构建机制，探索建立乡村振兴"直通车制度"

一是探索建立"省级领导直通车制度"。借鉴山东经验，开通"省级领导直通车"，各县（市、区）每年提报 1 个亟须解决的重大问题，直接呈报省委和省政府，县委书记可直报省委。同时开通"厅长直通车"，建立县委书记、县长与厅长直接沟通机制，及时解决工作中的瓶颈制约。二是探索建立"省直部门精准支持机制"。围绕脱贫攻坚接续乡村振兴，筛选一批重点发展县，梳理发展面临的重大问题、瓶颈问题，如企业做大做强、参与行业标准制定、原材料保障、"土特产"走出去等，由省直部门重点支持解决，并建立支持机制。

（二）立足优势，培育壮大乡村振兴"土特产"

一是打造脱贫县优势特色产业体系。深挖特色产业，综合资源、人才、资金等因素，加快推进"一村一品""一乡一品""一县一品"的特色产业发展路径，寻优推进、错位发展，打造脱贫地区具有市场竞争力的优势特色产业体系。二是培育特色品牌。围绕特色产业体系，有效整合优势资源，深入挖掘潜在价值，打造一批享誉全国的农业特色品牌、制造业产业集群区域公共品牌、文旅品牌，解决特色产品走出去的问题。三是引导特色产业集聚发展。把县域作为打造先进制造业高地、承接产业转移的重要载体、优质农产品供应基地和全域旅游的增长极，进一步提升县域特色产业集聚度，提升就近配套能力和品质。四是数字赋能特色产业。大力推进"互联网+特色产业"融合发展。加快推广大数据、物联网、人工智能、区块链在特色产业生产、加工、经营中的运用，加速传统企业向智能化、数字化、网络化方向提升；在物流、交通、金融等领域实现智慧化发展；聚焦农业生产、加工、经营环节数字化改造，积极发展智慧农业。

（三）示范带动，打造脱贫攻坚接续乡村振兴"样板区"

按照产业兴旺、生态宜居、乡风文明、治理有效、生活富裕的总要求，统筹推进乡村振兴，打造一批脱贫攻坚接续乡村振兴样板区。一是建议研究出台《湖南省脱贫县高质量发展规划》，每年评选2~3个县，在产业发展、人居环境、城乡融合等方面重点支持。二是坚持县域为主、省级引导，充分发挥脱贫县的主动性和创造性。三是明确一县一方案，突出特色，引导脱贫县要根据发展阶段、要素禀赋和产业基础等不同特点，选准试点方向，研究制定有针对性的实施方案，成熟一个，推进一个。四是基于支持县的示范引领，形成一批可复制可推广经验，向51个脱贫县乃至全省推广。

（四）差异化支持，鼓励平江打造"全国休闲食品之都"

要根据脱贫县的县情特点，采取差异化措施，坚持"一县一策"，支持发展脱贫县的特色产业。例如，平江县在打造"中国休闲食品之都"上，有基础、有潜力、有条件。可支持该县打造"中国休闲食品之都"，对于探索国贫县脱贫攻坚接续乡村振兴和湘赣边革命老区高质量发展新路径有重要意义。一是高规格举办中国休闲食品文化节。平江县是中国休闲食品文化节永久主办地，坚持高规格举办文化节，不断扩大"全国食品工业强县""中国面筋食品之乡"等品牌影响力。二是推进特色产业品牌化发展。积极创建"平江酱干""平江辣条""平江鱼仔"等区域公共品牌。鼓励企业开展"三品一标"认证，大力支持相关企业争创国家级和省级品牌。促进企业品牌与"平江酱干""平江辣条""平江鱼仔"等区域公共品牌的同频共振，形成企业品牌与区域公共品牌交相辉映、相得益彰的良好局面。三是确保食品安全，树立高端品牌形象。深入贯彻落实习总书记关于食品安全"四个最严"要求，加快建立"从农田到餐桌"绿色供应链体系和全过程可追溯控制体系，推动产业发展，保障"舌尖上的安全"，以食品安全支撑品牌发展。四是营造舆论氛围。充分对接国家、省市主要媒体，加大正面宣传力度，为平江县食品产业发展营造良好舆论氛围。

（五）要素支撑，建立一套要素配套体系

要实施好乡村振兴战略，就要加快城乡融合发展，坚决破除妨碍城乡要素自由流动和平等交换的体制机制壁垒，建立健全有利于城乡要素合理配置的体制机制，促进各类要素更多向乡村流动，从而在乡村形成人才、土地、资金、产业、信息汇聚的良性循环，为乡村振兴注入新动能。一是健全人才培育制度。建立对镇村干部、青年农民的培训机制，搭建县域高素质乡村人才服务平台。提升基层干部、青年农民应用互联网手段发展和管理生产经营活动的能力，培养互联网思维。深度挖掘乡贤资源，搭建"乡贤智库"。探索城乡人才双向流动机制，鼓励更多城市和农村人才的双向流动，让城市的

发展能够反哺农村的发展。二是畅通资金来源渠道。推广建设银行湖南省分行经验，加快推进主要银行重心下沉服务乡村金融。完善以"一授二免三优惠一防控"（即评级授信，免抵押、免担保，利率优惠、期限优惠、贴息优惠，防控风险）为内容的扶贫小额信贷，解决农户发展产业中遇到的资金难题。以农业供给侧结构性改革政策为引导，通过公共财政、价格杠杆等手段，激励各种社会资本投向乡村产业。三是优化土地支撑。对农产品产地初加工、仓储物流、产地批发市场、农产品电商、乡村旅游等农村产业融合发展项目的建设用地给予倾斜。建立健全土地流转管理机制，完善土地流转服务体系。

乡村振兴齐鲁样板对湖南省的
经验与启示[*]

湖南省人民政府发展研究中心调研组[**]

2018 年 6 月，习近平总书记在山东考察时指出，山东要扎实实施乡村振兴战略，打造乡村振兴的齐鲁样板。三年来，山东推进农业农村高质量发展，乡村振兴取得了阶段性的成效。近日，湖南省人民政府发展研究中心成立专题调研组，赴山东学习乡村振兴的先进做法和成功经验，现将调研情况汇报如下。

一　山东省乡村振兴的经验和做法

对标国家《乡村振兴战略规划（2018~2022 年）》确定的 22 项指标，其中可量化的 18 项指标中，山东省已有 16 项提前达到或超过全国 2022 年目标值。2020 年，山东省农林牧渔业总产值达到 10190.6 亿元，成为全国首个突破万亿元大关的省份。

1. 坚持高位布局，搭建乡村振兴的"四梁八柱"

山东把乡村振兴战略作为"三农"工作的总抓手，坚持农业农村优先发展基本原则，着力加强顶层设计，高起点谋划、高标准推进。一是高位推动，五级书记抓乡村振兴。建立"党委统一领导、政府负责、党委农村工作部门统筹协调"的农村工作领导体制和"省负总责、市县抓落实"的推进机制，成立了省委农业农村委员会，省委书记任主任，省长、省委副书

---

　* 本报告获得时任湖南省委常委、省委副书记乌兰的肯定性批示。

　** 调研组组长：谈文胜，湖南省人民政府发展研究中心原党组书记、主任；调研组副组长：侯喜保，湖南省人民政府发展研究中心党组成员、副主任；调研组成员：左宏、李银霞、侯灵艺、贺超群、戴丹、言彦，湖南省人民政府发展研究中心研究人员。

记、分管副省长任副主任，统筹推进乡村振兴战略。各市县党委也按此调整机构，配备力量。出台五级书记抓乡村振兴的实施细则，把乡村振兴纳入市县综合考核和省直部门绩效考核。同时，出台乡镇政府工作条例，拿出扩权赋能减负实招硬招，明确激励干部担当作为各项措施。二是规划引领，建成"1+1+5+N"政策体系。山东在全国率先出台《关于贯彻落实中央决策部署实施乡村振兴战略的意见》和《山东省乡村振兴战略规划（2018～2022年）》，并同步制定了产业振兴、人才振兴、文化振兴、生态振兴、组织振兴等5个具体工作方案，以及若干专项政策方案，包括涉农资金整合、产业融合发展、基层党组织育强等，以"1+1+5+N"的规划体系，搭建起推进乡村振兴的四梁八柱。

2. 坚持党建统领，激发乡村振兴的强劲动能

山东省把党的建设和领导贯穿于乡村振兴的各个方面和全过程，强化基层党组织的领导地位和战斗堡垒作用。一是探索了"双基多维"的基层治理体系。"双基"，即党组织着重在基层社会化服务和基层社会治理中发挥引领力和组织力；"多维"，就是把党的组织和党的活动嵌入农村社会各领域，做到哪里有群众、哪里就有党的工作，哪里就有党员、哪里就有党的组织。截至2020年底全省已成立农村基层联合党组织2011个。二是村党组织领办合作社。把党组织政治引领功能、合作社抱团发展优势和农民致富愿望有机结合，把党组织建在产业链上、建在合作社里。目前全省已发展3.7万家党支部领办合作社，带动286万户社员致富。如代村充分发挥基层党组织的战斗堡垒作用，注重党在工作中的核心地位，突出党的一元化领导，实现党村企合一，村集体经济由当初的负债380多万元，发展到2019年村集体各业总产值30亿元，村集体纯收入1.3亿元，走上了强村富民、共同富裕的新型集体化道路。

3. 注重精准施策，探索不同类型的乡村振兴之路

山东各地注重从实际出发，因地制宜、精准施策，探索不同类型的乡村振兴之路，让禀赋不一、特色不一的乡村资源各美其美，美美与共。一是分类施策找准乡村定位。山东结合地理区位、资源禀赋、产业基础等，将村庄

大致分为集聚提升类、城郊融合类、特色保护类、搬迁撤并类，对不同的村庄分类施策，实施差异化发展。二是因地制宜推进产业振兴。围绕发展优势产业、特色产业、乡土产业，实施"百园千镇万村"工程，打造了苹果、蔬菜两个国家优势特色产业集群和优质畜牧、齐鲁粮油、特色水产等千亿元级区域性优势特色产业集群。有的依托当地资源禀赋，大力发展乡村优势特色产业，如平阴的玫瑰产业、金乡的大蒜产业、威海市文登区的西洋参产业等，都已成为当地富民兴村的好产业。三是以固有风貌打造美丽乡村。以多样化为美，通过实施乡村记忆工程、传统村落保护及非物质文化遗产保护等工作，保持乡村固有的历史、文化、风俗、风貌等，使乡村振兴各具特色，让人们记得住乡愁。如兰陵压油沟田园综合体、荣成东墩村海草房、济南平阴古村落等。四是鼓励探索不同的乡村振兴模式，如用足用活土地政策推动城乡融合发展、发展"两业"催生"棚二代"、打造城乡融合发展新的"诸城模式"等。

4. 盘活资源要素，强化乡村振兴的制度性供给

山东注重发挥好"钱、地、人"等关键要素的支撑保障作用，强化乡村振兴制度性供给。一是加快农村土地流转步伐。山东认真落实承包地"三权分置"制度，通过加快建设农村产权流转交易市场等措施破解制度创新不够问题，创新性地探索出"土地托管服务"模式，后来衍生出"托管流转""托管合作"等多种组合方式的农村土地经营模式并在全国推广。截至 2019 年底，山东省土地流转率达到 42.3%，全省农业生产托管服务面积已达到 1.46 亿亩次。有关专家根据目前的土地流转面积和生产托管面积测算，山东土地经营规模化率已超过 60%。二是不断提升"三农"科技含金量。山东出台"科技创新支撑乡村振兴的 18 条"，着力推动科技联结农业、科研院所联结农村、科技专家联结农民，逐步实现农业智慧化、优质化、品牌化。目前，全省主要农作物良种覆盖率超过 98%、综合机械化率达 89%，农业科技进步贡献率超过 65%，高出全国 5 个多百分点。三是创新机制，破解涉农主体融资难。为解决涉农资金多头管理、使用分散等问题，山东创新性地把涉农资金全部纳入乡村振兴"资金池"，进行集中统一管理、统筹安排使用。3 年来，山东不断健全涉农资金整合长效机制，"握指成拳"，提高涉农资金规模效益；研究土地出让收入优先支持乡村振兴政策；完善农业信贷担保体系，破解涉农主体融资难题。2020 年，山东省级安排乡村振兴战略资金 655 亿元，纳入统筹整合范围 460 亿元。全省第一产业固定资产投资同比增长 43.6%，远高于全国平均水平。四是培育乡村振兴生力军。出台推进乡村人才振兴的若干措施，组织"千名干部下基层"，实施"千企助千村"振兴行动，启动免费"农科生"定向培养计划，在全省全面推开新型职业农民职称评定制度，打破学历、论文、科研成果等条框限制，重点考察技术水平、经济社会效益和示范带动作用，种植多少粮食、饲养多少畜禽等都可以作为评定依据。3 年来，一批"田秀才""土专家"脱颖而出，1.8 万人获得基层高级职称，2 万名乡镇专业技术人员获得中高级职称，破解人才资源短缺问题。

二　对湖南的启示与建议

1. 紧抓"一个核心"

坚持以党的领导，抓牢"头雁队伍"这个核心，持续强化"领头雁"工程建设，通过调整充实、轮训培训等多种举措锻造一支强有力的村两委队伍。实施能人进"两委"工程，探索建立村两委人才吸纳使用机制，将乡土能人、农村乡贤、退伍军人、离退休干部、大学生村官等人才纳入村级组织，不拘一格选优配强村级班子，特别是支部书记。实施"党建+"工作模式，以"党建+机制""党建+人才""党建+产业"为载体，推动党建工作与乡村振兴深度融合，为实施乡村振兴战略提供坚强政治和组织保障。严格村干部实绩管理，树立以实绩选干部的导向，建立村干部实绩档案，落实换届期间"晒实绩"制度。

2. 激发"两个动力"

一是激发人才动力。乡村振兴，农民是主体，人才是关键。要鼓励广大农民积极参与乡村有效治理，比如采取自下而上和自上而下相结合的方式，让村民参与制定村庄振兴的具体规划和方案。借鉴山东经验，建立新型职业农民职称评定制度，以业绩贡献、经济社会效益和示范带动作用等作为考察重点。联合湖南农业大学、中南林业科技大学等高校开展农科生定向委培。探索建立乡村振兴首席专家制度，吸引乡贤、大学生、专技人才、双创人才等各类人才与村庄结对共建、合作共赢。二是激发科技动力。农业发展的根本出路在于科技进步，实现乡村振兴发展，必须依靠科技创新引领，强化农业科技创新转化。推动"互联网＋"现代农业发展，运用大数据、云计算、人工智能等技术，改造提升传统农业，发展智慧农业、设施农业、数字农业，提高农业智能化和精准化水平。实施科普惠农乡村振兴计划，高效普及农技知识，采取"线上＋线下"的方式，组建科技服务小分队，通过微信、QQ等社交平台在线指导农业生产科普答疑。

3. 推动"三大改革"

一是加强农村土地"三权分置"改革。2015年湖南省浏阳市等率先成为国家农村土地制度改革试点之一，总结了一批试点成功经验。湖南应在已有经验的基础上，全面推进土地制度改革，不断完善农村土地"三权分置"的相关制度，推动土地流转和土地托管服务，提高土地资源利用效率，发展土地适度规模经营，提升农业社会化服务化水平。二是加速农村集体产权制度改革。湖南要在总结资兴市、常宁市、汉寿县、龙山县等纳入全国第一、二批试点县（市）的农村集体产权制度改革经验基础上，加快有效经验在全省的推广工作。首先要抓好各县市乡村集体资产的清理工作，盘活农村各类"沉睡的资产"，发挥资产增效功能，给予农民充分利用财产的权利。其次，要打破传统观念，探索城镇户口迁回农村原迁出地，或者允许迁出的城镇居民与村民合建或者租赁农村宅基地建房，促进城乡要素之间实现双向流动，为乡村振兴增添活力。三是继续深化林权制度改革。进一步放活林地经营权，积极推进重点生态区位商品林赎买改革试点，有效破解生态保护和林农增收之间的矛盾，实现生态效益、经济效益和社会效益共赢。科学合理利用森林资源，大力发展森林旅游、森林康养、林下经济、林产品加工等绿色富民产业，推广"龙头企业＋专业合作社＋基地＋农户""专业合作社＋基地＋农户"等新型经营模式。

4. 完善"四个体系"

一是完善政策规划体系。完善乡村振兴政策规划体系，根据不同村庄的发展现状、区位条件、资源禀赋等，按照城乡融合类、农业发展类、生态保护类、特色保护类、集聚提升类五类村庄功能类型，分类推进村庄建设发展。探索建立"一师两员"制度（即乡村规划师，规划联络员、监督员），建立规划"留白"机制，留足村庄未来发展空间。二是完善典型示范体系。积极推进湘赣边区区域合作示范区乡村振兴建设，大力实施现代农业发展示范工程、农业产业强镇和特色小镇培育工程、农村人居环境示范工程、水利建设示范工程。分类推进乡村振兴示范，浏阳市和醴陵市率先打造全面推进乡村振兴样板区，攸县打造梯次推进乡村振兴样板区，平江、桂东、茶陵、炎陵、汝城、安仁、宜章 7 个县打造巩固拓展脱贫攻坚成果同乡村振兴有效衔接样板区。三是完善区域公共品牌体系。借鉴"好品山东"建设经验，构建"湘当有品"品牌体系。在推动规模化经营和标准化生产的基础上，通过精细策划、整合营销、规范管理等举措，带动各类新型主体参与，以"地名+特产"构建一个全品类、全产业链的区域公用品牌，形成"区域母品牌+企业子品牌"的叠加效应。四是完善涉农资金统筹管理体系。借鉴山东省经验，成立省级涉农资金统筹整合领导小组，省委书记任组长，省长任副组长，将分散在各省直部门的全部涉农资金整合，统一纳入乡村振兴资金池。省、市下放管理权限，建立目标到县、任务到县、资金到县、权责到县"四到县"涉农资金管理体制。实施涉农资金统筹整合综合绩效评价，将综合绩效评价结果与涉农资金分配挂钩，在今后分配省级乡村振兴重大专项资金时，对"优秀"和"良好"等次的市给予倾斜，对"合格"等次的市缩小资金规模，体现奖优罚劣，推进涉农资金统筹整合取得更好成效。

乡村振兴面临的四个主要问题及对策建议

湖南省人民政府发展研究中心调研组[*]

农业农村同快速推进的工业化、城镇化相比，"一条腿长、一条腿短"问题比较突出。全面建成小康社会之后，实施乡村振兴战略，提高农业农村的现代化水平，缓解城乡发展不平衡问题，是实现全体人民共同富裕愿景目标的必然要求。湖南作为农业大省，最大的发展不平衡是城乡发展不平衡，最大的发展不充分是农村发展不充分。全省 2.4 万个行政村，各自差别很大，乡村问题的复杂性和在地文化的多元性，决定了乡村振兴是个长期的奋斗过程。

一 乡村振兴面临的四个问题

内力不足，外力欠缺，乡村经济发展总体上缺乏引导，仍处于自生自灭的粗放状态是乡村振兴面临的根本问题，具体表现为如下四个方面。

（一）乡村振兴，"谁来振兴？"

工业化、城镇化发展，导致乡村人才纷纷投入城市建设中，青壮年劳力、高素质人群流失严重。《2020 年农民工监测调查报告》显示，我国农民工总量为 28560 万人，占全国人口的 20.2%，占乡村人口的 56.0%。根据第七次全国人口普查结果，湖南省常住人口中，居住在城镇的人口为

---

[*] 调研组组长：谈文胜，湖南省人民政府发展研究中心原党组书记、主任。调研组副组长：侯喜保，湖南省人民政府发展研究中心党组成员、副主任；蔡建河，湖南省人民政府发展研究中心党组成员、二级巡视员。调研组成员：刘琪、张鹏飞，湖南省人民政府发展研究中心研究人员。

39046176 人，占 58.76%；居住在乡村的人口为 27398688 人，占 41.24%；与 2010 年第六次全国人口普查相比，乡村人口减少 9849011 人，占乡村人口的比例为 26.4%。究其原因，一是城乡收入差距较大。2020 年，湖南城乡收入比高达 2.51；二是农村的公共服务、社会保障水平与城市相比差距巨大。乡村振兴，根本要依靠农民。农村劳动力外流严重，"谁来振兴"，成为乡村振兴的关键问题。

（二）土地要素如何激活？

近年来，我国围绕农村土地进行了一系列改革，取得了长足进步。但受限于系统性不强、缺乏实施细则等因素，改革进展不快，制约了农业农村现代化进程。以农村土地流转为例，由于缺少正规的流转中介、健全的利益分配和保障机制、完善的监督管理机制等，土地流转规模和效果不甚理想。截至 2021 年 5 月，全省仅有株洲和娄底 2 个市和 39 个县市区建立了农村产权流转交易中心；土地经营权流转颁证试点也仅在全省小范围展开。同时，农民人均占有土地数量少、农业生产被压制在商品价值链的最低端，农用土地价值偏低而城市生活成本过高，导致农民手中的土地价值相对于城市的生活成本来说微不足道，面对在城市不可预期的未来，还不如把农村的土地作为自身和家人退可安身立命的最后保障。这也是农民不愿流转土地的主要原因之一。农村最丰富的资源就是土地，农民最大的财产也是土地，如果不能激活土地要素市场、激发农民积极性，乡村振兴将缺乏动力。

（三）农业基本还是"靠天吃饭"，未来路在何方？

一是农业规模化经营程度低。根据第三次农业普查，全省农业生产经营人员 1723.33 万人，从事种植业的人员占全部农业生产经营人员的比例达 91.9%。规模经营方面，规模农业生产经营人员仅为 48.94 万人，占全部农业生产经营人员的比例仅为 2.84%，比全国 7.58% 的平均水平低 4.74 个百分点。二是农业基础设施落后。湖南省农业物质技术装备水平低，抗灾减灾的能力不强。据统计，2019 年全省设施农业蔬菜播种面积仅占全省蔬菜播种面积的 4.8%，蔬菜种植抵御旱涝冰雪等自然灾害能力和抗病虫害能力较差。例如 2020 年 3 月的冰雹灾害造成了益阳赫山区蔬菜受灾面积 9400 亩，成灾面积 4200 亩，绝收面积 2600 亩。三是"两头不可控"导致农业生产面临较大不确定性。生产端：劳动力、农资价格等要素成本继续上涨，推高农产品生产成本。销售端：省外竞争、农产品供求变化、投机资本炒作等带来农产品价格剧烈波动。双重挤压下，农业发展不确定性风险增大。四是收入结构难以支撑农业升级。目前的分配结构、经济结构和增长方式决定了难以为高科技、高品质、高附加值的现代农业产品提供足够广阔的市场。在当前的收入分配结构以及住宅成本过高的压力下，中产阶级没有足够的消费能力来消费现代农业生产出来的高品质、高价格的农产品以及乡村休闲旅游等服务业产品。

（四）乡村振兴的钱从哪里来？

乡村振兴资金主要来自政府、社会资本、金融机构等三个方面，从目前看，资金短缺是实施乡村振兴战略面临的难题之一。

财政资金总体规模有限。2020 年 9 月中办国办印发《关于调整完善土地出让收入使用范围优先支持乡村振兴的意见》，明确提出，从"十四五"第一年开始，各省（区、市）要分年度稳步提高土地出让收入用于农业农村的比例；到"十四五"期末，以省（区、市）为单位核算，土地出让收益用于农业农村的比例要达到 50% 以上。政府资金重点用于高标准农田建设、农田水利建设、现代种业提升等突出短板和道路、厕所、雨污分流、路灯等基础设施建设。但乡村振兴不仅仅是实现基础设施的改善和人居环境的提升，为实现产业振兴、有效治理等领域的进一步发展，资金需求会越来越大，财政资金不可能包揽所有。

社会资本参与积极性不高。早在 2019 年《国务院关于促进乡村产业振兴的指导意见》中就专门提出要"有序引导工商资本下乡"。但事实上社会资本进入农村的意愿普遍不强。原因主要有：一是相对于工业领域，社会资本投资农业领域的税收、补贴等优惠政策并不明晰，使得社会资本对投资农业有顾虑。二是农业投资回报周期较长、风险较高，而农业发展又与保障粮食安全、维护生态环境等重大战略紧密联系，易受政策导向的影响，从资本逐利性和风险规避的角度来看，农业农村领域并不是社会资本的首要选择。同时，近些年来的资本"脱实向虚"，也制约着资本下乡。

金融资本支持力度不够。近年来，国家对于金融服务乡村振兴、促进农村金融发展出台了一系列政策措施。但从效果来看，金融资本在乡村振兴中发挥的作用仍不明显。目前，金融体系提供的金融服务和金融产品在标准、特点、审批时效、贷款期限等方面大多针对工业企业的经营而设计，与差异化、个性化、成本低廉化、季节性强的农村金融需求不相符合。金融机构网点设置、人员、信贷资源配置等仍主要集中于城市，数字技术在农村金融中发挥的作用有限，金融机构对新型经营主体和小农户渗透力不足。2019年，全省农林牧渔业贷款余额为259.14亿元，占全省贷款余额的比例为1.07%，远低于农林牧渔业增加值占GDP 9.7%的比例。

二　对策建议

如何振兴？就是要贯彻产业兴旺、生态宜居、乡风文明、治理有效、生活富裕的总体要求，抓住关键问题，树立系统性思维，以脚踏实地、久久为功的务实态度，推进乡村振兴战略实施。

（一）实施"一县一链"培育工程，让农民能够在家门口就业

"一县一链"工程，即引导每个县培育并形成一条完整的产业链。"链"可以是农业产业链、制造业产业链、文旅产业链，但从全省来看，应以制造业产业链为主。"一县一链"不是一个县只能发展一个产业，县域经济可以是"多点支撑"。"一县一链"工程，重点是立足县域资源禀赋，通过深入挖掘、主动培育，逐步形成一个在全省乃至全国具有比较优势的产业链，并持续推进产业升级。通过实施"一县一链"工程，让农民在家门口就业，

推进全省更多的县域人口正增长。建议：省级层面研究出台"一县一链"培育工程实施意见，明确推进路径和支持政策，倒逼县级层面将有限的资源集中到培育特色优势产业集群上来，推动全省形成系统推进、精准施策、一抓到底的县域产业培育体系。例如，邵东市抓住打火机产业由广东等沿海地区向内地转移的趋势，积极培育打火机产业集群，机壳、底座、弹簧、火石、电子等15类200多种配件全部实现自产，2021年总产值预计突破百亿元，其中，一次性打火机占全球70%的市场份额。岳阳平江县通过深挖起源于清咸丰年间的酱干和20世纪90年代发明的辣条，着力培育休闲食品产业集群，2020年实现产值400多亿元，带动就业10多万人。

（二）引导人才回归，培育乡村振兴"生力军"

一是建立有吸引力的乡村人力资源政策。政策的核心目标是引导优质资源投入乡村人才振兴建设，平衡好和保护好乡村原住人口与新进人口这两类群体的权利和利益，吸引各方人士投身乡村振兴，为乡村人才振兴创造良好的内在条件和外部环境。例如进一步细化和落实支持返乡农民工就地就近就业的各项政策。二是强化职业技能培训。组织开展农业技能培训、返乡创业就业培训，探索田间课堂、网络教室等培训方式，支持新型职业农民通过弹性学制参加中高等农业职业教育，培养一批有文化、懂技术、善经营、会管理的高素质农民和农村实用人才、创新创业带头人。三是加强乡村本土化人才建设。围绕产业链、价值链、创新链布局人才链，系统谋划，积极发掘和培养各领域能工巧匠、民间艺人等乡土人才，定期举办传统技艺技能大赛，增强乡土人才创新创造创业能力，切实发挥其在技艺传承、产业发展等方面的带动作用。四是引导乡贤乡友"回乡"。以乡情乡愁为纽带，引导和支持企业家、党政干部、专家学者、医生教师、技能人才等通过下乡担任志愿者、投资兴业等方式服务乡村振兴事业；引导涉农高校毕业生、"城漂"、退伍军人、退休市民等各类群体回乡创业。五是加强干部能力建设。以习近平总书记关于全面推进乡村振兴的重要论述为核心内容，推动各级干部加强理论学习和调查研究，切实增强做好"三农"工作的本领。

（三）以强化利益联结盘活土地资源，激发农民积极性

一是建立协同推进机制。整合商务、工业以及农业等各部门的资源信息和政策信息，探索农业产业发展与土地流转等协同推进的政策，引导相关部门协同推进。同时，进一步完善农业生产经营收益科学分配机制、农业产业化带农惠农机制，让农民共享全产业链增值收益。二是探索并推广资本与农民利益联结的典型经验。围绕乡村振兴，探索总结一批产业与农民收益共享、风险共担的利益联结机制标杆，形成典型经验，逐步向全省推广。由于目前农村产权市场不成熟，农民和农村集体经济组织拥有的各类资产特别是土地资源缺乏合理的定价机制，难以有效估值，因而不宜长时间、大面积、一次性作价转让给社会资本。三是探索参与主体评价体系。建立全省利益联结各主体信用评价体系，及时公布各主体的信用评分结果，以此激励各主体约束自身行为，给予其他主体一定的参照和警示作用。四是优化服务监管。总结土地流转与产权交易平台建设经验，探索建立全省的农村土地流转交易中心，集成资金融通、资产评估、信息公开、风险管理等中介服务功能。同时，探索建立并持续完善农用地流转政府指导价机制，保护农民权益，促进农业产业化发展。五是加大政策宣传力度。通过抖音等农民喜闻乐见的平台，开展土地流转、利益联结方面的普及宣传，强化农民对于利益联结和土地流转的正确认知。同时，增强农民的维权意识，明确农民的违约责任，鼓励农户维护自身合法权益。

（四）加快农业产业化发展，着力构建乡村产业体系

一是培育农业产业化联合体。引导各县市区扶持一批龙头企业牵头、农民合作社和家庭农场跟进、广大小农户参与的农业产业化联合体，通过规模化生产、专业化加工、品牌化营销、全程化服务，实现统一生产规划、统一生产服务、统一技术管理、统一资金服务、统一收购销售等，构建分工协作、优势互补、联系紧密的全产业链利益共同体。二是引导农业产业向全产业链方向发展。聚焦优势特色千亿元产业，聚集农业多种功能，聚合上中下

游各个环节，聚拢全链各类经营主体，推进强链补链延链，引导农业产业向全产业链发展，培育一批国家级、省级农业全产业链重点链和典型县。三是构建"一网打尽"的信息平台。建设重点农产品市场信息平台，以重点品种全产业链数据的采集、分析、发布、服务为主线，建立"一网打尽"式市场信息发布服务窗口。建立健全适应农产品网络销售的供应链体系，帮助解决农产品"卖难"问题，实现以优质优价带动农民增收。建设农产品安全信息化可追溯管理系统，对销售主体和农产品相关信息实施电子信息归集管理，实现农产品来源可查、去向可追、信息真实、查询便捷。

（五）有序引导资本下乡，激发乡村再造和产业发展的内生动力

政府资金：与实施乡村振兴战略规划衔接好，聚焦农业基础设施、农业科技成果转化等补短板、强弱项，统筹整合土地出让收入用于农业农村的资金。可考虑设立乡村振兴专项资金，进一步推进政府涉农资金整合，不断提高财政资金利用效率。社会资金：在坚守土地用途管制法律底线的前提下，尽可能降低工商资本进入的门槛与障碍。同时，要强化对工商资本下乡的政策支持力度，抓好人、地、钱等关键环节，落实和完善融资贷款、配套设施建设补助、税费减免、用地等扶持政策，鼓励建立政府与工商企业沟通的长效机制，出台面向工商企业的乡村振兴政策服务指南，完善工商资本投资项目的基础设施配套，加大新产业新业态发展的基础设施投入。金融资本：加快推进主要银行重心下沉服务乡村金融。加快推进金融数字化发展，借助大数据等新技术创新乡村振兴专用金融产品。银行业特别是国有银行，要增强政治担当，其提供的农村金融产品需要针对农业经营实际情况制定相应的申请条件，不能生搬硬套城市金融产品的申请模式，也需要针对农户的金融知识水平合理设置产品申请门槛，不能让农户在"最后一公里"放弃寻求金融资本的支持。

民 生 建 设

进一步降低湖南省用电价格的对策建议[*]

湖南省人民政府发展研究中心调研组^{**}

　　降低用电成本、确保电价优惠红利政策落地见效是"十四五"时期推进经济高质量发展、能源治理体系和治理能力现代化的重要内容。近期，湖南省电力供应紧张，电力供应存在较大缺口，电价仍然处于高位，省内企业对于降低电价和用电成本的政策诉求较强。为此，调研组对湖南省与全国以及中部省份的电价进行了对比分析，分析了湖南省电价较高的主要原因，并从加大能源补短板力度、推进电力市场化交易、完善峰谷分时电价政策、理顺电价机制、加强监管、提升用电效率等方面提出了进一步降低湖南省电价的建议。

一　全省电价改革取得一定成效

　　自 2015 年起，湖南省连续出台一系列降低电价的改革政策措施，累

---

　[*]　本报告获得湖南省委副书记、省长毛伟明的肯定性批示。

　^{**}　调研组组长：谈文胜，湖南省人民政府发展研究中心原党组书记、主任；调研组副组长：唐宇文，湖南省人民政府发展研究中心原副主任、研究员；调研组成员：左宏、闫仲勇、康耀心，湖南省人民政府发展研究中心研究人员。

计降低大工业目录电价 0.066 元/千瓦时、降低一般工商业目录电价 0.2057 元/千瓦时，累计降低工商业用电成本超过 180 亿元。根据国网湖南省电力公司统计数据，截至 2020 年 11 月，湖南省阶段性降低电费金额达 24 亿元，省内大工业用电实际到户均价 0.652 元/千瓦时，较 2019 年下降 1.9 分/千瓦时、较 2015 年下降 8.3 分/千瓦时；一般工商业及其他用电实际到户均价 0.684 元/千瓦时，较 2019 年下降 5.3 分/千瓦时、较 2015 年下降 22.8 分/千瓦时。已成交市场合同电量达 554.7 亿千瓦时，完成年度目标 480 亿千瓦时的 115.56%，平均每千瓦时降低电价 1.74 分，降价幅度同比（1.16 分/千瓦时）增加 0.58 分/千瓦时，释放市场改革红利 9.7 亿元。

二　全省电价在全国及中部六省中位居前列

当前，无论是工业用电还是居民用电，湖南省电价均位居全国及中部前列，在一定程度加大了企业成本，降低了企业竞争力。

1. 大工业用电和一般工商业用电电价位居全国第五、中部第一，居民生活用电电价位居全国第五、中部第二

湖南省降电价举措在降低省内企业用电成本方面具有一定成效。然而，横向比照全国各省份电价，湖南省电价较高，在全国及中部六省中均排名前列。根据各省份 2020 年底销售电价数据，湖南省工业用电电度电价（10 千伏电压等级下）和一般工商业及其他用电电价（1 千伏电压等级下）分别为 0.6437 元/千瓦时和 0.7003 元/千瓦时，均排在全国第五位、中部六省第一位。湖南省居民生活用电电价（1 千伏电压等级下）为 0.588 元/千瓦时，在全国排第五位，在中部六省中仅低于江西省 0.6 元/千瓦时排在六省中第二位。

2. 燃煤发电基准价位居全国第二、中部第一

自 2020 年 1 月 1 日起，我国取消煤电联动机制，将标杆上网电价机制改为"基准价+上下浮动"的市场化价格机制，湖南省基准价按现行燃

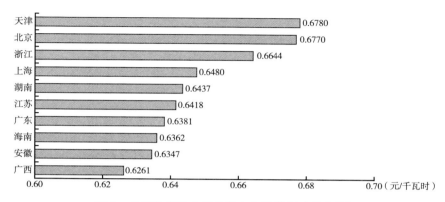

图 1   全国分省份大工业用电电价排行（前十位）

注：北京为城区价，上海为非夏季价，广东为广州、珠海、佛山、中山、东莞五市价，下同。

资料来源：调研组根据各省份发改委网站公开资料整理（截至 2020 年 12 月）。

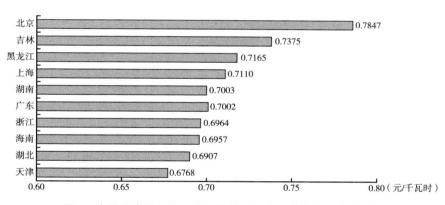

图 2   全国分省份一般工商业及其他用电电价排行（前十位）

资料来源：调研组根据各省市发改委网站公开资料整理（截至 2020 年 12 月）。

煤发电标杆上网电价即 0.45 元/千瓦时确定，基准价水平在中部六省中排第一位，在全国排第二位，仅次于广东省。中部六省电网销售电价比较见表 1。

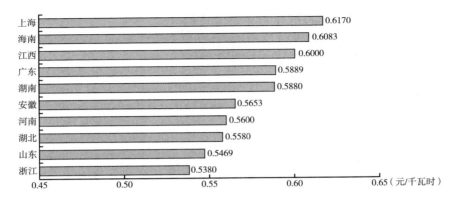

图 3　全国分省份居民用电电价排行（前十位）

资料来源：调研组根据各省市发改委网站公开资料整理（截至 2020 年 12 月）。

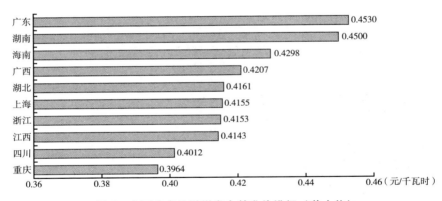

图 4　全国分省份燃煤发电基准价排行（前十位）

资料来源：调研组根据各省市发改委网站公开资料整理（截至 2020 年 12 月）。

3. 电力市场交易降价幅度较低

当前湖南省发电企业市场化交易尚未实现充分竞争，交易价格降幅较低。其中，2019 年湖南省电力市场化平均降幅 1.16 分/千瓦时，2020 年虽上升至 1.74 分/千瓦时，但仍然较全国平均水平低了约 2 分/千瓦时，基本维持在政府规则要求的降幅下限。

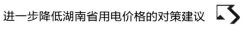

表 1　中部六省电网销售电价比较

用电类别	省份	电度电价及基金附加合计（元/千瓦时）					基本电价		10千伏/不满1千伏电价排位
		不满1千伏	1~10千伏	35千伏	110千伏	220千伏	最大需量（元/千瓦·月）	变压器容量（元/千伏安·月）	
大工业用电	湖南		0.6437	0.6147	0.5867	0.5627	30	20	1
	江西		0.6193	0.6043	0.5893	0.5793	39	26	3
	湖北		0.6117	0.6069	0.5738	0.5548	42	28	4
	安徽		0.6342	0.6192	0.6042	0.5942	40	30	2
	河南		0.6105	0.5955	0.5805	0.5725	28	20	5
	山西		0.5132	0.4832	0.4632	0.4532	36	24	6
一般工商业及其他用电	湖南	0.7003	0.6803	0.6603	0.6403				1
	江西	0.6311	0.6161	0.6011					4
	湖北	0.6907	0.6707	0.6657	0.6507				2
	安徽	0.6198	0.6048	0.5898					5
	河南	0.6125	0.585	0.5582	0.5315				6
	山西	0.6755	0.6555	0.6405					3
居民生活用电	湖南	0.588	0.573	0.563					2
	江西	0.6	0.62	0.62	0.62				1
	湖北	0.558	0.57	0.57	0.57				4
	安徽	0.5653	0.5503						3
	河南	0.56	0.529						5
	山西	0.477	0.467	0.467					6

燃煤发电基准价	省份	基准价（元/千瓦时）	全国排位	中部六省排位
	湖南	0.45	2	1
	江西	0.4143	8	3
	湖北	0.4161	5	2
	安徽	0.3693	18	5
	河南	0.3779	14	4
	山西	0.332	25	6

资料来源：调研组根据六省份省发改委网站数据整理（截至 2021 年 12 月）。

249

三　导致湖南省电价偏高的四大因素

资源禀赋有限、电力输送通道不畅、用电总体水平低且峰谷负荷差异大、用电政策不完善等成为湖南省电价居高不下的主要原因。

1. 资源禀赋有限，发电成本高

一是煤炭资源严重不足。据统计，湖南省每年需从外省调入 6000 万～7000 万吨煤炭，加之受近年来本地煤矿关停、进口煤指标只减不增等因素影响，使得省内电煤供应、价格形势愈发紧张。对比中部省份及周边省区，安徽、山西、贵州均是煤炭大省，当地燃煤火电企业可就地取材，发电成本相对较低；湖南燃煤发电企业原材料大量依赖外输，采购和运输投入较大，发电成本相对较高，进一步拉高省内燃煤机组上网标杆电价。截至 2020 年底，湖南省燃煤发电基准价每千瓦时较山西高 0.12 元，较贵州高 0.1 元，较安徽高 0.08 元。二是清洁能源波动性大。湖南为水火互济大省，水电、风电等清洁能源装机占比高。但湖南水电在冬季处枯水期，出力水平不足；风电、太阳能波动性大，发电出力不稳定，难以应对用电尖峰负荷。三是能源资源与用电负荷逆向分布。湖南省风电、光伏、水电等清洁能源主要集中在湘西南、湘南以及洞庭湖等偏远地区，而用电负荷则主要集中在长株潭地区，使得跨区域输电成本较高。受上述方面影响，湖南省整体销售电价水平也随之水涨船高。

2. 能源网末端格局下电力输送通道不畅

湖南省处于全国煤炭和电力输送双末端，与湖北、江西、广东等周边省份相比，能源通道条件差、输送不畅问题十分突出。煤炭运输方面，京广、焦柳铁路运能已基本饱和，新建成通车的浩吉铁路虽释放了部分运能，但仅从湖南省东北角穿省而过，未与全省煤炭物流网形成充分联系。外来电输送方面，湖南电网与华中电网仅通过三回 500 千伏线路联络，断面最大输送能力 270 万千瓦，输送能力明显不足；新能源输电通道祁韶特高压直流投运后，与甘肃电网形成点对点联络，但实际输送能力一般在 400 万至 500 万千瓦，约为设计输送能力 800 万千瓦的一半，远不及预期。

3. 用电总体水平低、峰谷负荷差异大，发电分摊成本较高

一是用电水平低造成单位发电分摊成本高。根据 2019 年统计数据，湖南省火电平均利用小时数 3961 小时，较上一年同期下降 2.32%；全社会用电量 1864.32 亿千瓦时，仅占全国总量的 2.58%，低于湖南省人口占比 5% 和 GDP 占比 4% 的比例；人均用电为全国平均水平的 52.21%，在中部省份排名最后，在周边省区中最低。由于需求总量小，生产度电固定成本上升、单位发电分摊成本增高。二是电力负荷峰谷差异大，电力系统利用率低下、运行成本高。湖南省用电峰谷负荷差异明显，用电高峰负荷主要集中在夏、冬两季。2020 年 12 月，受气温骤降、居民取暖、工业用电大幅攀升等多重因素叠加影响，电网负荷创冬季用电负荷历史新高。然而，由于电力负荷无法实现精准预测，发电企业为维护设备正常运转需要运行部分设备，也需要在用电高峰时备用生产能力，导致发电机组利用效率低下、电力系统投资效率不高，造成资源浪费和生产能力浪费，推高系统运行成本。

4. 电价政策影响

一是电价交叉补贴高。当前，湖南省电价政策延续工商业电价补贴居民生活用电和农业生产用电的模式，居民、农业、重要公用事业和公益性服务等用电价格低于其供电成本，主要通过提高工商业用户电价来维持低位、平稳。湖南省每年交叉补贴额超过 70 亿元，居民用电越多，工商业承担补贴越重，导致工商业用电价格增高。二是电价中包含多种政府性基金及附加。销售电价构成中包含电度电价（包括购电成本、输配电损耗和输配电价）和政府性基金及附加。目前，湖南省工商业用电的每度电电价中包含政府性基金及附加合计 0.04625 元，具体征收项目包括：农网还贷资金 0.02 元、库区移民后期扶持资金 0.0062 元、可再生能源附加 0.019 元、重大水利工程建设基金 0.00105 元。按比重分析，湖南省政府性基金及附加额约占销售电价的 7% 左右。三是转供电过程中存在加价行为。由于部分用电用户没有自己的电力设备、在供电公司没有单独的用电户头，生产经营用电都是通过园区专用变压器转供，故形成了大工业转供电的局面。转供电主体包含商业综合体、产业园区、物业、写字楼等。截至 2020 年底，湖南省约有转供电主体 3213 户，涉及终端用户超过 28 万户，转供电主体对终端用户的电价参照一般工商业转供电终端用户的最高限价政策 0.8503 元/千瓦时执行，但由于转供电费核对和结算操作流程复杂，终端用户难以监督，部分转供电主体对终端用户进行违规加价，加重终端用户负担。

四　进一步降低湖南省电价的对策建议

根据国家已核定批复的第二监管周期输配电价，湖南省输配电价"应涨不涨"保持不变，电网环节输配电价以及政府性基金及附加已经充分挖掘，持续降价空间有限、难度较大。因此，下一阶段要在继续深化电力体制改革的基础上，进一步完善市场机制和有效监管，多措并举筹集降价来源，推动企业用能成本的持续降低。

1. 加大能源补短板力度，优化电源结构

根据省电力有限公司测算，未来五年，湖南省用电负荷仍将保持较快增长，全社会用电量将达到 2600 亿千瓦时、最大用电负荷达到 5400 万千瓦，现有供电能力已无法满足需求。因此，需从电源、电网和储能建设等多方面综合施策，以确保全省经济社会发展得到坚实的能源支持，为工商业降成本提供可观红利。一是加快推进省内大型电源项目建设，提升电力供给能力。重点推进永州电厂、平江电厂、华容电厂、平江抽水蓄能电站、安化抽水蓄能电站、五强溪水电站扩机工程等一批在建项目建设，提升省内大型电源支撑能力。在长株潭负荷中心周边，结合煤运、水运通道条件研究布局株洲电厂"退城进郊"、石门电厂三期、益阳电厂三期等清洁高效煤电项目，提高电网安全稳定水平及供电可靠性，缓解湖南省能源供应紧张问题。二是加大外电入湘力度，提升电力跨省、跨区互济能力。为在"十四五"期间系统性解决湖南省电网"强直弱交"问题，亟须加快推进"荆门—武汉—南昌—长沙—荆门"华中特高压交流环网建设，重点推动雅中—江西特高压

（雅中直流）直流电力供应湖南；同时，全力促成宁夏清洁电能入湘，提升湖南整体外受电能力。三是有序发展新能源，推动储能发展。加快推进"新能源+储能"模式，对新增风电按照装机容量20%配置储能、新增光伏按照装机容量10%配置储能，统筹推进多能互补融合发展，形成"风光有序发展、垃圾地热加快发展、氢能示范发展"格局，缓解全省电力供需矛盾，解决全省电力保供压力大、调节能力弱、储备能力不足等短板。四是大力发展能源互联网。一方面，将发展能源互联网确定为湖南省重大战略，纳入湖南省"十四五"规划的重点方向和主要任务，加快研究出台专项规划，加强顶层规划和整体推进；另一方面，加快"互联网+"智慧能源的电力交易政策制定和实施，着力发展智能电力装备产业链。借助威胜电子、衡阳特变电等企业，加速培育智能电力设备国家产业集群建设；完善特高压交直流输变电装备的成套优势产品研发生产，包括特高压现场组装式变压器、特高压直流换流变压器、直流断路器、特高压开关、电缆附件、换流站晶闸管和IGBT元件、绝缘材料等，努力实现年产值突破千亿元。

2. 持续推进电力市场化交易，完善市场交易规则

一是放宽准入门槛。在电力市场中长期交易方面，湖南省规定对经营性电力用户原则上全部开放。建议后续进一步稳妥放开铁路、机场、市政照明、供水、供气等公共服务行业企业参与交易，鼓励和允许优先发电机组、优先购电用户本着自愿原则，探索进入市场，扩大参与市场的主体范围，拓宽政策惠及面。二是扩大市场交易降价幅度。湖南省电力市场交易降幅远低于全国平均水平，亟须进一步完善交易规则，在机制上促进发电企业充分竞争，充分挖掘电力市场交易降价潜力，有效降工商业用户用电成本。三是建立容量补偿机制。容量补偿机制建设作为一种临时性过渡手段，可用于解决市场化发电机组在参与电力现货市场中，容量市场尚未建立时的固定成本回收问题。建议按照容量度电分摊标准按月向售电公司收取容量电费，并根据市场机组有效容量占市场机组总有效容量比例补偿给各机组，以满足电源投资激励、电力供需安全保障等现实需要。四是推进电力辅助服务市场建设。湖南省电力辅助服务市场化尚处于初级阶段，只对调峰、备用两方面服

务进行交易，省内企业、居民用户暂时都不能参与电力辅助服务市场化交易。建议未来逐步扩大市场主体准入范围，鼓励符合标准规范的储能服务提供商、调相服务提供商和用电企业参与电力市场辅助服务，同时扩大辅助服务产品种类，切实改善湖南省电力系统调节能力。

3. 完善峰谷分时电价政策，确保电力平稳保供

发挥政策引导作用，有效引导用电负荷向低谷时段转移，将有助于减少高峰电力负荷，解决湖南省电力保供问题，提高发电机组负荷率，降低发电成本。一是进一步拉大大工业峰谷电价价差。建议增加大工业季节性峰谷分时电价，转移部分大工业尖峰负荷。二是适时推动出台居民季节性峰谷分时电价，削减部分尖峰负荷。建议在保持居民用电价格总水平基本稳定的前提下，全面推行居民用电峰谷电价，鼓励居民用户参与电力移峰填谷。

4. 解决电价交叉补贴问题，理顺电价机制

一是完善电价交叉补贴方式。秉持效率优先的原则，充分考虑省内工商业和居民的电价承受能力，在维持现有销售电价水平的基础上，以明补代替暗补、少补代替多补的方式，逐渐提高居民电价、适当降低工业用户电价，最终形成无交叉补贴、能够真实反映供电成本的销售电价体系。二是适度调整居民电价。通过"生命线电价"的方式调整居民电价，即规定每人每月用电量在一定标准以下时，仍按现行的优惠电价予以收费，对超出此规定范围的电量除收取其电费外可以征收适量的电力普遍服务基金。在以后条件成熟时，再逐渐提高居民用电价格。三是保障交叉补贴资金来源。秉持资金稳定的原则，发挥电网服务平台作用，做好输配电价改革与全面放开经营性发用电计划的衔接，授权电网企业按照政府定价，采购相应的低价水电、跨区外来电等，保障过渡阶段以及将来必要的交叉补贴资金来源。

5. 加强监管，规范转供电主体行为

一是完善信息化监管机制。建议协调价格监管部门全面推进"转供电费码"等信息化监督手段的应用，研究建立主管部门与电网企业之间"搜集信息—传递线索—清理规范—反馈用户"的闭环协作机制，将降价红利惠及所有终端用户。二是规范供电环节违规加价行为。进一步加强转供电用户"一户一表"改造，及时规范转供电环节不合理加价等工作的力度，切实降低转供电用户的电价水平。

6.引导企业内部挖潜，提升用电效率

一是开展企业用电成本专项治理行动。针对用电企业自身存在变压器容量不合理、峰谷分时电价和报停等政策运用不当、节能空间挖掘不足等问题，建议由发改及工信部门牵头并会同市电力公司，开展企业用电成本专项治理行动，主动深入企业帮助诊断用电成本问题和采取针对性措施加以解决，指导企业科学用电、合理降低用电成本。二是大力推广节能高效技术和产品，加大对采用节能高效技术和产品企业的补贴力度，实现重点用能行业、设备节能标准全覆盖。引导大工业用户推进节能改造，采用新技术、新设备，提高能源利用效率，有效降低用电成本。

2035年湖南人均GDP达到中等发达国家水平测算及建议

湖南省人民政府发展研究中心调研组*

湖南省"十四五"规划纲要提出，2035年湖南省人均GDP要达到中等发达国家水平。2020年湖南省人均GDP约0.88万美元，与全国平均水平比还存在差距，居全国第14位、中部第3位，离国家发改委的中等发达国家水平的2万美元标准、国际货币基金组织的2.3万美元标准还差1.12万、1.42万美元。中心调研组按照静态标准、动态标准两种方案测算，2035年湖南省人均GDP达到中等发达国家水平的目标可以实现。为促进目标实现，需要进一步深化改革，向资本、劳动力、技术要动力，向市场、人才、科技要效率，促进经济持续健康发展。

一 现状

湖南省与全国人均GDP之比从2000年的68.31%提高到2020年的83.4%，2020年比全国平均水平低1.2万元。

1. 与全国比：湖南省人均GDP与全国平均水平相对差距逐渐缩小，但绝对差距依然较大

湖南省人均GDP与全国的比值从2000年的68.31%提高到2020年的83.4%，相对差距不断缩小。从增速看，除2005年、2006年两年外，湖南省人均GDP增速均高于全国，尤其是"十三五"时期，湖南省人均GDP年

---

* 调研组组长：谈文胜，湖南省人民政府发展研究中心原党组书记、主任；调研组副组长：唐宇文，湖南省人民政府发展研究中心原副主任、研究员；调研组成员：李学文、龙花兰、黄君，湖南省人民政府发展研究中心研究人员。

均增长 6.5%，比全国高 1.2 个百分点。2020 年，湖南省人均 GDP 约为 6.04 万元，比全国平均水平低 1.2 万元。

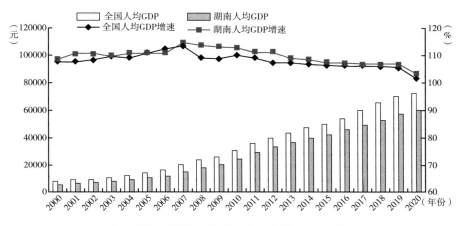

图 1　2000~2020 年湖南和全国人均 GDP 及增速

资料来源：中国统计年鉴、湖南省统计年鉴，其中 2020 年湖南数据根据 GDP、人口数据测算。

2. 与外省比：湖南省人均 GDP 居全国第14位、中部第3位，与湖北的差距逐渐拉大

2019 年，湖南省人均 GDP 为 5.75 万元，居全国第 14 位、中部第 3 位，约为排名第一北京的 35%，与湖北、安徽的差距分别为 1.98 万元、0.10 万元，比河南高 0.12 万元。从增速看，2000~2019 年，湖南省人均 GDP 年均增长 10.18%，增速在中部地区仅高于山西，但 2015~2019 年，湖南省人均 GDP 年均增长 7.36%，超过河南和安徽，仅低于江西的 8.14% 和湖北的 7.56%。自 2008 年起湖南省人均 GDP 与中部第一的湖北差距逐年拉大，2008~2019 年，湖南省人均 GDP 与湖北的比值从 91.38% 下降到 74.35%。

3. 从省内看：长株潭尤其是长沙市人均 GDP 一枝独秀，而湘南地区近年来增速最快

2019 年，长株潭地区人均 GDP 为 11.1 万元，超过全国平均水平 4 万余元，其中长沙市居全省各市州首位，人均 GDP 达 14.0 万元，在全国省会城市中居第

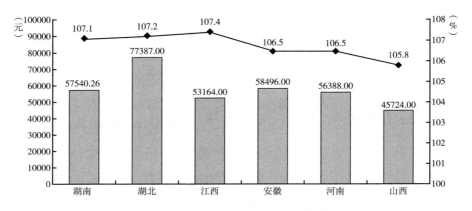

图2　2019年中部六省人均GDP及增速

资料来源：国家统计年鉴。

5位；洞庭湖生态经济区人均GDP为5.75万元，接近全省平均水平，其中常德市、岳阳市超过全省平均水平；湘南、大湘西分别为4.46万元、3.26万元，相当于长株潭地区的40.2%、29.4%，其中，人均GDP不足3万元的有湘西州和邵阳市，湘西不到长沙的1/5。2015~2019年，长株潭、湘南、大湘西、洞庭湖人均GDP年均增速分别为7.04%、7.98%、7.62%、7.76%，均高于全国平均水平；从市州来看，仅长沙市年均增速（6.21%）略低于全国平均水平（6.24%），增长最快的常德市和衡阳市年均增速达到8.3%。

二　湖南省人均GDP发展路径分析：2035年可以实现达到中等发达国家水平目标

根据潜在经济增长率测算，2021~2035年预计湖南省人均GDP年均增速在5.4%~5.9%，静态来看，达到国家发改委（2万美元）和国际货币基金组织（2.3万美元）的中等发达国家水平需要的年均增速分别为3.18%、4.15%左右；动态来看，达到国家发改委标准需要的年均增速4.73%左右，在经济运行较好的情况下，可以达到国际货币基金组织标准需要的年均增速5.71%左右。

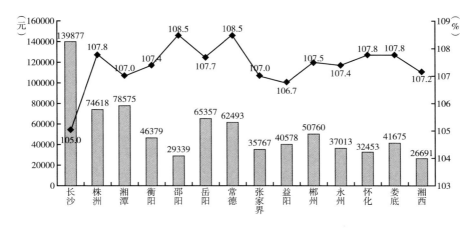

图 3　2019 年湖南省各市州人均 GDP 及增速

资料来源：湖南统计年鉴。

1. 从2035年人均 GDP 达到目标的年均增速需求看：静态标准，年均增速最高需4.15%左右；动态标准，最高需5.71%左右

对于中等发达国家水平的人均 GDP 标准，目前比较公认的是国家发改委的 2 万美元和国际货币基金组织的 2.3 万美元。静态来看，湖南省人均 GDP 年均增速需分别在 3.18%、4.15%左右；动态来看，年均增速需分别在 4.73%、5.71%左右。

静态来看，随着人民币加快国际化步伐，推动人民币价值走高，预计人民币汇率将由当前的 1 美元对人民币 6.9 元降至 1 美元对人民币 6.5 元左右；国内通货膨胀率近年来整体呈缓慢下降趋势，预计 2021~2035 年 GDP 价格指数按每年 2.0%增速增长。2020 年湖南省人均 GDP 约 0.88 万美元，未来 15 年湖南省人均 GDP 年均增速保持在 3.18%左右，2035 年可达到 2 万美元；年均增速保持在 4.15%左右，可达到 2.3 万美元。

动态来看，借鉴国务院发展研究中心《2035 年全球经济增长格局展望》预测结果，2021~2035 年发达国家 GDP 年均增速为 1.7%左右，预计人均 GDP 增速约为 1.5%。到 2035 年，国家发改委关于中等发达国家的人均 GDP 标准将提高到 2.5 万美元，国际货币基金组织的中等发达国家人均

GDP 标准将提高到 2.88 万美元。因此，按动态标准，未来 15 年湖南省人均 GDP 年均增速保持在 4.73% 左右，2035 年可达到国家发改委标准；年均增速保持在 5.71% 左右，可达到国际货币基金组织标准。

2. 从湖南省人均 GDP 年均增速测算看：估计 2021~2035 年为 5.4%~5.9%，其中 2021 年为 8.0%；2022~2025 年为 5.5%~6.0%；2026~2030 年为 5.1%~5.7%；2031~2035 年为 5.1%~5.6%

从长期来看，实际经济增长率和潜在经济增长率趋于一致，基于这一判断，我们利用生产函数对 2021~2035 年湖南省潜在经济增长率进行测算，具体步骤包括以下三步。

第一步，对投资、人力资本、全要素生产率的测算。对投资来说，2021~2035 年，随着湖南省工业化进一步向高端迈进，消费占 GDP 比重的上升和投资占比下降成为未来一段时间的趋势，资本累积增速将逐步放缓，预计投资增速从当前的 10% 左右下降到 2035 年的 5.5% 左右。对人力资本来说，随着人口增速放缓，人口老龄化将进一步加速，导致劳动力供给继续下滑，估计 2021~2035 年劳动力年均增速 -1.0% 左右。对全要素生产率来说，随着"三高四新"战略推进，叠加当前以数字化和信息化为代表的技术革命影响，人力资本素质提升和新兴生产技术广泛应用，全要素生产率将保持稳步提升趋势，估计增速逐年加快，2021~2035 年年均增长 1%~1.6%。

第二步，湖南省 GDP 增速预测。考虑到新冠肺炎疫情的影响，2021 年湖南省经济持续恢复，GDP 增速出现反弹，达 8.5% 左右。2022 年，新冠肺炎疫情影响进一步弱化，湖南省经济恢复至正常水平，因此自 2022 年开始 GDP 增速根据投资、劳动力、全要素生产率发展趋势进行判断，通过生产函数对各阶段的增速进行测算，2022~2025 年年均增长 5.9%~6.4%，2026~2030 年年均增长 5.3%~5.9%，2031~2035 年年均增长 5.2%~5.7%，综合计算，2021~2035 年湖南省 GDP 年均增速预计在 5.6%~6.1%。

第三步，湖南省人均 GDP 增速预测。根据第二步对 GDP 增速的预测，综合考虑湖南省人口的变化趋势判断，参照发达省份数据，可知随着城镇化逐步推进至较高水平，并且人口自然增长率逐步下降，2021~2035 年湖南省常住人口增长率逐步下降，人均GDP增速与GDP增速之间的差距将不断缩小。根据对湖南省人口发展趋势的预判，预计到2035年人均GDP增速将与GDP增速持平。分阶段看，2021年人均GDP增速比GDP增速低0.5个百分点，约为8.0%；"十四五"其余年份人均GDP增速比GDP增速低0.4个百分点，约为5.5%~6.0%；2026~2030年人均GDP增速比GDP增速低0.2个百分点，约为5.1%~5.7%；2031~2035年人均GDP增速比GDP增速低0.1个百分点，约为5.1%~5.6%。综合计算，2021~2035年湖南省人均GDP年均增速约在5.4%~5.9%。

表1　2021~2035年湖南人均GDP年均增速预测

单位：%

项　　目	2021年	2022~2025年	2026~2030年	2031~2035年	2021~2035年
全要素生产率年均增速	—	0.5~1.0	0.9~1.5	1.7~2.3	1~1.6
GDP年均增速	8.5	5.9~6.4	5.3~5.9	5.2~5.7	5.6~6.1
人均GDP年均增速	8.0	5.5~6.0	5.1~5.7	5.1~5.5	5.4~5.9

3. 从目标实现情况看：按静态标准，2031年超过国家发改委标准，2033年超过国际货币基金组织标准；按动态标准，2034年超过国家发改委标准，2035年有较大概率达到国际货币基金组织标准

根据测算，到2035年，湖南省人均GDP约为2.75万~2.96万美元。从静态标准看，已超过国家发改委和国际货币基金组织标准，达到中等发达国家水平。从具体路径来看，预计2025年湖南省人均GDP达到1.35万~1.49万美元，迈过中等收入陷阱，达到高收入国家标准（1.25万美元），到2031年达到2.05万~2.16万美元，超过人均GDP为2万美元中等发达国家标准，2033年达到2.38万~2.53万美元，超过人均GDP为2.3万美元中等发达国家标准。

从动态标准看，到2035年，已超过国家发改委标准，大概率达到国际货币基金组织标准，基本达到中等发达国家水平。从具体路径来看，2026年，湖南省人均GDP约为1.42万~1.46万美元，达到同期的高收入国家标准（1.37

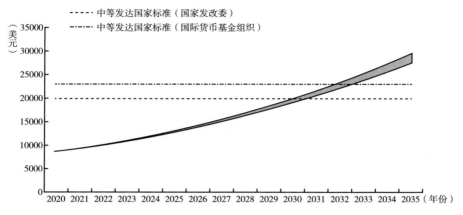

图 4　湖南人均 GDP 达到中等发达国家静态标准路径

万美元），迈过中等收入陷阱，2034 年约为 2.56 万~2.73 万美元，超过同期
国家发改委中等发达国家标准（2.46 万美元），2035 年约为 2.75 万~2.96 万美
元，有较大概率达到国际货币基金组织中等发达国家标准（2.88 万美元）。

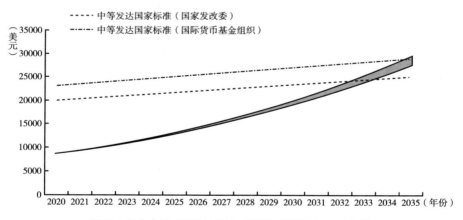

图 5　湖南人均 GDP 达到中等发达国家动态标准路径

　　与全国平均水平进行比较，按照在 2020 年基础上翻一番的目标，
2021~2035 年全国人均 GDP 年增速在 4.73% 左右。2035 年湖南省人均 GDP
与全国平均水平存在细微差距，预计比全国平均水平低 0.05 万~0.25 万
美元。

三 政策建议:进一步深化改革,向资本、劳动力、技术要动力,向市场、人才、科技要效率,提升潜在经济增长率

1. 向市场要效率:进一步深化经济体制改革,优化资源配置,推进资本形成

一是推进资本要素市场化改革,进一步放宽市场准入,打破资本流动的制度障碍,促进形成协调、统一的市场化价格机制,扩大民营企业投资的利润预期;加快完善重点资源市场化机制,重点是加快构建数据等新兴资源的市场化交易机制,进一步完善技术、土地等要素的市场化定价交易制度。二是深化产权制度改革,围绕知识产权、自然资源产权等重点,构建完善的法律体系,为扩大企业投资提供产权制度保障,激发和保护企业家精神。三是进一步推进放管服改革,聚焦市场主体需求和关切,实施统一的市场准入负面清单制度,增强生产要素流动性,建立与约束机制对应的激励机制,重建市场化机制,充分调动各市场主体的积极性。四是加快推进国有企业改革,通过企业兼并重组、优势企业集团整体上市、核心资产整体上市等加快国有资本证券化,同时硬化国有企业的预算约束,创造平等竞争的环境,提升国企运行效率。

2. 向人才要效率:推进人才发展体制改革,释放人才红利,提高劳动效率

一是深化人才管理体制改革,健全以创新能力、质量、实效、贡献为导向的科技人才评价体系,实行更加开放灵活的人才政策,集聚国内外优秀人才;完善体制内和体制外的旋转门机制,鼓励和引导优秀人才向企业集聚。完善科研人员收入分配政策,构建充分体现知识、技术等创新要素价值的收入分配机制。二是深化教育体制改革,进一步加大教育投入力度,优化教育资源,推进教育公平,为湖南省经济发展提供更多更高质量的合格人才;围绕高等教育和职业教育两个培养人才的主阵地推进改革,结合产业发展对人才的需求,加快高等教育体制改革,鼓励高校与园区企

263

业建立联合办学制度，支持民间创办小型的高层次研究型学校和高层次技术人员培训学校。

3. 向科技要效率：强化科技创新，提升成果应用转化能力，提高全要素生产率

一是优化创新平台建设，抢抓国家重点实验室重组机遇，布局创建前沿领域、学科交叉融合领域重大创新平台，同时开展湖南省国家重点实验室培育基地建设工作，着力培养国家重点实验室后备梯队；统筹推进高校、院所、企业科技创新能力提升，实施企业研发经费奖补计划，开展湖南省科技型企业知识价值信用贷款改革试点和科技型企业股权融资引导基金改革试点，解决科技型企业融资难、融资贵的问题，激发企业创新主体活力，推动省内优势领域龙头企业建设高水平研发中心。二是加强应用基础研究。通过自由探索和目标导向结合的模式，支持企业、科研机构根据国内外科学前沿及未来科技发展趋势，结合湖南省经济社会发展任务，选择一批研究基础好、对湖南省创新能力带动作用强的基础性重大科学问题开展研究；依托现有研究基础，结合湖南省新兴产业技术更新换代的战略需求，面向未来有望实现跨越式发展的前沿方向和湖南省产业发展面临的重大技术瓶颈，开展技术研发应用，通过突破性的成果培育新业态，壮大新产业。三是提升科技成果转化为生产力的能力。打造科技企业孵化器集聚区，支持企业牵头组建创新联合体、产学研协同创新中心，促进产学研深度融合，鼓励大中小企业和高校院所等各类主体融通创新，加快构建顺畅高效的企业技术创新和转移转化体系。建立健全科技成果转化尽职免责和风险防控机制，指导、推动和督促高校、科研院所建立符合自身具体情况的尽职免责细化负面清单；推动高校、科研院所建立专业化技术转移机构，成立高校技术转移联盟，加快技术转移人才培养基地建设，加强技术经纪、知识产权、金融支持等第三方专业服务机构建设，完善科技成果转化服务体系。

将老旧小区改造升级为
"绿色改造"，助力碳达峰*

湖南省人民政府发展研究中心调研组**

时任湖南省委书记许达哲多次指出，老旧小区改造要树立长远眼光，不能只要"面子"不要"里子"，要多想老百姓心底所想、切实所需。将老旧小区改造升级为绿色改造正是长远之计。发展绿色建筑也是实现碳达峰的重要方式，在大规模的老旧小区改造中引入绿色改造理念，可以将民生工程与碳达峰行动有效结合。从全国经验来看，老旧小区改造从"微改造"向"绿色改造"升级，可带来社会效益、经济效益、生态效益的多赢。湖南省可率先从发展基础较好的长沙、常德等地先行探索，形成老旧小区绿色改造新路径，为全国碳达峰提供一个可复制可推广的样板。

一 升级为"绿色改造"的四个有利点

湖南 2000 年前建成城镇家庭户住房建筑面积（不含集体户）排行全国第 6，待改造面积 3351 万立方米，仅次于河南，排行全国第 2，改造需求大，2021 年的小区数就达到 3529 个。湖南省推动"微改造"升级为"绿色改造"，至少有四个方面的有利性。

1. 推进绿色改造有利于全面解决老旧小区存在的固有弊端

要解决当前湖南省老旧小区存在的"硬件差"和"软件弱"等核心症

---

* 本报告获得时任湖南省委常委、省政府常务副省长谢建辉的肯定性批示。

** 调研组组长：谈文胜，湖南省人民政府发展研究中心原党组书记、主任；调研组副组长：唐宇文，湖南省人民政府发展研究中心原党组副书记、副主任；调研组成员：左宏、侯灵艺，湖南省人民政府发展研究中心研究人员。

结，必须通过对建筑本体及其附属设施、小区市政配套基础设施和环境配套设施及社会服务设施等进行全面改造，在"微改造"条件下无法解决这些问题。而"微改造"也因很少全面涵盖建筑本体安全加固、功能补全、社区服务功能完善等工程，使改造后的老旧小区往往仍有民生宜居和生活便利性不足、社区智慧治理和防疫应急能力不足、小区整体环境美化和节能减排水平不足等三大明显短板。因此，面向 2035 年基本实现美丽中国目标的总体要求，要以新发展理念为遵循，以前瞻性和长期性的视野，将"微改造"升级为绿色改造。

2. 推进绿色改造有利于大幅提升老旧小区的居住品质

早在 2017 年，住建部就发布了《既有社区绿色化改造技术标准（JGJ/T425-2017）》（简称《绿改标准》）。相比"微改造"，《绿改标准》对老旧小区的绿色改造明确了六方面内容（见表 1），以确保全寿命期的品质提升。2019 年，又出台了《城市旧居住区综合改造技术标准（T/CSUS 04-2019）》，进一步明确了老旧小区改造的优选改造项目 68 项、拓展改造项目 49 项。项目覆盖了建筑本体改造、基本服务类和品质提升类市政基础设施及"新型基建"等建设，既可提升社区健康智慧水平，也可实现高标准节能减排，为碳达峰提供助力。

表 1　绿色改造内容

项　　目	内　　容
优化社区用地及布局	对社区的公共服务设施、道路交通设施、公用设施、公共空间、水系等进行改造，并确保改造与社区周边地区的城市发展统筹规划相协调
改善社区环境质量	对社区热环境、风环境、声环境、光环境、空气质量、植被景观水环境等进行绿色改造
提高资源利用效率	对社区供水方式、供水管材和附件等的改造，对可再生能源利用设施、输配电线路、集中供热系统、供冷系统、室外照明、分布式冷热电三联供系统等能源供应和输配设施的改造
完善交通环卫设施	对社区步行环境、自行车骑行环境、公交站点布置和公交路线、停车设施、道路交叉口路名牌等的改造，对生活垃圾分类管理系统、道路垃圾桶、生活垃圾收集清运设施、社区公厕和环卫设施等的改造

续表

项　　目	内　　容
提升建筑性能	对建筑加固、补齐使用功能、防雷、应急等方面的性能改造
加强智慧化运营管理	对完善社区室内外环境监控系统、能源监控系统、水资源监控系统、交通资源管理系统等的改造；运用物联网、移动互联网等技术构建其他资源管理软硬件平台的改造，以及与智慧城市系统兼容的改造等。绿色改造是对老旧小区"微改造"理念的升华和标准升级

3. 推进绿色改造有利于有效提升老旧小区经济价值

国务院发展研究中心对北京、上海、广州、宁波、淄博、沈阳、宜昌、呼和浩特等地实施的老旧小区改造调研结果显示，绝大部分"微改造"小区每平方米投资规模在 200～500 元。"绿色改造"合计改造成本在 3000～5000 元/平方米。虽从成本上看，"绿色改造"高于"微改造"；但从房价走势的比较看，绿色改造后的房子相对周边小区的升值可达 5000～12000 元/平方米，给业主带来较明显的直接经济收益。如 2018 年进行绿色改造的浙江宁波钟公庙街道，2020 年 6 月价格 34707 元/平方米，与未改造小区价格相差 5000～10000 元/平方米。此外，绿色改造后引入物业管理服务和医疗、康养、停车等公共服务及便利居民生活的相关商业服务，还带来了持续的间接经济收益，以及节约能源资源、降低碳排放等环境效益。

4. 推进绿色改造有利于显著拉动全省经济

绿色改造成本是现有"微改造"的 10 倍左右，但作为一项具有巨大投资收益的活动，相应对宏观经济的拉动作用也将呈现 10 倍级的规模放大。国务院发展研究中心自主研发的动态可计算一般均衡模型（IREPAGE 模型）对老旧小区改造的宏观经济效应进行定量分析的结果显示，若湖南省的 3529 个老旧小区，全面推行"微改造"，按照每平方米 200～500 元的投资测算①，直接拉动投资需求在 166 亿～415 亿元，综合带动经济产出 300 亿～830 亿元。

---

① 本测算中的改造面积是根据全国 40 亿平方米改造工程、17 万个老旧小区计算，每个小区面积为 2.35 万平方米，按照湖南 2021 年 3529 个老旧小区改造计划，总改造面积为 0.83 亿平方米。

而如果完全实现绿色改造，按 3000~5000 元/平方米投资计算，可直接拉动投资约 2500 亿~4200 亿元，创造约 15 万个就业岗位；间接带动其他行业产出 5000 亿~8000 亿元；而且可促进绿色装饰装修材料、环保家具、智慧家居消费 700 亿~1400 亿元，合计带动经济产出约 8300 亿~23000 亿元；还可间接带动健康医疗、托幼养老、家政、社区服务等绿色消费，有效支撑疫后数年的经济稳增长。

二 升级"绿色改造"面临三大挑战

尽管湖南省的绿色改造升级具有明显的促进和拉动作用，但在当前发展阶段，要推动其顺利开展，仍然面临社会支持、资金来源和部门协同等三方面的潜在挑战。

1. 社会支持挑战：需得到小区业主、居民的普遍认同和支持

"微改造"近年以外墙粉刷、水电气管道更新等工作为主，不必得到所有小区居民的许可就可动工，实施起来相对容易。而绿色改造尽管效果可期，但具体施工过程较"微改造"模式会更多触及建筑本体改造，对小区环境和基础设施的改造内容也更多，工期也会更长，若没有小区业主、居民的普遍认同和支持将难以顺利开展。

2. 资金来源挑战：投资需求远超出"微改造"

"微改造"模式下，资金来源基本上都是政府"大包大揽"。2021 年湖南省完成 3529 个老旧小区改造，按绿色改造更新标准的直接投资需求远超出"微改造"，仅靠政府投资难以支持。因此，必须突破由政府负担的投资模式，引入多种市场化投融资渠道，探索建立业主、市场主体、金融资本和政府共担的新型投融资模式。

3. 部门协同挑战：涉及 9 个以上领域和部门的配合和协调

"微改造"主要侧重个别领域的改造工作，如节能改造、亮化工程、基础设施更换等，涉及的部门少，工作比较容易统筹和协调。绿色改造更新涉及社区规划与布局、环境质量、资源利用、交通与环卫设施、建筑性能和运

营管理等方面，需要住建、自然资源、财政、环境、能源、交通、环卫、工信及金融等多个领域和部门相互配合。若这些部门未能统一认识、统筹协同，绿色改造工作难以顺利推进。

三　建立"三个机制一个模式"助推绿色改造升级

针对当前湖南省老旧小区改造现状和潜在挑战，结合发展趋势，可通过建立共商共建共享机制、市场化运行机制、协调工作机制等"三个机制"，探索"一种智能化绿色改造新模式"，促进"微改造"有质有量地实现绿色升级。

1. "机制一"：建立共商共建共享机制，多措并举促进多方踊跃参与

一是在全国率先研究出台《湖南省推进城镇老旧小区绿色改造指导意见》。鼓励有条件的地区先试先行，由相关部门具体负责并明确老旧小区分类标准和物业管理要求，界定政府的管理责任和业主的主体责任，建立司法调解机制和监管机制等。二是研究建立政府、业主、市场投资主体共商共建共享机制。多措并举提升居民参与度，高效反映民意，使多数业主深度参与社区全寿命期的管理和监管工作。将机制健全的小区优先纳入改造计划。如常德津市由社区牵头成立"自改委""街坊议事厅"，搭建"小区论坛、街坊夜话"议事平台，在沟通交流中深化改造共识。三是加强宣传引导。利用"互联网+共建共治共享"等线上线下手段，多角度、全方位宣传城镇老旧小区绿色改造的重要意义，准确解读相关政策。给老百姓算好"经济账"和"社会账"，营造良好社会氛围，促进各方踊跃支持绿色改造更新工作。

2. "机制二"：建立市场化运行机制，统筹推进多资金筹措

探索建立覆盖改造更新、后期运维及相关公共服务、商业服务的规范化市场机制，统筹推进绿色改造更新的资金筹措。一是理顺业主出资机制。积极盘活老旧小区公共维修基金等存量资金，规范业主出资标准和方式，依市场原则签订商业合同，明确各方权责。二是广泛吸引社会资本参与投资。如引入房地产信托投资基金（REITs），采用改造与运营一体化模式，将改造

更新与社区物业管理、停车设施运营及新增公共服务和配套商业设施运营等市场化运营项目挂钩；鼓励挖掘更多收益性项目，形成投资和运营双重收益；支持采用政府和社会资本合作（PPP）模式、施工总承包+资金（EPC+F）模式，着力培育城市运营商和民营市场主体，吸引社会资本广泛参与。三是吸引绿色金融支持。出台老旧小区绿色改造一揽子金融支持政策，鼓励绿色信贷、债券、保险等金融资本参与。四是用活财政资金。用好中央财政城镇保障性安居工程专项资金，合理安排地方政府专项债，利用财政资金撬动社会资本，集中用于社区基础设施、公共服务设施的改造更新工作。

3. "机制三"：建立协调工作机制，统筹压实多部门责任

各级党委和政府要统一思想，尽快建立老旧小区改造的协调工作机制，明确老旧小区绿色改造是"一把手"工程，统筹并压实相关部门责任，落实规划、指南、工作方案等编制工作。省级层面要建立健全推进绿色改造联席会议机制，由住房和城乡建设部门牵头，发展改革、自然资源、科技、财政、工信、税务等相关职能部门定期召开联席会议，旨在集中优势、整合资源、打破瓶颈、协同推进绿色改造工作。加快完善顶层规划设计，统筹编制省-地市-县三级老旧小区绿色改造规划，推行绿色建筑强制性标准。地方层面要强化各级党委和政府的组织领导，统筹各相关领域的需求，科学编制工作指南。工作层面，要同步制定实施方案，摸清老旧小区家底，建立分类改造项目库，广泛争取民意并科学确定绿色改造更新方式，分步实施。强化各级部门统筹协调，推行绿色建筑强制性标准，鼓励大胆先行先试，探索绿色改造的新模式。

4. "一模式"：探索智慧化绿色改造新模式，集成多种新技术手段

充分利用5G、大数据、云计算、人工智能等新技术手段提高老旧小区智慧化水平，通过新一代技术手段集成绿色建筑技术叠加效应，探索智慧化绿色改造新模式。一是推广既有成熟智能技术系统。充分利用老旧小区原有基础设施，将既有成熟智能技术系统化应用于社区全部区域，提升社区服务管理水平，降低运行服务成本。二是充分发挥信息化网络手段。充分打破信息孤岛，实现资源共享，避免重复建设，保障信息安全，探索智慧绿色、节

能低碳、宜居生态的新型社区建设。三是强化试点示范引领。遵循建筑智能化、绿色化的发展趋势，组织开展新型绿色改造技术及应用试点，推动省级绿色智慧改造示范市、区和示范项目创建，引导老旧小区按照绿色智慧小区的要求改造。尽快总结经验、形成标准，在全省老旧小区中进行推广。

规范完善湖南省在线医疗监管的对策建议[*]

湖南省人民政府发展研究中心调研组[**]

在线医疗是"互联网＋医疗健康"的主要表现形式，它包括了以互联网、移动互联网为载体和技术手段的健康教育、医疗信息查询、电子健康档案、在线疾病咨询、电子处方、网上药店、远程会诊、远程治疗和康复等多种形式的健康医疗服务。当前，我国在线医疗呈现稳定增长态势，并成为具有长远发展潜力的领域，在线医疗监督日益受到各级党委、政府的高度重视，也成为老百姓和医务工作者的关注热点。根据调研，湖南省在线医疗监管目前仍处在"监管体制不完善、监管机制不强、保障机制不健全、基础建设薄弱"的初级发展阶段，亟须政府在完善在线医疗监管政策法规、强化监管主体、完善医疗保障机制、建立在线医疗服务管理规范体系等方面进行统筹谋划和规划布局。

一 湖南在线医疗监管的基本情况

2018年以来，国家层面出台了《关于促进"互联网＋医疗健康"发展的意见》《关于印发互联网诊疗管理办法（试行）等3个文件的通知》等纲领性文件，湖南省卫健委出台了《关于促进"互联网＋医疗健康"发展的实施意见》《关于做好互联网医疗服务监管平台数据对接工作的通

* 本报告获得时任湖南省委常委、省政府常务副省长谢建辉的肯定性批示。

** 调研组组长：谈文胜，湖南省人民政府发展研究中心原党组书记、主任；调研组副组长：唐宇文，湖南省人民政府发展研究中心原副主任、研究员；调研组成员：唐文玉、田红旗、周亚兰、罗会逸，湖南省人民政府发展研究中心研究人员。

知》等操作层面的实施性文件，为湖南省在线医疗的发展和监管奠定了政策基础。

（一）在线医疗监管体系基本建成

1. 省互联网医疗服务监管平台已建立并试运行

首先，按照国卫医发〔2018〕25号文件的规定，湖南省已开发建立"湖南省互联网医疗服务监管平台"，并结合试运行情况，对平台进行了多次优化。截至2021年6月上旬，平台基本实现对在线医疗行为的线上准入、线上监管功能；已有56家医院完成或正在进行平台对接。其次，截至2021年6月上旬，全省共批复设置互联网医院43家，其中省本级（含省中医药管理局）36家、长沙市6家、株洲市1家。平台共开展线上咨询14710例、线上复诊150例，处方信息73例。最后，启动了处方流转试点工作。根据湘卫药政发〔2021〕1号文件，湖南省在全国较早搭建了"湖南省处方流转与监管平台"，截至2021年6月上旬，已进入项目试点建设阶段，试点医院和自愿参加的药店都在进行系统对接。

2. 在线医疗服务和应用普遍开展

一是公立医疗机构普遍开展线上便民服务。全省二级以上公立医院全面启动智慧医院建设，三级医院普遍开展了智慧医院服务，湖南省卫生健康委调查的341家市县级医院中，194家开通了微信公众号，316家推出了App，238家开通了线上预约、查询、支付、健康科普、住院服务等功能，分别占调查医院总数的56.9%、92.7%和69.8%。二是省全民健康平台开始整合医疗机构便民服务事项。湖南省卫生健康委的"健康湖南"微信公众号，推出电子健康卡服务、预约挂号、个人健康档案查询、历史就诊信息查询、健康资讯等便民服务，形成了以居民身份证号为主索引、融合各地各级医疗机构健康服务信息的便民惠民服务格局。

（二）部分地区初步形成了规范的在线医疗监管新模式

近年来，湖南省卫生健康委开发建设了"湖南省远程医疗服务与监管平台"，各试点县依托平台项目建设，积极探索在线医疗规范化管理和监管的新模式。如石门县通过管项目、管物价、管服务，严格医疗机构远程会诊项目管理，规范远程会诊项目的物价标准和收费行为，促进医疗机构提升远程会诊服务质量。宁远县创新"1+4"监管新方法。即县卫生健康局设立"远程医疗管理服务中心"（"1"），加强对远程医疗服务平台的监管和远程医疗服务平台日常应用情况的调度，有效地规范和管理远程医疗设施的使用和运行，并明确责任，实现分级监管（"4"）新方法。一是源头监管，制定各项管理制度，通过规范互联网诊疗行为的管理，严把许可审核关，从源头上抓好抓实抓出成效，同时加强事中、事后监管。二是属地监管，医疗卫生监管单位实行线上、线下统一监管，发布互联网医疗健康服务的第三方平台机构，确保提供医疗服务的单位或个人的资质符合有关规定，且对所提供的服务承担责任。其他相关部门在各自职权范围内履行职责，主管部门牵头召开联席会议，开展联合执法，建立长效监管机制。三是社会监管，通过双随机一公开、信用永州 App 等多媒体平台，及时发布相关信息，把医疗卫生监督纳入社会监督管理。四是法纪监管，结合线上线下搜索和监测，通过及时有效查处网上非法医疗交易（黑诊所、医托、黑救护车），打击隐蔽性强和带欺骗性的非法医疗广告、冒牌专家名医名店、游医、假医等违法行为，取得了良好效果。

（三）信息化基础支撑建设基本到位

1. 关键基础设施建设基本完成

全省卫生专网已覆盖省、市、县、乡四级共 3000 多家医疗卫生机构，建设了湖南省全民健康数据中心和若干分中心（疾控、中医、职防、血防、结防及 14 个市州数据分中心）。

2. 信息互联互通初见成效

湖南省全民健康信息平台与 418 家公立医院实现互联互通，整合了全省公共卫生服务信息系统，汇聚了湖南省 6110 万居民电子健康档案、7500 万服务人口个案、137 亿条历史诊疗与健康服务记录，初步实现基层公共卫生服务信息与诊疗信息的共享共通与业务协同。

3. 贫困县标准化远程诊室建设进入应用阶段

截至 2020 年底，基于"湖南省远程医疗服务与监管平台"，已有 47 个县、87 家县级医院和 724 家乡镇卫生院建设了标准化远程诊室并投入使用，还有部分县级医院和乡镇卫生院完成了诊室装修、设备配发等工作。截至 2020 年底，全省共依托平台开展远程会诊 6926 例，远程心电 85829 例，远程影像 35831 例。

二　湖南在线医疗监管存在的主要问题

湖南在线医疗虽有一定基础，但整体尚处于起步阶段。存在的主要问题如下。

（一）监管体制不完善

一是监管法律层级低。目前国家和湖南省级卫生健康委出台的监管在线医疗活动系列文件的效力层级较低，仅为部门规章，限制了卫生行政部门与其他行政部门监管在线医疗服务的沟通协调合作，妨碍了互联网诊疗服务行业的发展。二是监管力量单薄。卫生健康部门信息监管能力有限，在监管中依靠单方力量力不从心。此外，监管者如果无法获取与诊疗行为相关的全程数据，无法有效处理线上医疗纠纷。且存在系统数据库被篡改的风险，监管机构不易取证。三是监管资源分配不平衡。现行的在线医疗监管制度主要集中于在线医疗活动的医院准入和医生准入等事前监管方面，对事中监管和事后监管关注不够。

（二）监管机制不强

线上医疗服务内容和形式变化大、更新快，给监督带来难度。一是监管面宽。在线医疗涉及的面和内容非常广泛，在线浏览和访问量很大，且远程问询人数较多，再加上监管方式单一等因素，虽采用了远程医疗管理服务中心方式进行监管，但大数据、大流量使监管人员的工作量很大。二是监管难度较大。当前仅依靠在线医疗监管平台进行监管，再加上远程医疗监管法律和制度尚不完备，约束激励机制还不成熟，很多具体的实施细则与实践有一定差距，增加了监管的难度。三是大数据服务与监管能力偏弱。宁夏回族自治区联合国家卫生健康委建设国家健康医疗大数据中心和区域医疗中心两大中心，贵州省建设"云上贵州"，并将医疗健康大数据服务作为重要服务内容。湖南省目前尚无此规划和计划，处于空白状态。

（三）保障机制不健全

一是利益导向机制不健全。在线医疗在技术上可以实现普遍互联、协同作业，但其落实涉及医保结算、费用报销、收入分配、医师多点执业制度落实等瓶颈，导致不少现实窘境：患者因不能报销而不愿用，医务人员因纯义务性或极低报酬而无积极性，平台或机构因无收费项目和收费依据而无收入。例如，江华瑶族自治县等试点将远程心电项目纳入医保，由县医保补助从事远程医疗的医务工作者，却因不符合现行医保制度而难以推广。二是社会资本与实体准入机制不健全。在线医疗本质是医疗，必须依托实体医疗机构开展，但实体机构目前普遍政府投入不足，需要与第三方合作开展在线医疗服务项目，现有医疗服务体系根本无力满足新的发展趋势。关于引导社会资本进入、订立合适的准入门槛、科学规范监管，尚未开展相关机制建设。三是医保省统筹落实困难。全省各地医保的保障范围、报销比例和技术接口差异较大，全省统筹难度较大。各地医保信息系统功能缺失，建设部署层级低，缺乏统筹规划，医保支付标准散乱、各自为政，数据和业务横向和纵向交互困难，导致医保决策科学性、及时性不高，在线医疗的医保政策支撑缺少数据分析和决策支持。

（四）基础建设薄弱

一是卫生健康信息化基础支撑缺少投入。湖南省卫生健康信息化建设仍存在大量短板需补齐。湖南省统筹区域全民健康信息平台建设方案项目总投资 6.35 亿元，原计划争取中央补助的 3.8 亿元可能大幅减少，湖南省相关部门也未启动项目前期工作，项目建设资金落实难。二是风险控制机制不健全。在线医疗的开放性较强，相关政策还不完善，需要在实践中进一步探索完善。调研发现，个别县区在与相关互联网公司合作或开展"智慧医疗"建设中，将医疗与公共卫生服务数据托管在公司服务器上，或将数据高权限管理等本应自己掌握的关键角色拱手相让，导致数据安全隐患巨大，甚至被服务厂商"信息绑架"。三是行业标准规范未统一。全省各级医疗机构尚未统一疾病诊断代码、药品编码、高值耗材代码。各级医保部门除三大目录外的其他标准，差距较大且散乱无章。全省目前还缺乏针对在线医疗的管理体系和标准规范，尤其针对在线诊疗服务的医疗卫生机构、医生等相关方，没有网上咨询和诊疗标准规范、医生多点执业服务标准、医生网上执业流程等。

三　推进湖南省在线医疗监管的对策建议

在线医疗是一场新技术带来的革命，需要政府从顶层设计的高度进行统筹谋划和规划布局。建议如下。

（一）完善监管政策法规，建立全省监管中心

一是修改完善湖南省关于在线医疗的政策法规。严格执行国家已有在线医疗和"互联网+医疗健康"相关管理办法，同时参照国家办法和规范，借鉴外省市区做法，结合湖南省实际，出台湖南省与在线医疗相关的专项政策法规，适时修改完善湖南省已有的政策法规。二是建立湖南省的医疗健康大数据服务与监管中心。立足已有基础，建立覆盖医疗保障、药品供应、诊疗服务、公共卫生的大数据服务监管中心，在在线医疗推进过程中汇聚各类健康服务信息、支撑多方业务协同、支持并管理行业发展，打造在线医疗的湖南模式。

（二）强化监管主体，形成多元共治局面

一是促使市场监管、人社、网监等行政部门共同参与。通过多部门间的

协调合作，强化各级政府的市场监管、网监、人社等多个部门在监管活动不同阶段和不同领域的协调合作，打破卫生行政部门监管的路径依赖，促进在线医疗服务产业的发展。二是建议引入社会组织参与监管活动。建立全省在线医疗医师联盟或行业协会，制定严密合理的管理办法，形成政府监管与社会共治相结合的局面。

（三）完善医疗保障机制，规范医疗服务价格

一是建立省统筹的医疗保障机制和政策。抓住湖南省医疗保障局初步组建的契机，建立省市县三级经费统筹、全省一盘棋的扁平化支付管理体系，逐步统一保障范围、支付方式和支付标准。完善医保政策，支撑和保障在线医疗发展。适时建立门诊统筹机制，将符合条件的门诊服务项目和在线医疗服务项目纳入统一医保支付范围，建立费用分担机制。试点医保在线支付，并以控费为核心探索将更多在线诊疗项目纳入医保支付目录，明确配套的结算办法、定点资格认定及服务流程监管等保障机制。鼓励商业保险参与医疗服务体系建设。二是规范医疗服务价格。建议重新修订发布《湖南省医疗服务价格》，健全在线诊疗收费政策。对在线医疗服务项目实行分类管理，实行最高限价保基本、指导定价优服务、自由定价促竞争相结合的方式，以开放包容又可行可控的价格机制，推动在线医疗服务可持续发展。三是建立标准规范强制性机制。在全省范围内各部门、各级机构强制推行国家相关标准规范，统一全省医疗服务收费项目、医保目录、疾病诊断代码、药品编码、高值耗材编码等。对于允许开展线上诊疗的诊疗范围进行明确，并在服务质量管理、线上服务流程、收费标准、数据采集存贮等方面制定在线医疗标准规范体系。

（四）建立在线医疗服务管理规范体系，加强风险防控

一是建立完善在线医疗服务管理规范体系。探索建立一套完整有效、可操作的在线医疗服务管理规范体系，内容包括建立准入机制、网络执业医师注册和执业机制、互联网医院平台管理机制、技术产品分级分类监管

机制等。二是建立风险防控机制。目前我国还未对在线医疗事故责任认定进行规定，应制定专项政策法规，明确健康信息数据的隐私范围及使用条件，明细数据所有方、数据采集方、数据持有方等相关主体的责任与义务，并制定信息泄露事件的处罚与整改办法，以保证健康医疗大数据未来的规范化发展。

推动湖南省社区团购健康发展的对策建议*

湖南省人民政府发展研究中心调研组**

随着数字化经济的快速发展，社区团购作为平台新经济，展现着强劲发展势头，是推动城乡经济双循环的有效手段。湖南是社区团购的发源地，新发展模式在为湖南省创造经济社会价值、带来机遇的同时，也面临着新业态发展冲击传统流通业、低价倾销破坏市场秩序、无序扩张引发食品安全隐患等挑战和问题。关于推动社区团购规范发展，调研组先后走访了兴盛优选、美团优选、橙心优选等社区团购企业，考察了红星全球农批中心、长沙海吉星国际农产品物流园、浏阳市关口农副市场等农产品交易集散中心。在详细了解湖南省社区团购发展情况后，调研组认为，应本着因势利导、趋利避害的原则，完善政策法规，健全监管机制，防范挑战中的风险问题，引导、促进社区团购有序健康发展。

一 社区团购为湖南经济社会发展带来新机遇

社区团购创造了价值，推动了湖南省互联网经济发展，为供应链升级、下沉市场发展及扩充就业渠道带来了新机遇。

1.社区团购推动了湖南省互联网经济发展，培育出高成长高潜力平台企业

社区团购业务自 2016 年在长沙萌芽以来，将原本流通渠道的多层分销体

---

　* 本报告获得湖南省政府副省长何报翔的肯定性批示。

　** 调研组组长：谈文胜，湖南省人民政府发展研究中心原党组书记、主任；调研组副组长：唐宇文，湖南省人民政府发展研究中心原副主任、研究员；调研组成员：袁建四、王颖、屈莉萍，湖南省人民政府发展研究中心研究人员。

系重构为"平台供应商-团长提货点-用户"的全新链路格局，模式逐渐走向成熟，成为推动湖南省互联网经济发展的新名片。2020年全省移动互联网产业实现营业收入1618亿元，同比增长22%，在国内互联网经济重点细分领域，湖南省特色鲜明并具备比较优势，省内以兴盛优选、搜农坊等为代表的社区团购平台重点企业迅速扩张，以银河易购、福源乡村优选等为代表的区域性社区团购平台企业"插缝"式发展，成为湖南省移动互联网和数字经济高速发展的一道缩影。其中，兴盛优选作为湖南省第一家估值超过40亿美元的"独角兽"企业，2020年度成交总额310亿元，纳税超过3亿元，2021年成交总额超过600亿元；作为在县域农村市场诞生的区域性团购平台企业，银河易购立足不同着力点，走出了集产品销售、仓储管理、农村物流配送等于一体的社区团购模式，成为数字化县域经济发展的鲜明代表。

2. 社区团购改造了供应链，提高了流通效率

社区团购打破了传统的商品流通链路，重构全新链路格局。海量订单扩大了上游采购能力，降低了损耗，提升了动销率以及资金周转率。调研组实地走访长沙市、浏阳市商超、零售商，对不同渠道农产品价格和流通效率进行对比后发现，社区团购直接从产地或一级批发商采购，比传统流通渠道节省20%~40%的渠道成本，价格也更加便宜。同时，随着社区团购的发展，对生鲜商品冷链物流保障的要求不断提高，直接推动了冷链物流的普及和升级，提高了流通效率。如兴盛优选已经在全国部分省区实现了省会城市到乡镇、农村的全程冷链物流，损耗率进一步下降。

表1　社区团购与其他渠道主要农产品流通效率对比

渠道	杏鲍菇			鲜猪腿肉			鸡蛋		
	出厂加价率	存货周转	回款周期	出厂加价率	存货周转	回款周期	出厂加价率	存货周转	回款周期
商超	9%~10%	2天	7~15天	5%~8%	无存货	7~15天	5%~6%	1~3天	15~30天
经销商	12%~15%	1天	现款	7%~8%	无存货	现款	3%~5%	1~3天	15天
综合电商	10%	1天	7~15天	10%左右	无存货	7~15天	2%	1~3天	3~7天
社区团购	2%~5%	2天	T+1天	5%	无存货	T+1天	1%	1~3天	T+1天

资料来源：2021年3月实地调研数据。

3. 社区团购激活了县乡村下沉市场，助推了乡村振兴

社区团购更精准实现区域性特色农产品的批量销售，培育地域性商品的标准化和品牌化，是助力乡村振兴的有效渠道。社区团购将空间上极度分散的农产品交易，变革、汇集成短期内的同质化需求，突破了农产品成熟周期的时间限制和地理销售半径；将即时性的农产品消费变为短期内的半计划性消费，解决上游滞销问题，打通了"农产品进城"和"工业品下乡"的最后一公里，助力提升农村百姓获得感和幸福感。以兴盛优选为例，已帮助麻阳、花垣、龙山、古丈等多个县，销售特色水果、蔬菜、大米和肉类等商品超过15亿元，带动10万多户农户增收、创收。

4. 社区团购孕育了新职业，扩大了就业渠道

社区团购的发展创造了一部分新的就业岗位，社区团购"团长"已成为社会关注的新职业。据中信证券测算，若社区电商每年销售4000亿件商品，全国需要5.5万~22万个网格站，可带动55万~220万辆运输车辆需求，可增加71万~286万仓内作业岗位和55万~220万司机。以美团优选湖南为例，湖南省内5个中心转运站累计员工超过2000人，140个网格站累计工作人员4000人，司机超过1200人；除此以外与美团优选合作的供应链企业，初步统计间接创造超过2万个就业岗位。兴盛优选疫情期间新增就业岗位超5000个，未来3年预计将提供就业岗位5万个。

二　社区团购发展面临的新挑战和新问题

社区团购作为互联网新经济在创造经济社会价值的同时，也给传统流通业带来了较大冲击，低价倾销、恶意竞争、食品安全隐患等问题困扰着行业发展。

1. 新业态快速发展对传统流通业态带来较大冲击

社区团购具有高成长性和快速扩张能力，改变了传统渠道的运营模式，在带来便利和贡献的同时，也直接影响着农贸市场、传统商户的生存利益。实地调研发现，与上年相比，二级批发市场销售额下降了15%~20%，批发

商、零售商营业额分别下降了 15%~20%、15%~30%，零售品种下降最多的是饮料、饮用水等标准品，部分零售品种销售额甚至下降 25%~30%。此外，部分承担"团长"之职的社区店主表示，销售品种重复，以及近距离社区"团长"数量的增多，使得社区店面收入下降明显，挤压了生存空间。

2. 平台无序扩张易引发食品安全问题

具体表现在：社区团购用户提货点存在食品安全隐患。为了快速抢占市场，部分社区团购平台开始无序扩张，用户提货点或者"团长"设立具有任意性，对其经营资质监管不到位，有的用户提货点被安置在理发店、打印店、小区住宅内，无食品安全许可证，甚至不具备冷藏条件；有的"团长"及家人身体健康状况无法保障，食品安全隐患大。部分社区团购平台未设立经营地分支机构，没有得到食品安全许可的落地审查和核验，无法接受当地食品安全机构的监督，导致食品安全难以得到切实保障。

3. 平台低价倾销影响产业链、供应链有序发展

凭借低价、便捷的优势，社区团购平台在社区居民中迅速获客，此行业也成为资本竞相追捧的"顶流"。部分社区团购平台为了抢占湖南市场，利用自身资金优势和流量优势，以远低于商品成本的价格进行低价倾销，触动了零售产业的上下游环境，挤压了行业企业中小创业品牌，导致生产企业为了降价促销压缩成本，造成恶性循环，严重影响产业链、供应链的健康发展。国家出台社区团购"九不得"规定后，社区团购平台又变相利用优惠券、交叉补贴的方式来逃避监管，不利于行业发展。

4. 平台间恶意竞争行为破坏市场秩序

调研发现，部分社区团购平台在市场竞争过程中，使用多种非正常的竞争手段阻碍竞争方发展，如：①高薪挖人。在竞争方公司总部、仓库、网格站附近，张贴广告和海报，以高于市场 3 倍甚至 5 倍的薪酬，定向吸引核心人员。②恶意抢店。利用技术优势获取竞争方合作门店信息，精准电话营销和地推；利用资金优势对门店进行高额的订单补贴，要求"团长"主推其平台商品，刺激用户非理性下单。③垄断货源。派人值守各大批发市场，有针对性恶意收购竞争方预售商品，垄断货源。④恶意租房。在竞争方仓库周

围，恶意租用员工租住房屋。⑤恶意诋毁。利用媒体端资源优势，采用虚假信息报道，扰乱竞争方生态链体系伙伴的心智，引发更多媒体的发酵和质疑，涉嫌操纵舆论。这些行为严重破坏了市场秩序，阻碍了行业有序健康发展。

三　引导推动湖南省社区团购健康发展的对策建议

推动社区团购发展，应坚持因势利导、趋利避害的原则，通过完善政策法规、健全监管机制，营造公平有序的市场环境，防范化解挑战中的风险、问题。同时，引导发挥社区团购在推动农业升级发展、促进传统流通主体转型等方面的积极作用，助力湖南省经济社会高质量发展。

1. 加强引导，明确部门职责和社区团购企业主体责任

一是正视社区团购行业的经济、社会价值，肯定其作为互联网新经济模式的正向作用，同时直面当前社区团购各类问题，加强政府引导，充分发挥市场调控作用，依法维护社区团购市场秩序，不断推动消费新方式规范化发展。二是明确部门职责。针对社区团购新业态，湖南省需进一步理清市场监管、商务、工信等部门职能职责，确定监管牵头部门，明确具体监管内容和方式，如社区团购既涉及互联网平台，亦涉及生鲜食品流通，需进一步明确各部门具体职责及监管范围；社区团购平台既在销售地设立了中心仓、网格仓，也设立了提货点，需进一步明确销售地市场监管的方式。同时，加强市场监管与工信、网信部门的联合执法，建立健全网络市场监管平台，增强监管部门技术管网能力。三是明确企业及平台的主体责任、经营权责任。社区团购涉及生产厂家、经营批发商及团购平台企业，要明确落实各方责任内容，尤其是确认平台企业主体责任，强化平台企业对销售食品的溯源防控责任，防止经营权责任缺失、推诿现象发生。

2. 创新监管方式，营造公平有序的市场环境

一是细化"九不得"新规，推动行业自律。进一步细化国家市场监督管理部门出台的"九不得"新规条例，建议在市场主管部门指导下，由行

业协会制定湖南省"九不得"落实标准及监督机制，明确宽严尺度，推动行业公约和行业自律。二是创新方式，精准监管。建议采纳有关专家的意见，监管创新应有效针对平台企业与应用企业、平台业务与增值应用双层经营这一特点，针对平台与平台关系、平台与应用关系、应用与应用关系，分别对各方行为加以规范和精准监管。三是狠抓落实，维护市场秩序。督促社区团购平台企业严格遵守"九不得"要求，加强对补贴烧钱、不正当竞争行为的监管，包括对渠道公平竞争、平台公平竞争（排他式的"二选一"要求）、物流责任的公平性、采购方式上的公平竞争和商业贿赂上的公平审查等方面乱象进行纠偏，严查价格欺诈、大数据"杀熟"、非法收集和滥用消费者信息等问题，通过持续加强网络市场监管、建立健全举报监督机制等手段，对行业恶性竞争乱象出重拳、出快拳予以惩治，遏制不正当竞争，促进行业健康发展，为平台企业创造良好的营商环境。

3. 完善政策法规，增强食品安全保障

建议向市场监管总局提议完善《食品经营许可管理办法》等相关法规，将社区团购平台及相关运营机构纳入食品经营许可和备案管理，明确社区团购平台必须向经营所在地市场监管部门备案，提供平台企业和当地分支机构名称、联系方式、中心仓和网格仓地址等，接受当地食品安全机构的监督；对仓储物流、存储环境、交付方式不能满足产品标准需求的，限制销售，如需要全程冷链的产品。同时，依据《食品销售者食品安全主体责任指南（试行）》，建议起草湖南省社区团购业态规范标准，组织平台企业开展自查自纠行为，严格要求入网经营的供货商和"团长"必须持有食品生产、经营许可证，健康证，严格规范提货点食品存放标准，明确食品安全保管责任。

4. 完善农村初加工、物流等基础设施，助推农业升级发展

支持新型农业经营主体推进规模化、标准化生产，加快补齐产地预冷、分级分拣等产后能力短板。利用社区团购消费大数据，联合湖南省打造"一县一品"，推动农业生产"以需定采"优化升级为"以需定产"，推动湖南省企业生产方式定制化，促进产业升级发展，助力乡村振兴。加强农村

仓储物流基础设施建设，提高农产品流通水准。一方面，积极引导社区团购平台企业在鲜活农产品主要产业带、地理标志性农产品集聚区域建设产地仓、冷库和初级加工设施，将城市中心仓、网格仓与农村基础性流通设施并网运行。鼓励平台企业加大对平台技术开发、冷链仓储、冷链物流、产品包装、终端交付等方面的投入，提高品质和产品附加值，畅通农产品流通渠道。另一方面，建议实施湖南"数字快递农村行动"，积极推进县乡村物流体系建设，搭建物流服务协同共享平台。

5.加大金融支持力度，做好社区团购平台企业帮扶

建议不断完善金融政策，支持更多金融机构为社区团购平台企业，尤其是为区域性社区团购平台企业提供专属扶持贷款，简化手续办理流程，加大授信额度和资金投放规模；针对经营时期的不同特点，推出个性化服务，切实解决社区团购平台企业资金难题。充分运用电子商务进农村综合示范县工程、乡村振兴等政策，对为消费扶贫、乡村振兴做出突出贡献的社区团购平台给予奖励和补助；对引导县乡镇传统流通主体转型、提供技能培训和就业岗位的社区团购平台企业，尤其对弱势群体提供就业帮扶的给予就业补贴。

多措并举破解湖南省企业招工难题[*]

湖南省人民政府发展研究中心调研组^{**}

产业工人队伍是支撑湖南省"三高四新"战略的重要基础，对推动经济高质量发展具有重要作用。近年来，湖南省企业"招工难""用工荒"日益凸显，据湖南省工商联调查报告显示，超过八成的企业表示用工紧张，因招不到人、无法达到满负荷生产，制约企业营业收入增长的问题普遍存在。要打造国家重要先进制造业高地，推动湖南省企业做大做强，解决企业"招工难"问题首当其冲。

一　湖南省企业招工难的原因分析

1. 人力资源外流严重

根据最新的人口普查数据，全省14个市州当中有8个市州为人口净流出。近年来湖南省承接产业转移企业成效显著，但由于企业短时间内未能在新地址形成稳定的规模生产，当地政府的就业服务欠精准，让不少劳动力无法安心留下来。湖南省工商联跟踪调查显示，湖南省超过一半的企业在"留住人才"方面存在困难和问题，大量劳动力外流至东南沿海省份。以总人口数排名全省第二的衡阳市为例，2020年常住人口仅664.52万人，相较2010年下降49.62万人，同时其常住人口与户籍人口差额达75万人，其中迁往广东的人口占60%以上。

---

*　本报告获得时任湖南省委常委、省政府常务副省长谢建辉的肯定性批示。

**　调研组组长：谈文胜，湖南省人民政府发展研究中心原党组书记、主任；调研组副组长：侯喜保，湖南省人民政府发展研究中心党组成员、副主任；调研组成员：李学文、张诗逸，湖南省人民政府发展研究中心研究人员。

2. 招工供需对接不畅

一是招工对象信息获取不畅。部分制造业企业选择通过网络发布招聘信息的方式招工，但很多处于价值链低端的制造业企业适用员工对网络的运用能力不高，信息流通受阻。二是省内的职业院校和企业尚未建立起成熟的校企合作关系。如怀化市一家职业技术学院不愿意与本地企业合作，却为广东某企业输送了大批技工人才。

3. 园区配套不完善

湖南省内尤其长株潭以外市州的工业园区，距离城区较远，周边基础设施配套极为欠缺，有些周边甚至连饭店都少有，产城融合不充分。当前，人们对于工作的选择不仅为满足温饱，对于社交、娱乐、教育等质量的需求越来越高，远离城区的流水线作业枯燥乏味，很难吸引年轻人就业。调研中有企业反映，为了能够招到员工，曾专门派班车接送工人上下班，但能招到的基本都是 45 岁以上的中年群体，招工结构不太理想。

4. 用人成本高

调研中，几乎所有的企业都反映湖南省"五险一金"成本太高，占人工成本的 40% 左右，导致很多企业特别是劳动密集型企业不敢花高工资引进人才。以长沙市为例，"五险一金"的最低缴费标准为 2858.4 元，养老保险单位缴费比例 19%，医疗保险单位缴费比例为 7%；相较而言，深圳市最低缴费基数仅为 2200 元，养老保险单位缴费比例为 13%+1%，医疗保险分为 6.2%、0.6%、0.45% 三档单位缴费比例，企业用人成本低很多。

二 多措并举破解企业招工难题

1. 建立企业用工分级保障制度

由各级人社部门联合园区服务平台，针对有招聘需求企业尤其是存在"招工难"问题企业开展"清单制"分级保障服务，针对招聘规模大且用工急迫、确实存在一定难度的企业实施"一级保障"，开展"一企一策"招聘服务，将招聘信息下沉到社区、乡村，精准定位招聘对象，扩大招聘覆盖面，缩短招聘周期，确保第一时间响应、最短时间见效。将招聘规模较小、招聘难度小的企业全部纳入专场招聘服务，实施"二级保障"。对有招聘计划但未明确上岗时间的企业实施"三级保障"，定期跟踪，及时响应。

2. 适当调整"五险一金"缴存基数和比例

建议选择部分市州试点降低"五险一金"缴存基数，在可控风险范围内，适当降低医保缴存比例，或进行分档缴纳；对5年以上依法足额缴纳"五险一金"的企业给予一定政策奖励，降低企业用人成本，切实提高湖南省企业在薪酬供给方面的竞争力。

3. 园区配套+社区工厂，扩大全省人力资源总量

城市园区建设标准化程度高、规模较大，园区既是企业员工的工作地也是生活地，对吃、住、娱、教、卫等均有需求，应以产城融合为主导，提升产业园区居住环境质量，完善周边商业、教育、医疗、文化娱乐设施配套，保证就业人员"想进来、留得住"。县级以下政府财力有限，不适宜强化园区配套来吸引就业，针对乡镇居民生活半径小、聚集度高的特点，可采取"人在哪，工厂就建到哪"的招工模式，以社区工厂为核心，盘活乡镇就业资源。将社区工厂、卫星工厂作为搬迁安置社区的配套工程，为门槛低、管理灵活、劳动密集型的小微企业解决招工问题，帮助企业扩大产能，助力乡村振兴。

4. 精准对接校企合作，提升人力资源质量

一是修订湖南省职业教育发展专项资金管理办法，对持续向湖南省内企业输送人才的院校，给予重点支持。二是畅通校企对接渠道，全面梳理湖南省内职业教育资源和企业用工需求，由政府牵线，建立"企业+院校"共培对接机制，引导企业与高等院校、职业学校合作建设定向班、实习基地、人才学院等，鼓励培养出的人才优先在湖南省内择业。

5. 打造职业教育品牌，加速人力资源聚集

根据"三高四新"战略要求，推动终身职业技能培训制度向企业全覆盖，着力提升培训的针对性和有效性。一方面，重点引进制造业相关职业院校，引导人才服务平台深入园区，为园区企业提供个性化、精细化、专业化的人才培训服务。另一方面，积极承办各类技能认证、技能比赛等活动，扩大湖南省职业教育在全国乃至世界的影响力，支持省域副中心城市打造中部"匠都"，为企业发现和输送高质量技能人才奠定坚实基础。

湖南省居民经济状况大核对体制机制存在的问题及对策建议*

湖南省人民政府发展研究中心调研组**

居民经济状况核对工作是实施社会救助、服务和保障民生的核心环节。建立跨部门、多层次的核对信息大平台与核对大机制，已成为社会救助事业发展的必然趋势与要求。为研究如何"做好大核对、服务大救助"，调研组先后赴湖南省民政厅、上海市民政局、益阳市民政局、衡南县民政局、赫山区沧水铺镇、云集街道办事处等进行调研和访谈，覆盖了省、市、县、镇、街道各个层级的居民经济状况核对部门。在此基础上，形成本报告。

一　把握趋势：构建大核对体制机制的意义

1.推动"服务民政"向"服务民生"转型

从当前各地的发展趋势来看，居民经济状况核对的应用范围在扩大，国内很多先进地区的居民经济状况核对工作都不仅服务民政本部门，而且还扩大到整个民生领域。如上海实施"9+1"现代社会救助体系、浙江实施"1+8+X"大救助体系、山东实施四级贯通的"1+N"核对机制。其中，上海市除民政部门外，还为教育、人社、司法、残联、住建、工会、卫健、农委等

---

* 本报告获得时任湖南省委常委、省政府常务副省长谢建辉的肯定性批示。

** 调研组组长：谈文胜，湖南省人民政府发展研究中心原党组书记、主任。调研组副组长：侯喜保，湖南省人民政府发展研究中心党组成员、副主任；蔡建河，湖南省人民政府发展研究中心党组成员、二级巡视员。调研组成员：刘琪、李迪，湖南省人民政府发展研究中心研究人员；邬彬，湖南大学马克思主义学院老师；吴欣同，湖南大学马克思主义学院硕士生。

8 个部门的 11 类事项提供居民经济状况核对工作。比如，上海农委可利用核对结果实现生活困难农户帮扶、司法部门可以实现法律援助、工会可实现对职工精准帮扶。随着国家治理现代化的推进，居民经济状况核对的成果将为更多部门涉及民生领域的救助和援助决策提供有力支撑。

2. 推动"单点支撑"向"多点支撑"升级

传统的核对数据来源较少、核对方法单一，通过构建大核对体制机制可以将原来的核对手段由单点支撑变成多点支撑。一是数据"多"来源。居民经济状况核对数据来源的丰富程度也决定了核对的精准程度。从国内来看，以民政部门为主开展的居民经济状况核对普遍存在部门间数据壁垒难以打通、数据孤岛的问题。通过构建一个大的核对体制机制，形成多部门共识，让更多部门参与进来，有利于凝聚多部门合力，更好推动居民经济状况核对工作落地。二是方法"多"维度。如传统的贫困测度只从收入角度去考察贫困问题，不论是测度结果的全面性还是测度结果的应用面都很有限。而随着贫困作为一个多维的概念越来越被社会广泛认识和接受，国内外先进地区也已从多维的角度（如财产、医疗、教育、公共设施可得性等多方面）来考察贫困。随着我国脱贫攻坚的结束，社会救助应根据相对贫困治理的长期性和多样性积极探索建立多维贫困评分体系，将核对工作更好地服务于后脱贫时代。

3. 推动"小网救助"向"大网救助"转变

构建居民经济状况大核对工作体制，其实质是构建一个综合的救助和援助格局。一是变小力量为大力量。通过构建一个大的综合救助与援助格局，变政府单独支撑"小网"为政府、市场、社会三方力量共同撑起"大网"。同时，大核对机制通过统筹人、财、物等各类社会救助资源，统筹救助与援助的需求和供给，形成政府、市场、社会救助资源的合力。二是变小救助为大救助。传统的救助较为散乱，所有涉及救助的事项分散在各个相关部门，小救助之间信息不共享，救助工作较为被动。实现大核对改革后，救助需求与供给能"一口取单"，解决救助不足、救助重复、救助被动等问题，形成综合大救助"大网"格局。

二 盘点现状：湖南省居民经济状况核对的
工作开展情况

经过长期探索与不懈努力，湖南省居民经济状况核对的精准程度、核对工作成效、核对服务范围都取得明显拓展。

1. 核对机制积极建设

湖南省在核对机构建设、核对人员配备、核对业务素质方面实施了"三强化"。一是强化机构建设。省认定中心成立后，迅速助推市、县两级核对机构建设，2017年将核对机构建设与社会救助资金分配直接挂钩。全省90%的市州、县市区均成立了核对机构，基本实现核对机构全覆盖。二是强化人员配备。各县（市、区）核对机构均配备两名以上工作人员。全省核对机构编制553个，工作人员已达592人，为核对工作的开展提供了有力的人员保障。三是强化业务素质。近年来，组织各级核对机构工作人员多次赴北京参加全国低收入家庭经济状况核对业务培训，多次组织基层核对人员赴外省参加交流学习；省认定中心举办全省业务培训班、各市（州）举办覆盖街道的业务轮训，5年来，各级参训人员达2500人次，逐步建起一支科学化、信息化、专业化的工作队伍。

2. 信息系统加速搭建

信息系统是核对工作的关键抓手。湖南省"双管齐下"在省级和地方推广使用并不断完善核对平台。在省级层面，湖南省核对平台在全省已全面使用。平台上线以来，省认定中心不断完善省级核对平台的标准化接口、汇总统计模块，根据业务需要扩充核对业务类别，使省级核对平台逐渐成为操作简单、功能齐全、兼容性强的系统。在市州、县市区，核对平台实现了"从无到有"的跨越。近年来，湖南省通过以奖代补等方式，争取湖南省财政向市、县安排平台建设补助资金1500万元，督促市（州）加快核对平台建设，完善全省居民家庭经济状况核对网络。通过汇集本地信息数据，极大地提高了核对工作效率及对象认定精准率。此外，湖南省加快了社会救助与

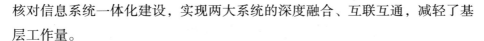

核对信息系统一体化建设，实现两大系统的深度融合、互联互通，减轻了基层工作量。

3. 部门信息扩大共享

在信息共享程度上，省、市（州）、区（县）均积极推动与相关部门的信息共享。省级层面，省认定中心积极推动与相关部门建立居民家庭经济状况信息查询机制，湖南省核对平台归集了公安、财政、自然资源等 14 个省直部门、25 家银行的 33 项民生数据，信息共享深入发展。市级层面，各地积极作为、攻坚克难，争取到越来越多部门的支持与配合。其中，长沙市与人社局、住保局、教育局、质监局签订信息共享协议；湘潭市实现了与当地公积金、房产、银行、证券数据信息的共享；常德、永州等地也实现了与本地不动产信息的共享。县级层面，衡南县、平江县、冷水江市、北湖区、苏仙区等将本地房产、公积金、社保等数据信息汇集到了省级核对平台，充实了省级核对平台的核对内容，形成了跨部门、多层次、信息共享的救助对象家庭经济状况核对机制，逐步实现了社会救助信息化核对、网络化管理，进一步提升了核对工作的精准度。

4. 核对政策持续完善

在政策创新上，湖南省全面推进核对工作标准化、规范化建设，以实现救助认定的科学、高效、准确。2013 年，湖南省人民政府办公厅出台《关于开展救助申请家庭经济状况核对工作的意见》（湘政办发〔2013〕58 号），拉开了全省全面建立救助申请家庭经济状况核对机制的序幕。2015 年，下发了《湖南省城乡居民家庭经济状况核对办法》，进一步规范了全省居民家庭经济状况核对工作。随后，14 个市（州）相继制定下发了本地区居民家庭经济状况核对办法。2017 年，下发了《关于转发民政部等部委〈关于进一步加强基层社会救助部门协同的意见〉的通知》，对数据查询办法、比对方式等提出了具体要求。2019 年，湖南省推动制定《居民家庭经济状况核对工作规范》（湖南省地方标准），出台《湖南省市级核对共享信息资源目录》等文件，定期对核对工作情况进行通报，厘清了各级主业主责，细化了工作要求。2020 年，湖南省民政厅联合湖南省市场监督管理局推动制定《居民家庭经济状况核对工作规范》（湖南省地方标准）。

三 把脉诊断：湖南省大核对体制机制建设存在的问题

湖南省居民经济状况大核对工作处于起步阶段。而要推动全省社会救助和核对工作高质量发展，以下几个问题必须引起重视。

1. 信息系统建设：多、乱、散

湖南省核对信息系统建设的存在的问题如下：一是"多"。民政部没有实现全国各地各级核对系统开发和运维的统一管理，全国各省份都自主建设自己的核对系统。湖南省居民经济状况信息核对系统的架构设计也是省、市、县各个层级各自为政，甚至系统建设的外包公司都不尽相同。据调研，湖南省一级对下级政府信息平台建设管控约束力较弱，无法有效介入管控。尤其是县一级政府，在不鼓励新建的情况下，近年仍以每年2个县的速度在新建。二是"乱"。由于在建设前期缺乏总体的规划、设计指导和验收，已经建设完成的信息系统五花八门，质量参差不齐。湖南省虽已出台统一的居民经济状况核对数据标准规范和信息核对流程，但是各地受限于本地大数据平台建设的发展情况、信息共享水平与系统外包公司实力，核对的质量参差不齐。在调研过程中，部分基层民政局工作人员反映，实际操作过程中市州及县区在建设系统时因缺乏验收，并未按照省厅的统一标准去建设。三是"散"。各级系统各自为政，无法信息共享，形成一个个信息孤岛，难以实现现有核对信息的兼容、交换和统一管理。

2. 核对数据共享：少、慢、差

核对数据质量不高，主要体现在：一是数据来源"少"。湖南省横向部门间的直接或间接信息化互联程度不高，共享的核对信息仍不全面。居民家庭经济状况核对涉及较多政府部门和机构，各单位出于多方面考虑，给信息核对造成诸多人为壁垒。自湖南省居民家庭经济状况核对系统建立以来，部分市县的核对数据仍未涵盖银行、证券、保险等重要部门，无法全面掌握困难对象的存款、金融资产等信息；在省一级，尽管拿到了 33 项数据，但《最低生活保障审核确认办法》明确要求的核对信息范围还存在空白。二是数据更新"慢"。调研中反映，湖南省部分信息共享部门在已签订信息交换合作协议情况下，仍存在"数据"小农意识，以自身信息的价值及保密性为由，通常延缓信息更新的周期，一些数据一个月或者一个季度才更新一次，个别的甚至半年才更新一次。还有的以数据库导出文件的格式分享数据，阻碍了信息更新的及时性，导致数据交换时效性差、精准程度不高。三是数据精度"差"。一些省直部门近年才开始进行大规模信息化建设，数据基础质量仍存在精准度不高、不全面的问题。尤其有部分数据是 5~10 年前纸质版本，近两年才开始通过人工录入进行电子化，难免存在录入差错。根据调研及近年核对工作实际情况，不动产、车辆、婚姻等数据均出现过错误，给基层救助工作带来了一定的负面影响。

3. 核对管理工作：难、小、弱

湖南省的大核对体制机制建设仍然存在不少障碍。具体表现在：一是工作推动"难"。由于缺乏高级别领导小组和统一的顶层规划设计，单靠民政部门自身去推动平级各部门共同开展大核对体制机制建设很难。如民政部门为各个部门共享数据需要挨个拜访，请求签订协议，当前仍有部分部门未签订协议。二是约束范围"小"。根据现有政策文件的规定，对民政部门所有纳入救助资金发放范围的救助必须开展核对。但是，对其他各部门的各类救助帮扶并未颁布相应的政策文件，是否对申请家庭开展经济状况审查由各主管单位自定，全省各地情况不一。如长沙市开展了住房保障的核对，而且这是必须进行的程序；常德市有些区县也进行住房保障类核对，但有些区又未开展。如教育救助全省只有极小部分县市区开展核对，大部分未进行核对。三是核对力量"弱"。机构改革后，湖南省核对机构从民政厅直属转变为民政（救助）事务中心直属。仍是民政直属非参公事业单位，核对编制才 5 个。县一级多的 3 个，少的只有 1 个编制，无法做到人员的分类分层管理。随着核对业务的发展，新增工作的性质较多为非公益服务事项，与当前机构编制定性不适应。另外，不少基层因核对不够精准，而使相关人员受到处分，严重打击了基层一线干部工作积极性，造成不少地方不愿开展大核对。

四　超前谋划：加快推进大核对体制机制完善

1. "快半步"做好顶层设计

大核对体制机制建设的核心和关键是高位推动，统筹协调。一是建立一个大核对工作领导机制。建议建立由省长亲自部署、省政府统一协调、民政具体负责、多部门协同的居民经济状况大核对体制机制领导小组，明确各职能部门与各级政府在落实社会救助政策、信息共享、数据维护、开展经济状况信息比对等方面的工作职责。建议湖南省委、省政府将各市州各部门落实社会救助及信息共享情况纳入湖南省委、省政府绩效考核范围。二是建立一个大核对协调机制。建立社会救助政策与扶贫开发政策和各类救助举措的衔接配合制度。建立居民经济状况大核对定期联席会议制度。将水、电、气、银行、证券、保险、互联网金融等成员单位逐步纳入联席会议成员。三是建立一个大救助信息平台。打造"湖南省大救助信息平台"，实现"8+X"社会救助全省通办、部门联办、主动发现、动态监测、全面覆盖。整合所有涉及救助和多元社会力量参与的社会大救助管理部门信息系统，将核对系统作为各救助业务开展的一个公共核查工具，各部门间建立信息交换共享机制。

2. "求卓越"优化核对机制

聚焦建设更为精准、高效的居民经济状况大核对体制机制，提高核对的实际效果。一是加强核对标准化建设。加强对各地信息系统建设的规划设计、技术指导和统一验收。加强省、市、县系统的一体化设计与对接。明确核对系统的管理标准和运行方式，加强系统建设的标准化、规范化，避免出现各地方核对系统"各自为政"的现象。以"智慧民政"建设为契机，以现有的省市一体化居民经济状况核对信息平台为基础，加强民政内部系统融合和横向部门救助业务系统对接。二是拓展核对数据辐射范围。在核查地域方面，通过部、省、市、县、镇五级联网贯通，核查范围从县乡扩大到省市，加强部省联网，使核查范围更广更全。在核查领域方面，推动电力、教育、金融、残联等联动调查，充分利用辅助评估手段（如家庭用水、用电、燃气、通信等日常生活费用支出，以及高收费学校就读、出国旅游等情况）。从多角度、全方位精准反映家庭收入、财产、支出状况。在社会关系方面，将核查对象从申请人本人，拓展到共同生活的家庭成员，除了包括配偶、未成年子女，还应涉及赡养、扶养、抚养人等主要社会关系，尽最大可能对救助对象做出精准评价。三是推进横向部门数据共享。网络的本质在于互联，信息的价值在于互通。信息共享是实现跨部门协同与合作治理的关键。加强宣传和考核，引导各地各部门和核对机构正确认识信息共享的重要性，尤其是提升各信息共享部门"一把手"对信息数据共享的重视程度，使其正确认识到大核对的价值和意义。建议由大核对领导小组牵头，推出大核对任务清单模式，明确各部门数据共享职责。

3."补短板"推进管理建设

加强核对机构管理的短板建设，形成高效的运转体系。一是持续强化机构保障。优化机构职能，建议增列编制。同时，明确每个市州、县市区要设立核对机构，市、县配备专职工作人员，并安排必要的工作经费。二是持续强化人才保障。鉴于核对工作专业性强，为确保基层核对员的业务水平和能力素质，保障核对工作长期稳定开展，建议创立"经济核对员"岗位，所有核对员必须经业务知识和系统操作的综合培训与考核后持证上岗。借鉴上海经验，建议建立"5+3"教育培训模式以打造复合型人才。即建立制度、师资、课程、教材、考核五大培训体系和案例工作坊、带教示范点、骨干训练营三个特色项目。出台《培训管理制度》《居民经济状况核对员岗位培训考核管理细则》等制度，建立内部师资库。三是强化核对运用环境保障。加快建立失信惩戒机制。失信惩戒是提升社会诚信水平的机制保障，这有助于减少瞒报现象，从源头改善核对工作的实效。制定出台包括社会救助、社会保障、金融信贷等在内的一系列规范个人如实申报收入、财产的信用规范，引导申请人如实填报家庭经济状况。

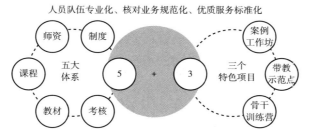

图1　上海"5+3"教育培训模式

4. "保安全"优化外包管理

核对信息系统建设、管理、运维多采用外包服务方式，带来了一些潜在的问题和风险，优化核对系统外包管理机制十分关键。一是把好外包服务"准入关"。民政或核对相关部门应组建专业的核对信息系统运行管理团队，整体负责信息系统的建设和运维，负责重要信息内容的发布和把关。建立统一的信息系统能力标准体系，严格审查外包服务单位的业务资质、服务能力、人员素质，确保服务人员技术水平能够满足网站运行要求。二是筑好系统质量"监测关"。对湖南省各地的信息软硬件设施设备及应用系统的运行状态、系统状况、网络联通情况、网络及信息安全情况、应急响应的时间范围和响应级别等都应进行标准设定，外包单位定期汇总以上信息、提供给政府部门，并提供决策支持和意见建议。三是健全外包公司"考核关"。制定网站群建设运维管理制度，明确对外包公司的具体考核办法，包括对部门提出任务的响应时间和完成时间、网站群软硬件维护要求等，加强日常检查和监督，及时发现问题、解决问题。

政 策 评 估

"加强集中式饮用水水源保护和供水安全保障"政策实施效果评估报告[*]

湖南省人民政府发展研究中心评估组^{**}

为确保人民群众喝上干净水、放心水、安全水，2019年12月，湖南省政府办公厅出台了《关于进一步加强集中式饮用水水源保护和供水安全保障工作的通知》（湘政办发〔2019〕70号，以下简称《通知》）。根据湖南省政府政策评估工作安排，湖南省人民政府发展研究中心组成评估组，对《通知》的实施效果进行了评估。现将评估情况报告如下。

一　评估工作的基本情况

（一）目标政策概况

《通知》包括总体目标、主要任务和保障措施三个部分，主要内容如下（见表1）。

---

* 本报告获得时任湖南省委常委、省政府常务副省长谢建辉的肯定性批示。

** 评估组组长：谈文胜，湖南省人民政府发展研究中心原党组书记、主任；评估组副组长：侯喜保，湖南省人民政府发展研究中心党组成员、副主任；评估组成员：唐文玉、周亚兰、罗会逸、田红旗，湖南省人民政府发展研究中心研究人员。

表1　《通知》主要内容

主要部分		内容摘要
总体目标		到2022年基本建成从水源地到水龙头的集中式饮用水水源保护和供水安全保障体系
主要任务	（一）切实扛起饮用水安全保障的政治责任	1. 切实提高思想认识 2. 严格落实责任
	（二）加强饮用水水源保护和治理	3. 优化饮用水水源保障规划 4. 加强饮用水水源地设置和水资源保障工作 5. 严格划定饮用水水源保护区 6. 加强饮用水水源保护区规范化建设
	（三）加快城市供水设施改造	7. 推进供水厂建设和提升改造 8. 强化市政供水管网建设和改造 9. 加强二次供水设施更新改造 10. 加快城乡统筹区域供水建设
	（四）加强监管执法和应急管理	11. 加强饮用水安全信息公开 12. 加强监管执法 13. 加强饮用水水源应急能力建设
保障措施		加强组织领导、严格监督考核、加强资金保障、促进公众参与

（二）评估工作概况

本次评估旨在评价《通知》实施成效，找出集中式饮用水水源保护和供水安全保障工作存在的问题，并提出对策建议。主要做了以下工作：一是成立评估组，制定评估方案；二是组织省直部门及市州开展自评，了解实况；三是赴省生态环境厅、省住建厅、省水利厅、省卫健委及长沙、永州、益阳、怀化等地调研，召开多场专题座谈会，并实地考察饮用水水源地、水源保护区及供水厂情况；四是撰写评估报告。

二　政策实施情况及取得的成效

（一）政策落实情况

1. 加强饮水安全组织保障

一是强化责任担当。各级各有关部门严格落实饮用水安全保障工作责任，依职依责、有力有序推进饮用水安全保障工作。生态环境部门细化分解任务，按时间节点抓好饮用水水源保护年度重点工作；水利部门加强饮用水水源地名录管理，组织评估重要饮用水水源地安全保障达标建设，深入推进农村饮用水水源工程建设；住建（城管）部门加快推进城市供水厂及设施改造升级，逐步开展二次供水试点示范；卫健委全力推进饮用水卫生监测和卫生监督执法。二是落实监督考核机制。2019 年以来，湖南省委省政府将饮用水安全保障工作列入为民办实事项目，并纳入污染防治攻坚战"夏季攻势"、河湖长制和政府绩效考核等重要内容。运用"双随机、一公开"抽查、现场调研督导等方式，检查各地工作情况，并对工作推进缓慢、措施落实不到位的地方，进行挂牌督办、约谈问责。三是加强资金保障。《通知》实施以来，湖南省发展改革委争取中央预算内资金 25.52 亿元用于水源工程建设，并于 2020 年在省预算内基本建设投资中安排 6950 万元支持祁东县等地开展城乡供水一体化试点；生态环境部门对完成整治的洞庭湖区千吨万人饮用水水源保护区进行奖补，并利用中央污染防治资金支持其他集中式水源地保护项目；水利部门实施农村饮水安全巩固提升工程，2019 年以来累计完成投资 59.06 亿元；住建部门利用住房城乡建设引导资金支持试点。

2. 推进饮用水水源保护和治理

一是加强规划引领和保障。2020 年，在市级、县级以及乡镇国土空间规划编制指南中，明确将饮用水水源地和供水设施纳入国土空间规划，并将饮用水水源地划为生态保护控制区。为保障宁远县城西水厂、沅江市农村饮用水一体化工程等供水设施建设项目落地，支持启动了规划修改。二是优化水源地设置和水资源保障。组织摸排县级以上及农村供水规模以上的集中式饮用水水源地，重新核定县级以上集中式饮用水水源地名录。明确全省 106 个重要断面的生态流量指标和最小流量指标，并制定了调度方案和保障措施，确保水源供水水量。三是严格水源保护区划定和环境整治。稳步推进水源保护区划定工作。截至 2021 年 9 月，全省共划定集中式饮用水水源保护区 3899 处，其中地市级水源 41 处、县级水源 145 处、千吨万人水源 1001 处、乡镇级千人以上水源 591 处、农村其他千人以上水源 2121 处。持续深入开展集中式饮用水水源地环境专项整治。在巩固县级以上饮用水水源地环境专项整治的基础上，2019~2020年深入开展千吨万人水源地专项整治，达到国家"2020年底前清理整治工作基本见效"的要求；2021年启动乡镇级千人以上水源地排查整治。

3. 统筹城乡一体化供水和设施改造

一是推动供水厂和管网建设改造。将城市供水提质纳入城乡环境基础设施建设"六大工程"，加快推进城市供水厂、城市供水管网建设改造。2019年至2021年9月，全省新建供水设施12座，扩建供水设施4座，新增供水能力105万吨/日；提质改造供水设施15座，提质供水规模达到103万吨/日；新建供水管网2296公里，改造供水管网1880公里，累计完成投资136亿元。2020年，设市城市公共供水普及率平均为96.5%，县城平均为90.7%。常德市、郴州市获评国家节水型城市，其余11个地级城市达到《城市节水评价标准》II级以上要求；全省城市公共供水管网漏损率平均为9.3%。二是积极开展供水试点。健全城镇二次供水设施建设政策体系，支持长沙市、桃江县开展城市二次供水设施建设改造试点。督促指导各地探索城乡供水一体化，形成了汝城县、祁阳县、武冈市等一批城乡一体化供水PPP模式示范。

4. 加强监测执法与应急管理

一是推进饮用水安全监测及信息公开。建立水源地、城市水厂、农村饮水工程及管网末梢水的水质监测体系和信息公开制度。湖南省生态环境厅2019年启动湖南省饮用水水源地信息管理平台建设，一期工程已完成并试运行；加强水质自动监测，定期组织开展县级以上、农村千吨万人饮用水水源地水质监测及结果公开。住建（城管）部门督促落实日检9项、月检42项、半年检和年检《生活饮用水卫生标准》（GB5749-2006）全部106项指标任务，并实现日检水质信息在供水企业网站公开，月检、半年检和年检水质信息及时通过"湖南省供水水质在线监控系统"填报公开。湖南省卫健委加大水质监测力度，将监测频次从国家要求的"1年2次"提高到"1年4次"，范围覆盖所有县（市、区）城区和农村乡镇，实现城市管网末梢水水质按季度公开。

二是提升水源应急管理能力。加快建设应急备用水源，衡阳市、邵阳市、岳阳市、张家界市、益阳市、郴州市、娄底市、湘西州等8个城市基本实现应急或备用供水能力；长沙市、湘潭市、怀化市、永州市4个城市完成部分任务，正在开展配套管网建设；株洲市、常德市2个城市仅落实供水水源，但配套管网建设滞后，暂不具备供水能力。制定完善城市供水突发事故应急预案，严格执行24小时值班和事故信息报告制度，并组织预案演练。

（二）政策实施效果

1. 城市饮用水供水总体安全

水源水方面，2020年底，全省县级以上饮用水水源水质达标率为98.39%，其中地级饮用水水源水质达标率达到100%、县级饮用水水源水质达标率为97.9%；千吨万人饮用水水源地水质监测率达到97.18%，达标率为73.3%。出厂水方面，各县（市、区）供水厂的出厂水水质达到《生活饮用水卫生标准》（GB5749-2006）要求。末梢水方面，全省城市饮用水水质合格率持续稳定在90%以上。2019年、2020年，全省城市饮用水水质卫生监测合格率分别达到95.1%、98.56%。

2. 农村饮水安全保障持续改善

农村饮水安全基本实现全覆盖。截至2020年底，湖南省农村供水工程共39984处，其中，千吨万人工程1021处、千人工程4377处、千人以下工程34586处；全省580万曾经的建档立卡贫困人口饮水安全得到有效保障，做到了"不落一户、不漏一人"；农村集中供水率达91.8%、自来水普及率达89.3%，均高于全国平均水平（农村集中供水率为88%、自来水普及率为83%）。农村饮用水水质持续改善。2020年全省农村饮用水卫生监测合格率为86.46%，相比2019年的75.40%，提高了11.06个百分点。

三　政策实施中存在的主要问题

（一）《通知》的完备性有待增强

部分职责分工有待明确。如"加快城乡统筹区域供水建设""建立饮用水安全信息管理平台，强化部门间数据共享和信息互联互通"等涉及多个部门按职责分工牵头或负责的重点任务，未能明确具体职责分工，影响任务进展成效。部分任务缺乏量化标准。如"提高自来水入户率和供水保证率，逐步关闭城市供水管网覆盖区域内自备水井"等未确定具体的指标。资金保障措施未能细化。"建立多元化资金筹措渠道""落实经费""探索激励约束机制""生态补偿机制"等未配套具体的实施方案，制约保障措施实效。

（二）水源水量和水质难以充分保障

部分地区原水供应能力不足，衡邵干旱走廊区域（湖南省衡阳市、邵阳市、娄底市及永州市北等地）水源多为水库水，易出现季节性的水源型缺水；大部分城市备用水源类型单一、水量不够；部分流域的水库、闸坝（电站）等水工程权属及管理复杂，水资源生态调度存在电调和水调的利益冲突。水源水质威胁仍然明显。湘江干流、耒水、资江等流域水源重金属污染、季节性微污染或突发性污染以及混流雨水污染等时有发生；局部地区地下水源存在铁锰超标问题，尤其是环洞庭湖区地下水型饮用水源铁、锰、氨氮等因子超标的现象比较普遍。如益阳南县振兴水厂、南县三水厂、大通湖区中心城区水厂以及部分农村饮水工程因原水铁、锰天然背景值高导致水质超标。

（三）城乡供水能力有待提升

城市供水厂和管网设施改造滞后。供水厂在制水工艺、管网冲洗方式、水箱清洗材料、智能水表计量、远控管道阀门运行管理系统等方面发展落后，如大部分水厂仍采取"混凝—沉淀—过滤"老三段制水工艺，未采取深度处理工艺。县城供水管网老化渗漏问题依然突出。据湖南省住建厅统计，全省县城近1/5的供水管网为水泥管和灰口铸铁管，1/10的管网敷设年限超过30年；县城公共供水管网漏损率平均达20%以上，尤其是湘西自治州部分县城漏损率高达30%~40%。农村饮水安全保障基础不牢。农村水源点多面广，主体复杂，底数难以摸清；部分水源选址随意，在水源保护区划定前就存在排污口、畜禽养殖场、矿产资源开采等情况，退出补偿资金难落实，环境整治难度大；农村供水工程（千人以下）设计和建设标准偏低、净化消毒设施不完善、监测体系不健全、水费收缴机制未完全建立、维修养护经费短缺等，造成农村饮水工程良性运行艰难。

（四）饮水安全监管机制亟须健全

部门衔接协调机制尚未建立。由于部门职责交叉、界限不清，且未能建立长效的信息共享和联动机制，容易造成部门扯皮、推诿问题。如水利和生态环境部门各自掌握的水源底数未全面匹对；城乡供水一体化的主管部门不明，由水利还是住建（城管）牵头存在争议；饮水安全信息化管理平台建设缺乏统筹，数据共享难。全过程的监管力量薄弱。在财政投入十分有限、社会资本参与度不高的背景下，饮用水安全保障资金和人才短缺问题较为突出，直接影响饮水安全全过程监管水平。如水源地环境监管点多人少、自动监测等信息化建设滞后；供水水质检测设施老旧、人员不足，水质检测能力依然有限（全省地级城市中仅有5个具备国家要求的106项水质检测能力，仅46个县级城市具备要求的42项检测能力）；饮用水卫生监督专业人才缺乏、监督手段相对落后。

四　政策总体评价及评估结论

（一）总体评价

1.政策协调性好、社会知晓度高，但完备性有待增强

《通知》既综合了生态环境、水利、住建等部门职责，又统筹了"污染防治攻坚战""为民办实事项目"等重要工作，内容协调、指导性强、社会知晓度高；但仍需完善部分内容，如全面设置量化指标、补齐农村饮水保障任务、明确部分重点任务分工、细化保障措施内容等。

2.政策实施效果良好，但部分任务仍需持续推进

《通知》有效推动全省集中式饮用水水源建设不断规范、水质持续向

好、供水能力逐步增强，饮水安全保障水平稳步提升。从任务指标完成情况来看，"县级及以上饮用水水源水质达标率""地级城市达到《城市节水评价标准》Ⅱ级及以上要求"等任务已完成；"公共供水管网漏损率"未全面完成，"新增日供水能力"目标预计难以完成（见表2）。

表2 《通知》部分目标完成情况

主要目标	2019 年完成情况	2020 年完成情况	备 注
2020 年底前,确保地级饮用水水源水质达标率达到 96.4% 以上、县级饮用水水源水质基本达标	—	地级 100% 县级 98.4%	已完成
到 2021 年底,全省新增日供水能力 220 万吨左右	53 万吨	47 万吨	难完成（2021 年预计新增 40 万吨）
到 2021 年底,全省城市公共供水普及率整体提升 3～5 个百分点	—	设市城市平均为 96.5%,县城平均为 90.7%,相比"十二五"末,分别提高 3.4、6.2 个百分点	目标设置不规范,未体现基数年份
到 2020 年底,各地公共供水管网漏损率控制在 10% 以内	2019 年底,全省城市公共供水管网漏损率平均为 10.3%	2020 年底,全省城市公共供水管网漏损率平均为 9.2%	未全面完成:部分县城未达到目标
到 2020 年底,全省地级城市达到《城市节水评价标准》Ⅱ级及以上要求	—	全省地级城市均达到《城市节水评价标准》Ⅱ级及以上要求	已完成
2021 年底,新建与改造城市供水管网 3800 公里左右	1676 公里	1717 公里	2021 年预计 1600 公里

资料来源：湖南省生态环境厅、省住建厅。

（二）评估结论

综上所述，湖南省集中式饮用水水源保护和供水安全保障工作总体进展顺利，基本完成各项目标任务，但仍存在水源水量和水质难以充分保障、城乡供水能力有待提升、监管机制亟待健全等问题；建议进一步优化饮用水水源规划、加强水污染防治、推进城乡统筹供水、深化体制改革创新，加快构筑从水源地到水龙头的集中式饮用水水源保护和供水安全保障体系，切实守住老百姓"水缸子"的安全。

五 对策建议

为确保人民群众喝上干净水、放心水、安全水，应努力做好"兴水、治水、供水、节水、管水"五篇文章，全面筑牢从水源地到水龙头的饮水安全保障体系。

（一）优化水源地布局，做好"兴水"文章

1. 完善水源规划

加快编制《"十四五"城乡集中式饮用水水源地环境保护与水质提升规划》《湖南省"十四五"水资源配置及供水规划》，科学设置集中式饮用水水源地，重点解决达标无望的超标水源替代和应急备用水源选址建设。加强规划引领，将饮用水水源地、应急备用水源、供水设施等纳入国土空间总体规划，实行统一的国土空间用途管制，并做好饮用水水源地保护、水资源保护与利用、给水设施布局等专项规划与总体规划、详细规划的衔接。

2. 分级推进水源地保护

分级推进饮用水水源地名录公布，建立健全饮用水水源地名录动态管理机制，对饮用水水源地名录准入、退出严格把关。在完善市级、县级及乡镇级千吨万人、农村千人以上集中式饮用水水源地名录的基础上，纵深推进其他类集中式饮用水水源地管理。进一步理顺乡（镇）、村饮用水水源保护区划定中省与市、县的职责，明确"农村千人以上及其他集中式饮用水水源保护区划定方案委托市州政府审批"的程序及权责，避免监管缺位。

3. 加强备用水源建设

督促指导长沙市河西、湘潭市、怀化市、株洲市及常德市等加快应急备

用水源配套管网建设，做好取水设施、管网和水源地保护等工作。将县级备用水源建设提上重要议事日程，有条件的地区建设相对独立控制取水的饮用水水源地，不具备条件的，与相邻地区签订应急饮用水水源协议，实行供水管道联网。

（二）协同推进水污染防治，做好"治水"文章

1.统筹水污染防治重点工程

结合水污染防治攻坚战、流域重金属污染治理、河长制等工作，开展点源、面源和流动源综合防治，重点整治遗留矿山废水污染、工业企业污染、渡口码头污染、畜禽水产养殖污染等突出问题。全面排查、管控入河湖排污口，按照"规范一批、整治一批、取缔一批"的思路实行分类管控。加强城乡生活污水治理，加快城乡生活污水处理设施和配套管网建设，深入推进雨污分流整改，提高城乡生活污水集中收集率。全面整治农业面源污染，落实农药化肥减量行动，大力推广测土配方施肥，鼓励使用高效、低毒、低残留农药，持续推进农业废弃物综合利用。

2.纵深推进水源环境专项整治

进一步全面摸排县级及以上（含在用、备用和规划）、千吨万人和乡镇级千人以上集中式水源地水质情况，掌握水源水质底数。制定超标水源地"一源一策"整治方案，对水质不达标的区域实施挂牌督办，必要时采取区域限批措施；对于枯水期等易发生水质超标的时段，实施限产、限排等应急措施；加快洞庭湖区地下水铁锰超标地区水源替代，确保湖区饮用水水源水质全面达标。

（三）统筹城乡供水一体化，做好"供水"文章

1.加快城市水厂及管网改造

通过统筹安排财力、争取项目资金等方式，持续加大城区供水设施设备改造投入。分期分批有重点地实施老旧管网改造，逐步淘汰陈旧老化供水管网，提高供水保障能力和供水质量。加快供水管网连通建设，确保水厂实现

相互支持、安全运行。稳步推进城市二次供水"统建统管"，结合老旧小区改造实现逐步接管。逐步完善二次供水设备，推动实现远程监控泵房门禁、视频、报警系统以及供水设备液位、压力、流量、设施设备运行状态，实时智能分析水质，水质超标时进行紧急停泵和报警等功能，确保二次供水设备安全运行和水质安全。

2. 优化农村饮水保障路径

按照"大水源、大水厂、大管网"的总体思路和"建大、并中、关小"的总体路径，加快实施"四个一批"的农村供水保障工程，即整县推进一批城乡一体化工程，建设一批区域规模化工程，推动一批水源替换工程，更新改造一批老旧工程。分步推进建设一批万吨规模以上的大水厂，优化整合国有投资占主体的小水厂，支持组建水投资集团公司，加快淘汰产能小、工艺落后的小水厂。加强农村饮水安全工程运行管理，压实属地政府责任和供水单位主体责任，加强项目建设前期水源论证、环评和保护区划定工作，强化工程建设标准及要求的城乡对接。

（四）健全常态增效机制，做好"节水"文章

1. 构建多元化节水机制

融合节水型社会建设、节水型城市建设、最严格水资源管理制度、河湖长制等工作机制，加快构建用水效率管理、水价合理定价、节水考核奖励等节水长效机制。借鉴浙江推进多重水价驱动节水机制的做法，在全成本核算的基础上，建立健全政府管控、市场调节、配置合理、分担有序的多水源水价定价机制，推进优水优价、有序调价；积极开展合同节水管理试点，鼓励和引导社会资本参与节水项目建设运营。

2. 多领域推进建设节水型社会

以实现碳达峰、碳中和目标为契机，强化水资源总量红线约束，加快建设节水型社会。加强高耗水行业用水定额管理，切实降低单位产品用水量。以宾馆、饭店、医院等为重点，全面推进城市节水，加快节水型服务业建设。加大非常规水源利用力度，推广实施生活污水再生利用工程，建立健全

政府主导、管控联动、价格调节、信用评价相结合的城市生活废污水再生利用推进机制。明确农村饮水工程产权、管辖权责，健全农村水费收缴制度，提升农村节水内生动力。

（五）深化体制改革创新，做好"管水"文章

1. 健全部门衔接协调机制

进一步明确部门职责，强化工作衔接协调，形成各负其责、共同参与的管水格局。加强部门定期会商，每半年召开联席会议，通报各自负责或牵头领域饮水安全工作情况，适时组织开展消除饮用水安全隐患和污染整治联合执法行动，解决一批百姓关注的饮水安全问题。加强区域和部门水质监测联动，探索建立流域突发环境事件监控预警与应急平台，开展跨区域水环境应急联动体系建设，提升协同应急响应和处置能力。

2. 提升信息化监管水平

加快打通水源地管理信息平台、供水水质在线监测以及末梢水水质监测等系统，构建统一的湖南省饮用水信息管理平台。全面推动数据互联互通，实现水源地基础信息录入与管理，保护区划定、变更与撤销，保护区矢量边界标绘与信息管理，水源地、出厂水、末梢水水质录入与管理，突出环境问题排查整治与销号，水源地环境问题遥感监测与整治，水源地环境状况评估等工作一站式全覆盖。进一步推广水源环境问题遥感监测、水质自动在线监测等智能化、专业化监管技术，实现饮用水安全监管现代化。

3. 构建多元化资金保障机制

将农村饮用水源地环境问题整治和规范化建设纳入省重点民生实事项目，将城市供水设施改造纳入老旧小区改造项目中统筹安排，加大财政预算资金、补助资金和专项债券支持力度。出台价格、补助、补贴、税收等各类激励和优惠政策，吸引社会力量参与建设，采用政府投资补助、社会资本投资、受益群众自筹，以及银行贷款、PPP项目、政府专项债券等投融资方式多方筹措资金，加快推进项目建设。按照"谁受益、谁补偿"原则，深入探索实施生态流量调度奖励、跨界断面水质达标状况等补偿机制。

《关于政府性融资担保体系支持小微企业、"三农"和战略性新兴产业发展的实施意见》实施效果评估报告[*]

湖南省人民政府发展研究中心评估组^{**}

融资担保是破解融资难融资贵问题的重要手段和关键环节,对于稳增长、调结构、惠民生具有十分重要的作用。2019年12月,湖南省出台了《关于政府性融资担保体系支持小微企业、"三农"和战略性新兴产业发展的实施意见》(湘政办发〔2019〕64号,以下简称《意见》),《意见》的出台对于湖南省更好发挥融资担保的桥梁和杠杆作用、加强增信服务和信息服务、破解缺乏信用保障这一融资"瓶颈"具有重要意义。根据省领导指示和《湖南省人民政府重大决策实施效果评估办法》(湘政办发〔2017〕45号),湖南省人民政府发展研究中心开展了对《意见》实施效果的评估工作。评估情况如下。

一 政策概况

《意见》是根据《国务院办公厅关于有效发挥政府性融资担保基金作用切实支持小微企业和"三农"发展的指导意见》(国办发〔2019〕6号)和《湖南省人民政府关于促进融资担保行业加快发展的实施意见》(湘政发

---

* 本报告获得时任湖南省委常委、省政府常务副省长谢建辉的肯定性批示。

** 评估组组长:谈文胜,湖南省人民政府发展研究中心原党组书记、主任。评估组副组长:侯喜保,湖南省人民政府发展研究中心党组成员、副主任;蔡建河,湖南省人民政府发展研究中心党组成员、二级巡视员。评估组成员:刘琪、张鹏飞、康耀心,湖南省人民政府发展研究中心研究人员。

〔2017〕7 号）制定。《意见》在贯彻国家政策的基础上，立足省情实际，有针对性地明确了发展目标，并提出 6 个方面的 18 项重点任务（见表 1）。

表 1　《意见》明确的主要任务

序号	主要方面	主要任务
1	加强政府性融资担保体系建设	加强政府性融资担保公司建设
		坚持主业主责
		聚焦重点对象
2	加快推进"4321"新型政银担合作机制	构建"4321"新型政银担风险分担机制
		推进"4321"新型政银担风险分担机制落地
		规范业务模式
3	降低融资成本	强化降费让利
		规范收费行为
4	提升服务能力	提高服务水平
		防止风险转嫁
5	加大政策支持力度	建立可持续的资本金增加机制
		设立代偿补偿专项资金
		建立担保费补贴及业务奖励机制
		营造良好的发展环境
6	优化监管考核机制	实施差异化监管
		健全内部考核激励机制
		完善绩效评价体系
		优化行业监管

二　评估工作基本情况

为准确评估《意见》落实情况和实施效果，我们重点开展了 4 个方面的工作。一是成立由我中心领导牵头的评估工作小组。二是制定评估方案。明确评估目的、评估对象、评估内容、评估标准和评估方法。三是征集自评报告。评估组向 4 个相关省直部门、14 个市州发函，要求提交本地本部门落实《意见》情况的自评报告。四是开展实地调研。评估组先后赴湖南省融资担保集团、常德市等进行了实地调研，与相关部门、银行、融资担保机构的代表进行座谈，围绕落实政策的举措、成效、存在的问题以及下一步的建议等方面进行了深入探讨。

三 评估主要内容

（一）政策总体评价

1. 完备性方面：基本形成了完备的政策体系

《意见》基本覆盖了政府性融资担保体系支持小微企业、"三农"和战略性新兴产业发展的重点环节和重点方面，基本形成了相对完备的政策体系。各条款间层次分明、逻辑清晰、架构合理。

2. 规范性方面：责任部门不明晰

《意见》所界定的政策范围、政策类别、政策执行主体以及政策流程严谨规范，规定的具体措施对相关省直部门、市州推进融资担保体系聚焦支小支农支新，提升金融服务实体经济能力提供了方向。但从评估情况看，存在责任部门不明确的问题，主要表现为 18 项任务中，多个任务未列明责任部门或单位。具体实施过程中，易形成互相推诿；同时，市州在实施政策遇到困难时，难以获得相关部门的有效支持。

3. 可操作性方面：部分条款可操作性有待提高

《意见》明确了发展目标和重点任务，整体上看，具备较强的可操作性。但从调研的具体情况看，存在部分任务难以执行的情况。例如，加快推进"4321"新型政银担合作机制（省级及以上财政和再担保机构、融资担保公司、银行、市州和县市人民政府分别按照 40%、30%、20%、10% 的比例进行风险分担）方面，一是合作机制涉及的责任部门（单位）较多，协调配合困难；二是文件明确要求市州和县市人民政府严格执行风险代偿补偿专项资金提取制度，纳入本级财政年度预算，严格承担 10% 的风险责任，在风险可控前提下简化风险代偿专项资金使用流程，但受地方财力的影响，市州、县区普遍存在没有执行或执行困难的情况。

4. 有效性方面：有力促进了融资担保行业聚焦支农支小支新

《意见》针对性较强，有效解决了短期内政府性融资担保体系建设面临的问题。《意见》及时纠正行业发展方向，聚焦主业主责，全力支持实体经济发展，避免金融脱实向虚；帮助融资担保公司树立了正确的价值观，赋予了行业更大的发展空间，在引导政府性融资担保公司支持小微企业、"三农"和战略性新兴产业发展方面发挥了重要的导向作用；支持了一批政府性融资担保公司做大做强，为今后政府性融资担保公司继续支持小微企业、"三农"和战略性新兴产业发展奠定了扎实的基础。

5. 知晓度方面：基本做到全覆盖

调研显示，省市金融、财政主管部门均通过官网、微信公众号等平台发布了政策，以及通过全省融资担保行业监管和业务培训会等多种途径对《意见》做了宣传，各级相关部门、企业和个体工商户等对《意见》的知晓度较高。

（二）政策落实情况

从总体上看，落实情况较好。

一是全省政府性融资担保体系基本建立。建立了以省担保集团为核心的省、市、县三个层级的政府性融资担保体系。截至2020年12月末，全省共有融资担保机构124家（含再担保公司1家），注册资本金391.8亿元，平均注册资本达3.16亿元。从资本规模看，资本实力有较大提高，较2019年增加了40.76亿元，注册资本在1亿~10亿元区间的有89家、占全省的71.77%，10亿元以上9家。从机构覆盖面看，市州已经实现全覆盖，所有县市区都有分支机构。

二是银担合作逐步深化。推动银行总行或省级分行与省担保集团、省再担保公司签订《银担战略合作协议》，督促省内各级分支机构深化与再担保体系成员机构的合作，共同引导更多金融资源流向小微企业、"三农"等普惠金融领域和战略性新兴产业。截至2021年6月末，省担保集团、省再担保公司已与工、农、中、建、交等 18 家银行签订"总对总"新型银担战略合作协议，合作银行较上年同比增长 50%。下一步，湖南省再担保公司将以工行、农行、中国银行、建行、交行等 10 家银行为重点，进一步推进银担授信合作、"2∶8"风险分担和免保证金政策的全面落地。

三是政策支撑体系逐步完善。《意见》出台后，湖南省财政厅、湖南省地方金融监管局等主管部门和市州政府，围绕融资担保体系建设和聚焦支小支农支新出台了一系列配套支持政策。省级层面：先后出台了《关于强化融资担保机构增信风险作用着力解决中小微企业融资难融资贵问题的通知》《湖南省融资担保风险代偿补偿资金管理办法》《关于对全省政府性融资担保机构实行名单制管理的通知》《金融服务"三高四新"战略加快经济高质量发展的实施意见》等政策，全力支持和推动融资担保行业发展。市州层面，围绕更好发挥融资担保的桥梁和杠杆作用，组织相关部门调研学习成功经验，出台相关政策措施。例如，郴州市出台了《郴州市融资担保集团组建方案》《郴州市人民政府办公室关于加强政府性融资担保体系建设支持实体经济发展的实施意见》等。银行业金融机构方面，截至 2021 年 6 月末，全省法人银行累计制定和修订完善小微企业授信尽职免责专门制度文件 290 个，有力提高了银行业金融机构"敢贷愿贷"的内生动力。

四是资金支持力度逐步加大。2018~2020 年，湖南省财政厅会同湖南省工信厅积极争取中央专项资金，用于引导全省融资担保机构扩大小微企业融资担保规模，降低融资担保费率，三年共安排奖补资金 19543 万元，支持融资担保机构达 50 家次。2019 年底省财政向省担保集团增资 20 亿元，推动省担保集团获 AAA 评级，跻身全国融资担保第一梯队。2021 年 4 月，《湖南省金融服务"三高四新"战略若干政策措施》出台，明确省财政将连续 3 年每年安排不低于 1.5 亿元，对纳入再担保体系备案业务按担保金额的 0.5%给予保费补贴。此外，湖南省财政厅联合湖南省地方金融监管局、湖南省工信厅将政策性融资担保业务保费补贴和小微企业融资担保降费奖补政策延续三年。

五是业务创新能力逐步提升。近年来，全省融资担保机构在向公共产品提供者转变的基础上，不断推进业务创新，提高支小支农支新水平。例如，湖南省再担保公司通过与合作银行及体系内担保机构共同开展"银担E贷"批量化产品，提升支小支农支新融资服务能力；湖南省中小担保加强科技创新，加快业务转型，打造成为全省开发金融科技创新产品的"桥头堡"、融资担保行业的"样板田"；湖南农担围绕优势农产品、特色农产品推出了"惠农担"系列产品；湖南大农融资担保探索"科技+金融"，采用线上申请、审批、发放的方式办理信贷担保业务；常德财鑫推出"微农担"等。此外，部分地方融资担保公司推出具有地方特色的融资担保产品，如"花炮信贷通""精细化工担""张旅保"等。

六是监管考核机制逐步优化。2020年12月湖南省人民政府印发《湖南省融资担保公司监督管理实施细则》（湘政发〔2020〕18号），进一步规范融资担保公司行为，为各级监管部门实施监管提供依据。2021年4月湖南省地方金融监管局出台《湖南省融资担保公司分类评级监管办法》，从融资担保公司治理、合规经营、业务开展、风险防控、社会贡献等方面进行考评定级，根据评级结果对融资担保公司实行差异化监管。2021年8月湖南省财政厅出台《湖南省政府性融资担保、再担保机构绩效评价指引（试行）》，规范全省各级政府性融资担保、再担保机构的绩效评价工作，引导政府性融资担保、再担保机构坚守主业、聚焦支小支农支新。同时，各级监管部门不断强化现场和非现场监管，加大风险排查和处置力度，力促融资担保行业稳健发展。

（三）政策实施效果

一是全省融资担保业务增长迅速。截至2020年底，全省融资担保机构累计担保额3734.63亿元，全年新增担保额1059.34亿元，较2019年翻一番。2020年末全省融资担保余额1225.24亿元，融资担保放大倍数为2.94倍，较上年增长81.48%。综合来看，全省政府性融资担保行业有力地调节了银行业金融机构在支小支农支新方面的市场失灵，为缓解融资难、融资贵，推进实体经济发展做出了积极的贡献。

二是聚焦支小支农支新，有力缓解融资难融资贵。2020年初，为应对新冠肺炎疫情影响，湖南省财政厅出台了《关于强化融资担保机构增信分险作用着力解决中小微企业融资难融资贵问题的通知》，有效引导湖南省融资再担保有限公司和省再担保体系内各合作机构不断降费让利，支持中小微企业和"三农"主体复工复产，渡过疫情难关。全年共安排担保费补贴资金4311万元、再担保费补贴资金2942万元，2020年再担保备案业务平均担保费率降至1.19%，较2019年（1.54%）下降0.35个百分点。2020年全年涉农贷款新增1994.0亿元，同比多增748.6亿元；中小微企业贷款全年新增3256.3亿元，同比多增1193.8亿元，其中，普惠小微企业贷款全年新增771.7亿元，同比多增150.1亿元。

三是融资担保机构的公共产品定位属性进一步凸显。从资本结构看，全省124家融资担保机构中，国有控股和参股的75家，占比达60.5%，国有资本逐渐占主导地位。2020年9月和2021年7月，湖南省财政厅联合湖南省地方金融监管局公布了两批次政府性融资担保、再担保机构名单上共计36家机构，明确了财政扶持融资担保行业发展的重点支持对象。融资担保日益凸显的公共产品属性，有力地调节了金融机构在服务"长尾"小微企业融资方面的市场失灵。

（四）政策实施中存在的主要问题及困难

1.配套措施不具体，缺乏约束力

一是"4321"风险分担落实不到位。市县政府因财政收支矛盾突出和对融资担保的社会经济效益认识不足，未安排或未足额安排融资担保代偿补偿资金，导致部分区县人民政府应承担的10%难以落实到位。同时，对于未设立政府性融资担保公司的省直管县，因当地应承担的10%风险分担落实机制不畅，市级融资担保机构开展业务的积极性不强。二是常态化的财政支持"三补"政策难以落地。《意见》提出政策性担保行业不以营利为目标，同时明确通过财政奖补来支持政府性融资担保机构发展。根据调研，除常德、岳阳和娄底等市州外，多数市州常态化的财政支持"三补"

政策（资本金补充、代偿风险补偿和保费补贴机制）未落地。据测算，目前担保机构提取的两项准备金（未到期责任准备金和担保赔偿准备金）约为担保金额的 1.5%，人力等管理成本约为 0.5%，合计占担保金额的 2%，按照目前政策要求的担保费率降至 1% 或者 1.5%，政府补贴需达到 0.5~1 个百分点，融资担保机构才可实现持续经营。同时，部分区县政府虽然通过会议纪要等形式，明确了代偿补偿，但足额提取难。三是代偿补偿资金到位慢。根据《意见》的规定，省级及以上财政和再担保机构承担 40% 风险分担责任。在实际操作中，市县政府性融资担保机构申请代偿补偿政策还面临困难，主要是政策执行标准不够透明、申请流程比较复杂、补偿到位时间比较缓慢。

2. 融资担保机构实力不强，可持续发展能力弱

一是资本金补充难以为继。政府性融资担保公司作为准公共产品，聚焦支小支农支新，保本微利经营。因此，《意见》提到的社会力量出资入股、银行业金融机构注资等多元化担保机构资本补充机制，在实际操作中可行性不强，目前唯一的渠道就是地方政府安排财政注资。二是可持续发展能力不强。政府性融资担保机构的重点服务对象为小微企业、"三农"和战略性新兴产业，本身就具有较高的违约风险，这使得担保公司承受较高的代偿风险；且本身盈利能力弱、收益低，如果发生代偿损失，只能依靠营业收入和资本金来弥补。由于部分县市的风险补偿、奖补等机制不到位，长此以往，公司持续经营就会受到威胁，不利于政府性融资担保机构发展。三是融资担保公司自身实力有待提升。一方面，员工队伍综合素质亟待提升。"打铁还靠自身硬"，担保行业高风险的基本属性决定了对员工的职业素养和专业素质的要求极高。目前全省融资担保行业虽拥有了一部分较高水平的专业人才，但相比担保业务工作的高要求还存在很大差距。另一方面，各项管理制度和业务操作技术规范还需进一步建立健全，在项目尽调、风险审查、项目评审，特别是保后管理等方面存在较大不足。

3. 银行参与积极性偏弱，合作对象集中度较高

根据《意见》规定，银行自身要承担 20% 的风险敞口责任、免收保证金，并在授信额度、利率水平、代偿宽限期等方面提供更多优惠。但银行出于资金安全的考虑，对担保机构会有一定的准入要求，合作积极性不高。例如部分银行对担保机构注册资本、成立时间、股权结构、存入保证金均设置严格的指标，对民营、非国有控股的融资担保机构较政府性融资担保机构要求更高的合作门槛。同时，还存在个别银行未按规定执行免收保证金或者变相收取企业保证金的问题。从省担保集团了解的情况看，银行方面业务主要集中在工商银行、农业银行，两家合计占总业务规模的 91.34%；担保机构方面，主要集中在省中小担保、郴州中小担保、常德财科担保、省文旅担保、衡阳担保，五家担保机构占总业务规模的 69.64%，银担合作集中度高、分布明显不均。

4. 融资担保机构资金使用效率较低，支小支农支新作用受限

截至 2020 年 12 月末，全省担保机构融资性担保的平均放大倍数为 2.94 倍，虽高于我国行业平均 1.89 倍的放大倍数，但低于行业 5 倍放大倍数的盈亏平衡点，也远低于国家《融资担保公司监督管理条例》规定的融担公司的杠杆倍率原则上可以达到 10 倍，主要面向小微企业和"三农"服务的融担公司还可提高至 15 倍。过低的放大倍数，表示融资担保机构的资金使用效率低。主要原因是：现阶段政府性融资担保机构的信用风险识别和管控模式尚不理想，未形成自身的独特优势；同时，政府性担保机构在接受金融监管的同时，还受国有资产管理部门关于资产保值增值的考核，导致担保机构展业较为谨慎。

四　评估结论

综上所述，自《意见》实施以来，围绕政府性融资担保体系建设和支小支农支新，湖南省直相关部门、市县政府、融资担保机构高度重视，积极作为，政策环境进一步优化、市场主体活力增强，政府性融资担保行业取得突破性发展，《意见》目标和任务基本完成，有力地提高了小微企业、"三农"和战略性新兴产业信贷的可获得性，为湖南省实施"三高四新"战略打下了坚实基础。但从评估情况看，《意见》在落实中还反映出一些问

题，主要体现在：一是政策制定严谨性有待进一步提高。如部分任务的责任部门不明晰。二是约束力有待提高。《意见》落实需要的相关配套措施在市州之间差异较大。政府性融资担保体系建设是破解小微企业和"三农"融资难、融资贵问题的重要手段和关键环节，建议提高相关配套政策的约束力，职能部门和市县政府根据政策评估情况和政府性融资担保体系建设的新情况，出台实施细则，助推政策落地，加大支小支农支新的力度。同时，要加强统筹协调，增强考核力度。

五　政策建议

（一）完善配套政策体系，增强政策落实约束力

一是完善资本补充等制度机制。政府性融资担保业务为准公共产品，应持续聚焦支农支小支新等领域，建议财政部门和市县政府出台"三补"政策（资本金补充、代偿风险补偿和保费补贴机制）实施细则，及时落实政府性融资担保机构担保风险补助、补偿机制，以增强公司抗风险能力，确保公司可持续性经营。例如，2020年9月，湖北省人大常委会对《湖北省实施〈中华人民共和国中小企业促进法〉办法》进行修订，将政府性融资担保机构的"四补"机制（资本金补充、代偿补偿、保费补贴、业务奖补）写进地方性法规，标志着"四补"政策实现法制化。二是进一步落实"4321"政银担风险分担机制。按照《意见》要求，推进市县政府将代偿补偿专项资金列入年度预算，督促市县地方政府落实10%的风险责任。明确代偿补偿条件、流程、时限，简化再担保补偿申报的手续，缩短资金到位时间。三是完善"敢担愿担"机制。建议湖南省财政厅联合湖南省地方金融监管局尽快出台全省政府性融资担保尽职免责工作指引。把开展小微企业和"三农"担保业务年度代偿率控制在合理区间的，且对已按法律法规及相关制度正确履行审核职责的相关人员实行尽职免责。

（二）全力建好全省政府性融资担保体系

一是继续深化与国家融资担保基金合作。加强与国家融资担保基金的合作对接与资源共享，积极争取国家融资担保基金通过再担保、股权投资等方式与省再担保公司、融资担保公司开展合作。不断提高业务合作对接效率，打造"国家融资担保基金—省级再担保公司—市县融资担保公司"高效联动的融资担保体系。二是进一步发挥好省级融资担保机构龙头作用。推动省级再担保公司、省级融资担保公司做实资本、做强机构、做精业务、严控风险，与省内其他融资担保公司开展股权、管理、业务、培训等合作。三是积极鼓励有条件的县市区成立融资担保机构。重点鼓励推进县域产业发展较好、民营经济融资需求旺盛的县市区尽快设立政府性融资担保机构。对于已建立融资担保机构的县市区，按照市场化原则，通过资本金补充、并购重组等方式有序整合，推动融资担保行业高质量发展。

（三）推动融资担保机构做大做强

一是引导担保机构加强自身建设。尽快建立融资性担保机构的市场准入、法人治理、内部控制、财务核算、风险管理、风险分担、信息披露、信用评价、市场退出等统一监管实施办法，促进政府性融资担保机构规范经营，推动担保机构建立健全公司治理结构和内控制度。同时，引导市县融资担保公司积极引入行业头部机构参股或控股，借助其资本、人才、技术、品牌等资源提升自身实力。二是加强融资担保机构人才建设。推动政策性融资担保机构采取市场化选聘方式，吸纳有相关从业经验的专业管理人才和业务人才，组建机构核心业务团队。推进省融资担保集团联合省融资担保协会，通过论坛、沙龙、青年联盟等形式，对省市县各级融资担保机构开展高管、中层、员工不同层级、不同主体的业务培训，培养现代企业管理思维，提升从业人员的业务水平和管理能力。建立从业资格准入制度和失信惩戒机制，鼓励和支持融资性担保公司加强行业自律，从而保证担保行业人员的专业能力，提高人员业务素质。三是建立信息共享机制。建立完善政银担信息共享平台,推进融资担保机构与人行征信系统、社保、就业登记信息等部门数据自动关联,提高信用评价和融资担保机构的风险防控能力。

(四)进一步畅通政银担合作机制

一是提高银行业金融机构合作的积极性。一方面,将金融机构与政府性融资担保机构的合作情况,纳入各级财政资金竞争性存放指标体系内进行考核评价,激励金融机构参与、加强与政府性融资担保机构的合作,推动风险共担的合作模式建立,平衡银担之间的责权关系。另一方面,推动银行业金融机构监管部门指导银行业金融机构改进绩效考核和风险问责机制,提高对中小微企业和"三农"融资担保贷款额,适当下调风险权重,为全省政府性融资担保机构聚焦主业主责、强化业务拓展提供有力保障。二是依托省级融资担保公司推进银担合作。统筹运用政府性融资担保体系,利用省级担保机构在资本规模和话语权上的优势,统一与大型银行机构签订战略合作协议,为市县政府性融资担保机构增加信用度,获得与大型银行机构合作的机会。同时,在银担业务合作中要尽量明确银行机构与担保机构的法律责任及分担风险的比例,倒逼银行审慎推荐客户,从源头上把控好风险,降低发生风险补偿的成本以及政府性融资担保机构代偿比例。

(五)引导融资担保行业创新发展

一是探索建立政府性融资担保机构精准获客机制。推进政府性融资担保机构与县市区工信、农业农村部门和银行联合搭建业务批量推荐机制。政府部门和合作银行根据事前约定的范围和条件,组织符合条件的经营主体开展项目申报,集中筛选后向政府性融资担保机构批量推送"长尾型"融资担保客户。二是探索改进融资担保机构尽职调查形式。推进政府性融资担保机构与工信、农业农村等职能部门及银行建立深度互信的错位审查机制,不重复收取客户资料、不重复开展尽职调查。明确由政府部门审查项目是否属于政策支持范围,合作银行审核项目信贷风险。政府性担保公司在获客阶段仅针对担保要件开展形式审查,贷后出现不良情形再开展反向追查,若属地方政府或合作银行审查失误则可拒绝代偿。三是鼓励有条件的县市区复制推广其他地区融资担保典型经验。例如宜昌市开发了由政府主导、银行参与、线上担保、线上放贷的创业担保贷款"1300"系统，即"1分钟申请、3分钟审核、人工0干预、群众0跑腿"，创业担保贷款后台审核时间由线下3~5天缩短至线上3分钟，整个办理周期由45天缩短至1~3天，有效破解了小微企业和个体创业者融资难、融资慢、融资贵问题。

湖南省人民政府《中国（长沙）跨境电子商务综合试验区实施方案》实施效果评估报告

湖南省人民政府发展研究中心评估组*

湖南省第十二次党代会提出要统筹推进跨境电商综合试验区等开放平台协同发展。2018 年 7 月，长沙市获批为全国第三批跨境电商综合试验区，同年 11 月，湖南省政府印发《中国（长沙）跨境电子商务综合试验区实施方案》（湘政发〔2018〕26 号，以下简称《方案》）。为了解《方案》的推进实施情况，经湖南省领导批准，按照《湖南省人民政府重大决策实施效果评估办法》（湘政办发〔2017〕45 号）的要求，湖南省人民政府发展研究中心开展了对《方案》实施效果的评估工作。评估情况如下。

一　政策概况

《方案》包括了全面推进中国（长沙）跨境电子商务综合试验区建设的总体要求、主要任务、重点工程、工作举措、组织实施五个部分，并包含了中国（长沙）跨境电子商务综合试验区建设责任清单，分解落实到相关部门，其中主要任务如表 1 所示。

---

* 评估组组长：谈文胜，湖南省人民政府发展研究中心原党组书记、主任；评估组副组长：侯喜保，湖南省人民政府发展研究中心党组成员、副主任；评估组成员：李学文、龙花兰、张诗逸、夏露，湖南省人民政府发展研究中心研究人员。

表1　《方案》确定的主要任务

政策项目		具体内容	
主要任务	八体系	1. 跨境电商信息共享体系	5. 跨境电商信用评价体系
		2. 跨境电商金融服务体系	6. 跨境电商统计监测体系
		3. 跨境电商智能物流体系	7. 跨境电商风险防控体系
		4. 跨境电商品牌营销体系	8. 跨境电商人才服务体系
	两平台	建设跨境电商线上综合服务平台	
		建设跨境电商线下"综合园区"平台	

资料来源：根据《方案》整理。

二　评估工作概况

评估工作主要从三个层面展开。一是收集相关省直部门自评材料，评估组根据责任清单向湖南省商务厅、长沙海关等14个直接责任部门，以及中国银行湖南省分行和中国建设银行湖南省分行2家金融机构收集落实情况和意见建议。二是面向市场主体发放调查问卷，向长沙市跨境电子商务企业发放调查问卷，共回收有效问卷40份。三是开展实地调研和座谈，前往湖南省商务厅、长沙市就政策落实情况召开省直部门、市直部门和园区、企业代表座谈会，深入多家跨境电子商务企业开展实地调研，了解企业对政策的反馈和需求。

三　评估的主要内容

（一）政策评价

1. 知晓度较高

受访企业中，92.5%的企业表示很熟悉或了解文件的具体内容；其中通过网络知晓的比例最高，为67.57%，其次是通过政府工作人员知晓的，占比为54.05%，反映了企业对本行业政策的关注和政府部门对政策宣传的积极性。

2. 满意度较高

97.5%的企业认为政策的出台具有积极作用；62.5%的企业对当地政府落实政策的工作非常满意，32.5%的企业比较满意，5%的企业没有体会，无企业不满意，不够满意的主要原因集中在政策宣传解读不足、政策优惠力度不强、配套公共服务和设施不到位等（见图1）。

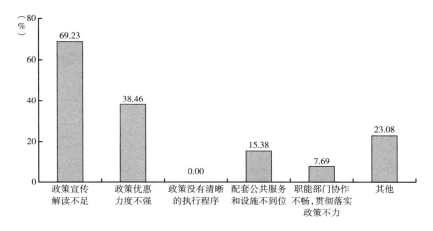

图1　企业对当地政府落实政策工作效果不够满意的主要原因

3. 完备性较好

所有受访企业均认为，政策设计能基本满足中国（长沙）跨境电子商务综合试验区建设的现实需要；97.5%的企业认为政策内容基本符合中国（长沙）跨境电子商务综合试验区的需求，《方案》内容架构相对完备。

4. 规范性较好

受访企业认为政策流程公开、操作透明、程序便捷方面规范性较好。在流程公开方面，85%的受访企业认为政府政策执行过程中流程公开，认为部分公开的企业占12.5%。在操作透明方面，85%的企业认为政策操作流程透明，认为透明度一般的企业占12.5%。在程序便捷性方面，87.5%的企业认为政策执行程序便捷，认为便捷性一般的企业占10%。

5. 协调性有待增强

《方案》责任清单中虽明确了中国（长沙）跨境电子商务综合试验区建

设的目标、具体要求和责任单位，但由于涉及海关、税务、外汇、金融等多个责任部门，存在部门跨度广、协调难度大、责权界定不够清晰等问题，对部门协作的机制和落实政策的方式没有提出明确要求和具体考核指标，也缺少相应的监督和追责机制，导致部门间合作层次不深、规划对接不畅、政策协同不强。

6. 可操作性有待提高

受访企业中，72.5%的企业认为政策的可操作性很好，但也有近三成的企业认为政策的可操作性不强，主要体现在申请条件苛刻、申请流程烦琐、平台费用高等方面（见图2）。

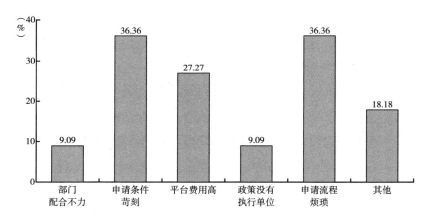

图 2　企业认为政策可操作性不强的主要原因

（二）政策落实情况

自2018年中国（长沙）跨境电子商务综合试验区获批以来，湖南省高度重视，全力推进各项建设工作。

1. 强化顶层设计及政策配套

一是加强统筹协调。建立了中国（长沙）跨境电子商务综合试验区建设联席会议制度，成立中国（长沙）跨境电子商务综合试验区建设及市场采购贸易方式试点工作领导小组，统筹推进相关工作。二是强化顶层设计。

长沙市围绕打造全国跨境电商新兴口岸城市和"跨境电子商务创业创新中心、产业协作中心和服务资源中心"的建设目标，先后制定出台了《中国（长沙）跨境电子商务综合试验区建设推进方案（2019～2021 年）》《中国（长沙）跨境电子商务综合试验区发展规划（2019～2023 年）》。三是完善配套政策。湖南省税务局、长沙海关、长沙市等相继制定了配套政策（见表 2），共同推动长沙综试区发展。

表 2　各部门支持长沙综试区建设的政策措施

部　门	政策文件
省直部门	湖南省税务局出台了《中国（长沙）跨境电子商务综合试验区零售出口货物免税管理办法》等政策措施
中央驻地方单位	长沙海关出台了《长沙海关复制推广跨境电子商务综合试验区措施工作方案》等政策措施
长沙市	《长沙市跨境电子商务产业扶持资金管理暂行办法》（于 2020 年修订为《长沙市开放型经济发展专项资金管理办法（跨境电商部分）》）《长沙市跨境电商数据认定暂行办法》等
区县	长沙市开福区出台了《开福区"十四五"跨境电商发展纲要》《开福区"十四五"跨境电商发展五年行动方案》《开福区"十四五"跨境电商专项发展产业扶植奖励办法》等

资料来源：根据部门提供的自评报告整理。

2. 提升跨境贸易便利化水平

一是改善跨境电商通关环境。长沙海关推行简化申报、"清单核放、汇总统计"、创新退货监管等措施，实行"7×24 小时"预约通关制度，关区跨境电商货物到达监管场所后 24 小时内办结海关手续的占比达到 100%。黄花综保区创新"邮快跨"（邮件、快件、跨境电商业务）集约化通关模式，实行 24 小时全天候通关，日均处理能力提升 6 倍，通关时间压缩33%～50%，综合运输成本降低 25%以上。二是建立一站式在线支付结算、在线融资、在线保险等跨境电商金融服务体系。大部分银行企业网银渠道已实现上线收付汇、结售汇、进口信用证等功能，如中国建设银行湖南省分行的

"跨境 e+"平台已与跨境电商综试区平台、外贸综合服务平台、"单一窗口"平台等系统对接，为跨境电商企业提供线上化、自动化金融服务。

3. 加快拓宽国际物流通道

一是打通国际卡航①新通道。截至 2021 年 8 月底，金霞保税物流中心已常态化稳定运行长沙–柬埔寨、长沙—泰国曼谷两条国际卡航线路，估计全年产生约 9000 万美元本地跨境贸易电子商务业绩。二是充分发挥中欧班列作用。目前中欧班列（长沙）常态化运行路线达 10 余条，网络遍布欧盟和俄罗斯及中亚地区 20 多个国家近 100 个城市，为跨境电商提供更便捷通道。三是开通跨境电商全货机航线。长沙市累计开通 10 条定期货运航线，其中大阪、马尼拉、纽约、莫斯科为跨境电商专线，芝加哥、列日、洛杉矶也承运跨境电商货物，长沙黄花国际机场 2020 年国际（地区）货邮吞吐量达 7.61 万吨，同比增长 50%。四是发展多式联运。打通了长沙—张家界—曼谷陆空联运转关线路、长沙—阿拉山口—马拉陆铁联运、长沙—宁波—台湾陆海联运等多式联运通道，带动跨境电商发展。五是设立公共海外仓。湖南省已认定 11 个省级公共海外仓，为湖南企业开展跨境电商等相关业务提供国际仓储和物流配送、国际货运代理等多项综合服务，打通订单交付"最后一公里"。

4. 打造特色跨境产业集群

一是加快特色园区建设。长沙高新区建立了跨境电商 B2B、B2C 孵化基地，从 2019 年起至 2021 年 9 月累计孵化培育跨境电商 B2B 企业 145 个、B2C 企业 42 个。金霞保税物流中心形成了跨境电商监管中心、生态产业园、产业发展基金、仓储服务基地等成熟的跨境产业配套，服务湖南省内中小微跨境电商企业。黄花综合保税区已建成并常态化运营跨境电商监管中心，落地首个以数字贸易为特色的专业子园区"黄花数字贸易港"。长沙市芙蓉区积极打造"跨境电商企业联合运营中心"。二是加大市场主

---

① 国际卡航即国际卡车航班，以卡车作为飞机的延伸工具，用陆运方式接驳未建机场的地区进出口货物，实现没有建设机场的地区可以直接收发航空进出口货物。

体培育。引进了阿里巴巴一达通、天泽信息、有棵树等跨境电商龙头企业或规模企业。安克创新、水羊股份、友阿云商、御家汇等一批本地企业跨境电商业务保持高速增长。2020 年，安克创新市值达 667.6 亿元，营收规模接近百亿元级。三是推动传统企业转型。以"万企融网闯国际"等为抓手，带动一批传统企业、外贸工厂以及个人卖家开展跨境电商业务。据不完全统计，2020 年长沙跨境电子商务卖家总计 3466 家，同比增长 30%，在亚马逊平台上长沙卖家的销售额增长 80%。

5. 持续完善要素保障

一是创新融资服务。如农业银行湖南省分行创新推出了湘汇贷、保融通等适用性广的小微融资产品。金霞保税物流中心出资 5000 万元设立出口退税资金池，并成立了总规模 3 亿元的金霞跨境电商股权投资基金，用于投资跨境电商企业及跨境电商产业链上相关企业。二是着力培养电商人才。出台《长沙市跨境电商人才孵化基地试点单位认定条件及认定流程》和全国首个针对跨境电商专业人才评价标准的《中国（长沙）跨境电子商务综合试验区跨境电子商务职业技能人才培训及评价规范》，已有湖南财政经济学院、湖南工商大学等 7 所院校成为跨境电商人才孵化基地，每年培养各类跨境电商初级人才超 2000 人，留长率约 40%。2021 年，长沙市创新开展全国首批跨境电商运营推广专项职业能力考试，有 49 人通过并获得证书。

（三）政策实施效果

近三年来，湖南省省市区三级按照"省市共建、以市为主"的原则，根据《方案》加快推进长沙综试区建设的各项工作，长沙跨境电商产业发展进入"快车道"，2018 年、2019 连续两年在商务部跨境电商综试区工作推进会上做经验介绍。

1. 跨境电商交易规模不断扩大

目前，长沙综试区已实现"9610、1210、9710、9810"① 跨境电商业务

---

① "9610"，即"跨境贸易电子商务"；"1210"，即"保税跨境贸易电子商务"；"9710"，即"跨境电商 B2B 直接出口"；"9810"，即"跨境电商出口海外仓"。

模式全覆盖。2018~2019 年，长沙市累计实现跨境电商进出口 17 亿美元。2020 年，在传统外贸受疫情冲击叠加中美贸易摩擦影响受阻的形势下，凭借线上交易、非接触式交货、交易链条短等优势，跨境电商进出口额突破 24.5 亿美元，同比增长 90%，超过全国平均增速。

2. "八体系"逐步建立

中国（长沙）跨境电商线上综合服务平台通过长沙"单一窗口"，与海关、税务、外汇、银行、口岸作业区、跨境生态圈企业实现数据交换和信息共享；中国建设银行湖南省分行具备跨境电商支付企业资质；建成空铁水公立体跨境电商国际物流通道网络，支撑长沙跨境电商业务"井喷式"发展；建成跨境贸易大数据统计分析系统，实现对跨境电商业务的统计分析、动态监测与预警；完成跨境电商商品正、负面清单和关键字字典建设；通过设置货物风险防控参数，及时预警和防范企业通关申报过程中的风险；等等。

3. "两平台"初步建成

搭建了跨境电商线上综合服务平台。2019 年 1 月，中国（长沙）跨境电商综试区线上综合服务平台开通运行，2020 年 6 月，对跨境电商公共申报通道进行扩容升级，通道处理能力提升了 12 倍。打造了多个跨境电商线下园区。长沙市已形成了高新区、黄花综合保税区、金霞保税物流中心三大核心园区向全市延伸拓展的良好局面，三大园区实现跨境电商进出口额占全市 90% 以上，其他区、县、园区开始起步，实现破零和增长。

（四）政策实施中亟待解决的主要问题

1. 政策执行面临困境

一是部分政策落地难度较大。一方面，部分政策缺少落实细则，如由于 9710（跨境电商 B2B 直接出口）/9810（跨境电商出口海外仓）监管模式的退税问题等尚未明确，造成企业不敢放量，据调研反映，部分企业本应通过 9710 模式申报的业务，其中大部分选择 0110（一般贸易）模式申报出口，导致部分跨境电商数据的流失。另一方面，当前跨境电商工作力量较为薄弱，海关监管力量不够，导致监管创新政策落地难度较大。二是扶持资金投入面临较大压力。据金霞保税物流中心反映，自2014年启动跨境电商工作以来，开福区和园区已累计投入政策性扶持资金近2亿元。据初步测算，五年预计需要政策性资金约4.5亿元，仅2021年按照7.5亿美元进出口额预估，就需政策性资金约0.9亿元，后续资金需求更大，资金已成为跨境电商后续发展的最大阻碍。

2. 数据统计和共享存在障碍

一是跨境电商数据统计口径全国无统一的标准。海关只统计9610、1210、9710、9810等监管代码下的跨境电商进出口，商务部则将邮快件电商包裹及0110（一般贸易）中通过电商平台成交的部分也测算纳入，但具体测算口径与方法没有明确和统一。二是部门间数据不匹配。以部分由沿海地区引进的跨境电商企业为例，其业务均在沿海地区开展，仅由湖南企业报关出口，收付汇不在湖南省发生，导致收付汇数据与省政府发布的出口数据明显不匹配。三是数据未实现共享。目前，线上综合服务平台向海关、税务等推送信息的功能已基本具备，但由于海关、税务、外汇属于中央垂管部门，监管系统未向线上综合服务平台开放，省级层面未具备数据共享的权限，向平台返回信息功能未实现。部分园区也反映，自2020年起无法及时准确获取企业的跨境电商进出口数据，造成不能及时掌握园区跨境电商产业最新的发展情况。

3. 产业带动能力不强

一是产业链集聚程度不高。从全国来看，超过60%的跨境电商产业链企业在广东省，其次在浙江省、江苏省和北京市。由于缺乏领头型的跨境电商平台，长沙本地跨境电商企业未形成集聚和蓬勃发展态势，货物集聚和人才集聚尚未形成。二是缺乏产业链核心企业。在长沙的跨境电商企业中物流企业占比较大，园区已形成一定的出口物流企业集聚规模，除安克创新等出口跨境电商以外，缺少进口跨境电商、跨境电商服务商、支付类金融类等产业链核心代表性企业。三是对接本地特色产业不够。据数魔跨境数据显示（见图3），2021年上半年，亚马逊平台上中国各省份卖家销售额中，湖南省销售额达196.22亿元，居全国第9位、中部第3位（河南省第 1 位、安徽省第 2 位），尚未充分发挥本土特色产业优势。四是跨境电商进口占比不大。长沙跨境电商进口额占进出口额的比重不足 10%。艾媒咨询数据显示，2020 年中国海淘用户为 1.58 亿人，从区域分布来看，华东、华南、华北分列前三，分别占比 34.9%、20.8%、15.4%，而华中地区仅占比 7.4%。

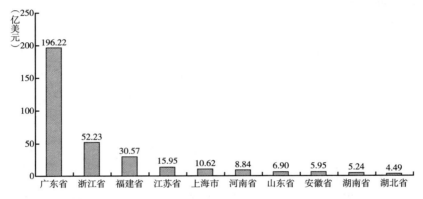

图 3　2021 年上半年亚马逊平台卖家销售额前十位省份

资料来源：数魔跨境数据。

4. 发展环境有待进一步优化

一是跨境物流成本高。目前跨境电商物流费用约占交易额的 20%～30%，总体物流成本较高。问卷调查中，受访企业认为当前跨境物流成本高、物流慢、通关不够便捷的企业占比分别为 77.5%、52.5% 和 35%。二是跨境物流通道依旧不畅。湖南作为内陆省份，国际物流通道先天不足，如中欧班列（长沙）目前由于缺乏阿拉山口固定路线的班列计划，大部分货物在阿拉山口经常遭遇拥堵、停发。三是跨境电商企业融资难。大部分跨境电商的营利能力较弱，根据问卷调查，受访企业中有 42.5% 的税前利润率大概在 10% 以下，对融资需求较大。但出于跨境电商回款周期相对较长、库存管理要求高、银行风险管理难、授信额度小等原因，资金压力大、融资难、融资贵已经成为跨境电商企业面临的普遍问题。四是园区基础配套不完善。跨境电商属于年轻劳动密集型行业，据园区反映，园区现有的交通、住房、商业等基础配套不完备，面临着招商难、招人难、留人难等问题，加大了企业招人用人成本。

四　评估结论

综上所述，《方案》为中国（长沙）跨境电子商务综合试验区的建设指明了方向，逐步建立了"八体系两平台"。作为湖南省首个跨境电商综试区，成功探索了可复制可推广的跨境电商"长沙模式"。但在《方案》的实施过程中也存在政策执行面临困境、数据统计和共享存在障碍、产业带动能力不强、发展环境有待进一步优化等一些问题。下一阶段，要根据在政策实施过程中遇到的瓶颈和问题，加强政策落实的协调性和可操作性，结合湖南自贸区建设，大力发展跨境电商新业态，推动"三高四新"战略落实落地。

五　政策建议

（一）形成合力，推动政策措施落地见效

一是加大部门协同合作力度。国家级跨境电子商务综合试验区已扩大到长沙、岳阳、湘潭和郴州4个地区，可借鉴江苏省经验，在湖南省发展开放型经济领导小组中设立跨境电商工作专班，及时研究解决重点、难点问题，形成部门推动合力。设立长沙市跨境电商综合试验区办公室，加强统筹规划，细化工作任务，明确专人负责。建立综试区跨境电商工作综合评价机制，针对园区建设、主体培育等方面工作对4个综试区开展综合考评，对工作成效明显的综试区，在政策上予以倾斜。二是加快出台配套政策。建议在目前，各项外贸新业态政策体系下，从生产、销售、支付、售后等全链条视角加快制度创新和政策创新，不断推出适合本地区发展特点的监管政策、税收政策和支付政策等，推动政策的落实和细化。例如针对9710新监管模式，

简化申报流程、提高退税效率等。三是持续加大资金支持力度。加强跨境电商发展基础设施建设，提升长沙跨境电商产业在全国的地位。

（二）突破瓶颈，推动跨境电商数据统计和共享

一是持续完善跨境电商统计方法。湖南省商务厅、长沙海关、湖南省税务局、国家外汇管理局湖南省分局、长沙市人民政府等职能部门应加快探索跨境电商的数据统计方法，积极与国家相关部委对接，尽快建立权威的统计定义范围和明确的统计口径，争取将个体商家小额、未申报的 B2C 部分和通过海关监管一般贸易方式出口的 B2B2C（卖方—交易平台—买方）部分等广义的跨境电商统计数据纳入统计范围，提升数据统计的准确性。二是加快跨境电商数据共享。建议争取在国家部委层面实现海关、税务、商务、综试区线上服务平台等数据共享功能。加快部门间数据共享，以便各部门及时掌握跨境电商产业最新发展情况。定期交叉对比和修正海关、税务、外汇、邮政、市场监管等监管部门的数据。

（三）加强创新，推动跨境电商产业链发展

一是加快产业集聚。通过搭平台、供政策、优服务，构建卖家孵化、跨境电商直播等服务体系，通过对所有服务流程进行线上整合优化，为企业提供"全流程、一站式、连锁化、低成本"的跨境电商综合服务，打造最优营商环境。不断延伸跨境电商产业链供应链招商，充分借助跨境湘商优势，引导湘商回归，促进产业集聚。二是引进和培育核心企业。加大引进支柱和功能型项目力度，如国内外知名的进口跨境电商、跨境电商服务商，及支付类、金融类等核心企业，结合项目规模、经营实绩、税收贡献、发展潜力和企业信用等因素给予相应支持。大力培育本地企业，打造跨境电子商务新品牌，可根据跨境电子商务企业年度内经营实绩给予相应支持。三是大力推动"湘品出海"。积极推动长沙跨境电商企业与湖南本地特色产业深度对接，重点扶持湖南省内制造业项目，如邵阳箱包和五金、株洲陶瓷和服装、益阳竹制品等，加快传统产业转型升级，为本地更多优秀企业、品牌、产品

"出海"提供新路径。可借鉴浙江省经验，搭建数字营销公共服务云平台，加快企业数字化转型。四是加快补齐进口短板。深入推进跨境电商线上线下深度融合，借鉴宁波市"网购保税+线下提货"跨境电商运营监管模式、武汉市零关税现场下单模式、马上提货模式、四川跨境电商零售进口"前店后仓+快速配送"模式，黄花综保区要加快开展跨境电商网购保税 1210 业务的线下自提业务。探索"跨境监管保税仓+直播"模式，以网红带货方式拉动跨境电商进口消费。

（四）优化环境，完善跨境电商产业生态

一是降低跨境电商物流成本。可借鉴郑州联合中国邮政速递物流，对在郑州市登记注册的跨境电子商务企业使用中国邮政国际 EMS、E 邮宝的国际小包产品，在原邮政协议邮费价格基础上，给予 10% 邮费返还，单个企业返还最高不超过 50 万元。加大力度扶持落地的中大型物流企业加快海外仓布局，通过搭建全球海外仓体系，将智慧物流供应链拓展到海外，提升跨境包裹全链路效率，降低物流成本。二是拓展、畅通跨境电商物流通道。开通中欧班列跨境电商专列，持续孵化打造优质产品出口线路，对标国际性综合交通枢纽城市，申报中欧班列集结中心示范工程，打造中欧班列和东盟班列双集结中心。推进 4 小时航空经济圈建设，拓展对非、对欧等货运航线。主动融入西部陆海新通道，发展铁海联运、空铁联运等多式联运建设，助推长沙建设国家综合交通枢纽城市。三是着力解决企业融资难问题。可借鉴宁波市"易跨保"金融服务方案，通过中国信保提供短期出口信用保险、国内贸易信用保险和海外投资保险等三大核心产品及融资增信服务，为跨境电商卖家和跨境电商服务商提供全套风险保障和融资支持。拓宽跨境电商企业融资渠道，鼓励相关企业在境内外资本市场上市。四是完善园区基础设施建设。通过政府采购、市场化服务方式，建设园区公共食堂、便利店、咖啡吧、健身房等生活配套设施。协调相关部门加密途经园区的公交车班次，扩容公共自行车租赁点。

《湖南省人民政府办公厅关于支持岳麓山国家大学科技城发展的若干意见》实施效果评估报告

湖南省人民政府发展研究中心评估组 *

为加快推进岳麓山国家大学科技城（以下简称大科城）发展，湖南省于 2019 年 12 月出台了《湖南省人民政府办公厅关于支持岳麓山国家大学科技城发展的若干意见》（湘政办发〔2019〕65 号，以下简称《意见》）。根据湖南省领导指示和《湖南省人民政府重大决策实施效果评估办法》（湘政办发〔2017〕45 号）的要求，湖南省人民政府发展研究中心开展了《意见》实施效果评估。现将评估情况报告如下。

一 概况

（一）出台背景

岳麓山科教资源密集、创新人才汇聚，素有"湖南硅谷"的美誉，是湖南省乃至全国的一张科教名片、文化名片，具备开展创新创业实践和促进文化互动共融的坚实基础。2017 年，湖南省委、省政府做出建设大科城的战略部署，到 2019 年，大科城提质改造成效明显，《人民日报》刊发重磅报道，点赞国家大科城治理工作。但是，在大科城高校蓬勃发

---

* 评估组组长：谈文胜，湖南省人民政府发展研究中心原党组书记、主任。评估组副组长：侯喜保，湖南省人民政府发展研究中心党组成员、副主任；蔡建河，湖南省人民政府发展研究中心党组成员、二级巡视员。评估组成员：郑劲、文必正、彭丽、黄晶，湖南省人民政府发展研究中心研究人员。

展、环境品质日益提升的同时，自主创新能力不高、科技转化能力不强、人才流失等问题仍然存在，对比中部其他科创经济先进地区，如武汉东湖科学城、合肥滨湖科学城仍有较大的差距。在此背景下，推进大科城发展，不是可有可无的选择题，而是破釜沉舟的必答题。《意见》的出台，对大科城建设全国"最美大学城、领先科技城、一流创业城"，打造湖南创新新高地、中部崛起新引擎具有重大意义。

（二）主要内容

《意见》从创新平台建设、高端人才引进、科技成果转化、科技企业培育、财税金融保障等 10 个方面提出指导意见，统筹全省资源支持大科城建设。具体举措见表 1。

表 1　《意见》中的支持举措

序号	支持举措	序号	支持举措
1	打造综合性国家科学中心核心区	6	促进科技服务业发展
2	加大高层次人才支持力度	7	保障合理用地需求
3	扶持高科技企业发展	8	强化财税金融保障
4	支持研究开发和科技成果转化	9	加强改革创新示范
5	推广自主创新产品	10	打造高效优质营商环境

（三）评估过程

为准确评估《意见》的推进情况和实施效果，湖南省人民政府发展研究中心成立专题评估组，综合采用自查、座谈会、实地走访等方法进行评估。一是请长沙市政府、10 个相关省直部门、湘江新区及湖南财信集团开展自查自评；二是组织大科城管理委员会相关部门召开座谈会，听取政策实际落地情况；三是深入岳麓科创港、新净信等平台企业进行实地调研走访；四是综合评估，形成评估报告。

二 评估主要内容

(一)《意见》实施情况

《意见》出台以来,相关单位认真落实、积极作为,做了大量工作。

1. 积极打造综合性国家科学中心核心区

一是以岳麓山大学科技城为载体推进湖南省产教融合试点建设。重点围绕交通运输、机器人、机械运载等产业,2020 年以来在岳麓山大学科技城认定中南大学、湖南大学、湖南师范大学等高校现代产业学院 4 个,建设校企合作创新创业教育基地 13 个、校企研究生联合培养基地 174 家。二是以岳麓山大学科技城为依托助力综合性国家科学中心创建。编制《长株潭国家区域科技创新中心建设方案》,以岳麓山大学科技城为依托,积极开展国家区域科技创新中心创建工作。粤港澳科创产业园启动运营,香港城市大学(长沙)创新科技中心揭牌成立,对接企业 60 多家,促成科技合作 20 余项。三是以岳麓山大学科技城为阵地支持创新平台搭建。瞄准世界科技前沿,支持国家级、省级创新平台建设,对于新认定的国家级、省级、市级创新平台,分别给予 100 万元、50 万元、30 万元支持。自 2020 年以来,新增国家级创新平台 5 个、省级创新平台 45 个,支持资金达 180 万元。

2. 加大高层次人才支持力度

一是强化人才激励。减扣岳麓山大学科技城高端人才职工福利税费,认定岳麓山大学科技城相关高校、园所、企业科技领军人才 16 名、杰出创新青年 27 名,支持专项资金达 2950 万元。二是加强人才引进。出台《岳麓山大学科技城关于打造科技人才高地的实施办法(试行)》及操作细则,发布紧缺急需人才目录,一年多来,举办人才聚合系列行动 2 场次,引进院士、博士等高端人才 650 余人,累计引进国内外人才 2153 人。推动 31 所省外名校湖南校友会成立省外名校校友会联盟,充分发挥校友引才作用。三是提升人才服务。湖南省科技厅等 13 家省直单位联合发布外国高端人才一卡通，在全国率先将科技创新服务和文化体验服务纳入外国高端人才服务体系，开辟外籍科技人才绿色服务通道，对岳麓山大学科技城紧缺急需人才按"一事一议"的方式组织论证支持。精准对接院士团队项目落地需求，提供"保姆式"服务，张尧学、田红旗、柴立元、王耀南、罗安等10院士团队项目陆续落在岳麓山大学科技城。全面开启岳麓山大学科技城引进重点企业人才购房绿色通道，建成并投入使用"人才公寓"800套，入住率达95%。

3. 夯实产业基础

一是扶持高科技企业发展。对大科城科创投资企业、高新技术企业、科技型中小企业实行股权抵扣税额、延长亏损结转年限等优惠税收政策，高新技术企业按减15%的税率征收企业所得税，2020年至2021年上半年，共减免大科城企业所得税812.81万元。二是促进科技服务业发展。对符合条件的岳麓山大学科技城孵化平台开展免税服务，2020年至2021年上半年共减免房产税65.68万元，2020年支持包括岳麓山国家大学科技园、湖南大学国家大学科技园、岳麓科技产业园等在内的长沙市17家省级以上孵化器和众创空间共计免税2647.31万元。对新进驻大科城的专业服务机构的租房、重大活动、重大设施仪器采购给予一定比例补贴，2020年以来共补贴2590.05万元。

4. 大力提升自主创新能力

一是鼓励自主研究开发。对企业研发费用实行优惠税收政策，2020年至2021年上半年共减免岳麓山大学科技城企业所得税7836.17万元。出台《关于促进我市企业"升高"工作的有关措施》，最高补贴高新技术企业研发经费20万元，2020年岳麓山大学科技城41家高企获得补贴616万元。二是支持科技成果转化。出台《长沙市促进科技成果转化实施细则》及《岳麓山大学科技城管理委员会关于支持高校（科研院所）科技成果就地转化的若干措施（试行）》，2021年岳麓山大学科技城19家企业兑现政策资金400万元。相继引入"新诤信""迈科技""博士科技"等全国知名科创服务平台20个，依托潇湘科技要素大市场岳麓山大学科技城分市场，引导促进岳麓山大学科技城科技成果转移转化。湖南大学成果转化基地正在加紧建设，湖南师范大学成果转化基地签约落地，中南大学知识产权中心 2021 年已正式运营，累计孵化企业 435 家，1945 项专利、7 个院士项目实现就近转化。三是推广自主创新产品。对岳麓山大学科技城企业申报两型产品认定给予重点关注，在 2020~2021 年第九批至第十一批两型产品的评审认定工作中，将湖南新云网科技有限公司等岳麓山大学科技城企业的 15 个产品纳入两型产品清单。

5. 保障合理用地需求

将岳麓山大学科技城发展纳入长沙市国土空间总体规划并传导到湘江新区国土空间规划等各项专项规划以及详细规划，湖南省自然资源厅为湘江新区单列新增建设用地指标，赋予湘江新区开展农用地转用和土地征收直报权限，委托授权湘江新区行使岳麓山大学科技城建设项目选址方案核准权限，开辟审批"绿色通道"，开展重点项目"点对点"上门服务，积极调度落实岳麓山大学科技城项目用地进展情况，确保优先办理、限时办结。2017~2020 年，岳麓山大学科技城累计取得农用地转用、征收土地审批单 16 个，面积合计 101.8 公顷。

6. 强化财税金融保障

一是专项资金支持。2020 年以来，岳麓山大学科技城获省市各类专项资金 4.754 亿元，分别为：湖南省发改委专项资金 1 亿元，湖南省财政厅专项资金 2 亿元，湖南省科技厅专项资金 1540 万元，湘江新区 1 亿元，长沙市财政局专项资金 5000 万元，长沙市工信局专项资金 1000 万元。二是政府债券支持。2020 年以来，岳麓山大学科技城共获政府债券 22.5 亿元，主要用于公共基础设施建设。三是金融产品支持。全省唯一专精特新中小企业股权融资服务平台、湖南省科技型企业知识价值信用贷款风险补偿首批试点均落户岳麓山大学科技城，18 家金融及服务机构与岳麓山大学科技城签订合作协议，财信岳麓山科创基金首期实缴到位 1 亿元，长沙市科技成果转化基金正在加紧注册中。

7. 营造良好环境

一是释放政策红利。省科技厅出台《关于发挥科技创新支撑引领作

用 推进岳麓山大学科技城建设的若干措施》，将岳麓山大学科技城作为独立的创新单元纳入长株潭国家自主创新示范区的核心区，从平台建设、人才引进、成果转化、科技金融等 9 个方面加大支持力度，提出明确、具体、可落地的措施。二是优化营商环境。湖南省省直相关部门将部分审批权限下放至湘江新区，如湖南省发改委下放省预算内基建投资及专项资金安排的部分直报权限，创瑾材料研究院、5G 加速港、岳麓山大学科技城科技创意园等 3 个岳麓山大学科技城项目获得资金支持 844 万元；湖南省财政厅为湘江新区单列地方政府债券额度，保障岳麓山大学科技城重点项目的资金需求。

（二）《意见》实施效果

1. 自主创新能力日益增强

到 2021 年，岳麓山大学科技城共有重点实验室、企业技术中心、孵化器、众创空间、科创基地等各类创新平台 192 个，年增加近 40 个；高校院所优势学科与全省 3 个万亿级产业、15 个千亿级产业匹配度达 80% 以上。2020 年以来，举办省级以上大型赛事论坛及活动 96 场次，参与国家双创大赛的创业团队 3.6 万人次，获得国家科学技术奖 74 项、湖南省科学技术奖 316 项，新增"四上"单位 111 家，新增市场主体 19055 个，新增科创企业 4715 家，科创企业总数达 6597 家。

2. 科技成果转化成效显著

进一步打破思想观念、行政级别、行业分割"三大围墙"，中南大学科技园（研发）总部获批国家级大学科技园；湖南大学建设科技成果转化基地，王耀南院士核心研发团队项目、华锐金融、自主可控 CAE 等 16 项科技成果落地转化；湖南师范大学文创基地落户后湖艺术园，孙舜尧、朱训德、段江华等知名大咖成功入驻。2020 年，岳麓山大学科技城获评国家首批科技成果转化和技术转移示范基地，近两年来完成技术交易合同 2314 件，成交额 32.42 亿元。

3. 高端人才集聚效应凸显

通过近两年的耕耘培育，汪正平、贺龙廷、陈宁、龙凡等 30 余位领军

343

技术人才先后进驻大科城，截至 2021 年，岳麓山大学科技城拥有两院院士 33 人、长江学者 80 人、国家杰出青年 66 名、国家重点人才计划 115 名，在校大学生已达 22.6 万人。

（三）存在的主要问题

调研发现，当前岳麓山大学科技城发展主要面临三方面瓶颈制约。

1. 体制机制未完全理顺

一是管理体制较为复杂。岳麓山大学科技城地处湘江新区核心区，行政隶属于长沙市岳麓区。2019 年 7 月长沙市成立了岳麓山国家大学科技城推进委员会，2020 年 4 月设立了中共岳麓山大学科技城工作委员会、岳麓山大学科技城管理委员会，分别为中共长沙市委、市政府的派出机关，体制机制有待进一步理顺。二是共建共赢的联动机制尚未健全。从"共建"来看，岳麓山大学科技城缺乏高位统筹机制（武汉东湖科学城、合肥滨湖科学城均由省委省政府主要领导亲自推动），与省、市部门的权责清单也不清晰；从"共赢"来看，岳麓山大学科技城与内部高校缺乏横向联动抓手（如武汉、广州等地已实现高校人才互聘、学分互认、平台共享），与企业、园区协同创新的利益分享机制还未建立。

2. 重大科研平台发展不充分

一是重大科研平台相对缺乏。岳麓山大学科技城拥有省级及以上的创新平台 300 多家，基础研发平台初具规模。但是与北京、上海、武汉、合肥等科创经济先进地区相比，重大科研平台相对不足。除了已有的国家超级计算长沙中心外，国家实验室（全国共 4 个，中部安徽 1 个）、大科学装置（武汉已建成 2 个、启动建设 7 个，合肥已建成 3 个、在建和筹建 5 个）、国家研究中心（湖北 1 个、安徽 1 个）、国家产业创新中心、国家技术创新中心、国家制造业创新中心等重大平台尚未破零。二是服务产业发展能力较弱。国家重点实验室、工程中心等创新平台大多依附于岳麓山大学科技城高校、科研院所，存在"重论文、轻应用"现象，没有足够动力推动地方产业发展，导致许多平台成果与产业发展脱钩，而与产业相关的成果由于缺乏中试、应用场景等环节，导致成果"沉睡"在实验室。三是协同共享机制尚不健全。虽然岳麓山大学科技城已推动内部高校开展课程互选、学分互认，但各类创新平台的仪器设备、人才、科研等共享机制还不健全，导致部分仪器设备"闲置与短缺"并存。

3. 全要素全链条的科创生态不够完备

一是资金支持有限，使用不灵活。岳麓山大学科技城基金规模仅 12 亿元，武汉、合肥两地科技领域政府性基金规模均超 100 亿元。二是用地空间不足，扩容难度大。岳麓山大学科技城核心区总面积为 33.97 平方公里，武汉东湖科学城规划范围 100 平方公里、合肥滨湖科学城规划面积 491 平方公里。随着岳麓山大学科技城范围内高校招生规模扩大、平台企业不断增多，教师、学生、创业者、社会人士等各类群体数量不断攀升，学校宿舍、教学用地都捉襟见肘，更遑论腾出更多土地来进行人才、科技等配套设施建设。同时，由于岳麓山属于国家级风景名胜区，周边土地规划、使用较一般的城市规划管理要求更为严格，物理空间难以突破。三是人才流失严重，引进培育难。2020 年中南大学、湖南大学毕业生留湘率分别为 35%、20%，低于武汉的华中科技大学和合肥的中国科技大学。四是政策过于分散，支持欠精准。虽然省、市、区各级政府及相关部门对岳麓山大学科技城建设的关注度、参与度都很高，但尚未形成长效机制，政策的系统性、协同性不够。湖南省税务局、湖南省生态环境厅等部门反映，由于界定岳麓山大学科技城企业存在困难，导致税费减免及两型产品评审认定等优惠政策不能精准惠及；还有些政策的条件认定门槛高、材料多、相关费用核算复杂，增加了政策享受难度。

表 2　中部同类科技城支持要素对比

要素	岳麓山大科城	武汉东湖科学城	合肥滨湖科学城
基金规模	12 亿元	>100 亿元	>100 亿元
面积	33.97 平方公里	100 平方公里	491 平方公里
名校毕业生 2020 年本地留存率	中南大学:35% 湖南大学:20%	武汉大学:29% 华中科大:38%	口国科技大学:38.4%

资料来源：根据公开资料整理。

（四）总体评价

1. 政策完备性：支持举措丰富，关键内容待进一步完善

《意见》从 10 个方面提出支持岳麓山大学科技城的举措，内容较为丰富，但随着岳麓山大学科技城快速发展，亟须进一步明确岳麓山大学科技城建设的要求、目标、具体步骤、重点任务等内容。

2. 政策规范性：表达严谨规范，责任分工需进一步细化

文件内容贴近实际，语言表达严谨规范，为岳麓山大学科技城工作开展提供了有力抓手。但从任务分工来看，《意见》中部分条款责任划分过于宽泛。

3. 政策可操作性：文件条理分明，具体操作细则需进一步跟进

《意见》10 条清晰明了，但多处采用"鼓励""支持""引导""适当""一定比例"等表达，既缺乏后继操作指引，亦未配套具体政策支撑，政策实施效果大打折扣。

4. 政策创新性：要素供给创新乏力

《意见》是湖南省第一个省级层面出台的支持岳麓山大学科技城建设文件，为岳麓山大学科技城发展奠定了基调、创造了良好条件。但在要素供给方面，政策创新力度不大，有关资金、用地、人才等要素保障多为已有政策的叠加，未有实质突破。

5. 知晓度方面：总体知晓度较高

湖南省发改委、湖南省科技厅、湖南省工信厅、湖南省税务局等相关省直部门对文件均表示知晓，长沙市、湖南省科技厅也出台相关政策，推动《意见》的细化落地。

三　评估结论

《意见》内容丰富、知晓度高，长沙市、湖南省相关省直部门对政策的反馈性好。但在以下方面有待加强：一是《意见》的导向性需要加强，需明确岳麓山大学科技城建设的目标和方向。二是部分条款的可操作性、创新性有待加强和突破。三是督促相关责任部门出台实施细则和配套政策。

综上，为进一步推动岳麓山大学科技城创新发展，建议：借鉴国内外科创经济先进地区成功经验，紧跟形势发展，进一步修订完善《意见》条款，推出更具突破性、创新性的改革举措；督促尚未出台实施细则的责任单位、部门尽快出台完善配套政策，推动岳麓山大学科技城更好更快发展。

四 政策建议

当前，岳麓山大学科技城正处于腾飞发展的关键时期，建议湖南省在完善顶层制度设计、加快体制机制改革和破解要素瓶颈三方面重点发力，进一步优化完善《意见》内容。

（一）强化顶层制度设计，搭建全链条政策体系

一是推进高位保障。湖北省成立了由省委书记挂帅的科创委，依托实体园区东湖高新区（国家级园区）运营东湖科学城建设；安徽省成立由省长任组长的工作推进组，并成立由省委常委、合肥市委书记兼任主任的合肥滨湖科学城管理委员会（合肥滨湖新区筹备工作委员会），全力建设合肥滨湖科学城。建议湖南省借鉴湖北、安徽经验，从"深化创新型省份建设"的高度来推动岳麓山大学科技城建设，省级层面成立岳麓山大学科技城建设领导小组，由长沙市主要领导亲自挂帅，长沙市和大科城管委会履行主体责任和具体职责，湘江新区、相关省直部门加强协调配合，举全省之力加以推进。

二是制定"2+N+1"政策。"2"：出台、升级两个政策文件。出台《湖南省岳麓山大学科技城2022~2026年五年行动计划》，进一步明确大科城目标愿景，清晰战略定位，制定任务要求，勾画未来五年大科城的发展蓝图。将《关于支持岳麓山国家大学科技城发展的若干意见》升级为《加快推进

岳麓山大学科技城创新发展的实施意见》，进一步补充完善条款，重点突破体制机制创新、要素供给、平台发展等瓶颈，明确具体目标、实现路径和时间节点，建立定期调度和跟踪督查机制，推动岳麓山大学科技城加快发展。"N"：形成由 N 条实施细则、实施办法和行动方案等组成的配套政策体系，如《支持岳麓山大学科技城建设小试、中试基地实施办法》《岳麓山大学科技城与省内高校、企业共建新型研发机构实施方案》《支持岳麓山大学科技城与省内产业园区共建"飞地"孵化园意见》等，尤其是对《意见》中涉及但尚无细则支撑的条款，如人才、土地、资金等要素支撑，加快实施细则的出台进度。要对岳麓山大学科技城企业精准分类、建立标识，提高政策享受的便捷度。"1"：即建立一个考评体系。要突出考评机制在岳麓山大学科技城发展中的"指挥棒"作用，进一步完善综合考评机制，结合重大科研平台、高端人才引进、高科技产业发展、科技成果转化等，就指标分成、考核权重进行制度安排。

（二）加大改革创新力度，建立健全长效管理机制

一是加强改革示范试点。建议发改、教育、科技、工信、财政、人社、市场监管（知识产权）、金融监管等部门对岳麓山大学科技城实施政策制度突破和试点，从省级层面健全完善全球尖端人才招引政策、"卡脖子"技术校企联合攻关机制、国家实验室和大科学装置落地建设机制、科技金融投资容错和激励约束机制，争取更多国家级创新平台布局岳麓山大学科技城、一大批重大科技项目落地岳麓山大学科技城，尽快培育岳麓山国家实验室，积极打造长株潭国家区域科技创新中心核心区。

二是深化行政审批制度改革。建议授予岳麓山大学科技城对核心区孵化园、科技平台及科技企业培育空间的规划、项目申报审批、新型研发机构受理、产教融合试点等有关权限，相关省直厅局向岳麓山大学科技城开通直报窗口。

三是凝聚共建合力。推动岳麓山大学科技城与院校、科研院所等创新机构共建科技对接协作平台、产业创新合作平台；加强对省内产业园区的调

度，支持岳麓山大学科技城在全省产业园区设立孵化园，并深度开展技术合作，探索"飞地"模式；强化行业协会、校友会赋能力度，鼓励国际知名协会、校友会在岳麓山大学科技城设立分支机构、湖南分会，通过购买服务等方式支持商协会发展，在招商引资、招才引智、行业自律等方面助力岳麓山大学科技城建设；依托粤港澳科创产业园等平台，拓展与粤港澳、长三角等创新资源丰富地区的科技交流合作，探索园区共建等异地合作模式，树立对接粤港澳科技创新合作新标杆。

（三）优化核心要素配置，构建全方位支撑体系

一是建立常态化资金支持。根据《意见》中"（资金）连续支持三年"的规定，支持岳麓山大学科技城的省级资金 2022 年即将到期。建议结合岳麓山大学科技城发展实际，延续省级政策支持，明确由财政统筹安排经费并建立常态化经费支持和保障机制。

二是扩大高层次人才供给。建议省、市相关部门在面向全球引进人才工作中，将更多"高精尖缺"人才、高水平创新团队引向岳麓山大学科技城。建立健全科技创新激励机制，将岳麓山大学科技城纳入湖南省科研放权赋能改革首批试点，对做出突出贡献的科研单位（人员）提高奖励比例，激发科技人员开展科技成果转化的工作热情和技术创新的积极性；根据关于技术权益等方面的规定，落实技术入股、科技人员持股、技术开发奖励等制度，切实提高科技人员待遇。完善岳麓山大学科技城高层次人才服务机制，开辟职称审批"绿色通道"；在岳麓山大学科技城周边区域建设一批国际学校、国际医院、国际人才公寓，进一步优化岳麓山大学科技城高层次人才的住房保障、医疗服务、子女教育等服务。

三是集约利用土地要素。加快盘活低效闲置资源。探索土地资源存量盘活与新增指标"增量挂钩"奖惩机制，鼓励低效用地"二次开发"。全面清查区域内闲置用地，督促岳麓山大学科技城管委会明确盘活低效用地的目标、任务、进度、实施主体，制定低效用地再开发方案。科学选择土地开发建设模式。对岳麓山大学科技城进行"核心区+拓展区+辐射区"的空间产

业规划，核心区优先保障科研用地需求，按照"土地一级开发+基础设施建设+土地大招商"模式开发土地，采用以片区综合开发为主的开发模式。拓展区向西片区或南片区延伸，建设高校分院校、宿舍、人才公寓、国际医院、中小学等配套设施，引进成熟产业地产服务商，按照"出资拿地+开发建设+载体租售+运营服务"模式开发土地。辐射区延伸至湘潭、岳阳，将湘潭大学、湖南科技大学纳入岳麓山大学科技城规划建设范畴，共建"湖南智谷"。

《关于进一步加强省本级政府投资项目审批及概算管理有关事项的通知》实施效果评估报告[*]

湖南省人民政府发展研究中心评估组^{**}

2021 年中央经济工作会议提出，明年经济工作要稳字当头、稳中求进，各地区各部门要担负起稳定宏观经济的责任，各方面要积极推出有利于经济稳定的政策，政策发力适当靠前。政府投资项目是稳定宏观经济最重要的手段，加强对政府投资项目的审批及概算管理，对于增强发展内生动力、推动宏观经济调控精准化具有重要意义。2019 年，湖南省出台了《关于进一步加强省本级政府投资项目审批及概算管理有关事项的通知》（湘政办发〔2019〕13 号，以下简称《通知》），《通知》的出台，对于推动省本级政府投资项目进一步优化投资结构、规范投资流程，以高水平投资管理支撑高质量发展发挥了重要作用。根据省领导指示和《湖南省人民政府重大决策实施效果评估办法》（湘政办发〔2017〕45 号），湖南省人民政府发展研究中心开展了对《通知》实施效果的评估工作。现将评估情况汇报如下。

一　政策概况

（一）出台背景

2016 年 7 月，中共中央国务院出台《关于深化投融资体制改革的意见》

---

* 本报告获得时任湖南省副省长陈文浩的圈阅。

** 评估组组长：谈文胜，湖南省人民政府发展研究中心原党组书记、主任。评估组副组长：侯喜保，湖南省人民政府发展研究中心党组成员、副主任；蔡建河，湖南省人民政府发展研究中心党组成员、二级巡视员。评估组成员：左宏、李银霞、言彦，湖南省人民政府发展研究中心研究人员。

（中发〔2016〕18号），拉开了新一轮投融资体制改革的序幕。文件的最大亮点之一，就是对企业投资和政府投资实行不同的管理模式。对企业投资充分放权，鼓励企业依法依规自主决策，充分激发社会投资活力和动力；对政府投资强化监管，通过完善投资机制，充分发挥政府投资的引导和带动作用。2019年5月，《政府投资条例》正式出台，对投资范围、基本要求、决策程序、项目实施和监管做出了硬性约束，政府投资驶入法治轨道。

湖南积极落实中央决策部署，推进投融资体制改革。对于省本级政府投资项目①，以项目审批及概算管理为抓手，推进政府投资项目的规范化、科学化。2016年11月，出台《湖南省省本级政府投资项目审批及概算管理办法》（湘政办发〔2016〕85号），全面规范省本级政府投资项目的审批及概算管理；2019年3月，出台《关于进一步加强省本级政府投资项目审批及概算管理有关事项的通知》（湘政办发〔2019〕13号），在"85号文"的基础上进一步提高标准、细化要求，为项目实施提供制度支撑。

（二）主要内容

《通知》主要包括四方面内容（见表1）。

表1　《通知》的主要内容

序号	主要内容	说　　明
1	深化项目前期工作	要严守项目决策流程，即"分管副省长原则同意-提报资料-发改部门审核-省政府审议-审批核准"；符合深度要求，如实规范编制可研报告
2	强化限额设计要求	按照限额设计原则，同步开展初步设计和编制项目投资概算，明确资金来源渠道
3	强化事中事后监管	执行"一项一码"制度，加强对概算执行的在线监管，定期报送概算执行情况
4	强化超概惩戒问责	责任单位、部门承担超概资金的筹措；实行责任追究制度，对引起超概的实施机构、中介机构、代建单位予以惩戒

---

① 本报告所指"省本级政府投资项目"，按照湘政办发〔2016〕85号文所下定义，指以省安排的政府性资金为主体投资建设，且建设责任主体为省本级单位的固定资产投资项目。

二　评估主要内容

（一）政策综合情况

1. 完备性方面：重点环节基本覆盖，关联环节表述不足

《通知》作为 85 号文件的补充，基本覆盖了概算管理全过程，形成了相对完备的政策体系。但《通知》存在一定程度上的"前重后轻"，关于项目开工前的可行性研究审核、初步设计及概算测算的政策条款相对较多；而对项目开工建设以后概算的执行情况、日常管理、检查与考核，表述较为笼统，对项目进展信息报送缺少抓手，信息报送的及时性、准确性不足；对征地拆迁、施工单位的内控管理等造成超概的重要原因，表述有所不足。此外，《通知》的部分条款表述不完备。例如，《通知》要求"落实建设资金来源"，在当前财政收支紧平衡的情况下，需要严格落实资金来源，进一步细化资金的来源渠道，确保资金来源的稳定、可靠，而《通知》对这部分缺少表述。

2. 规范性方面：涉及多个责任部门，权责划分需进一步明晰

政府投资项目涉及发改、财政、住建、审计以及交通、水利、卫健、教育等行业主管部门，涉及咨询机构、造价机构、建设单位等业务单位，权责划分困难。《通知》大致划分了相关措施对应的责任单位，明确了责任单位的工作方向。但从评估情况来看，权责不明、管理缺位、管理重叠的现象依然存在，具体实施过程中易造成推诿、缺位的情况。例如，《通知》中要求"适时组织开展项目后评价和绩效评估"，而湖南省发改委、湖南省财政厅、湖南省审计厅均有开展绩效评估的需求，易造成管理重叠现象。

3. 可操作性方面：部分条款可操作性有待提高

《通知》制定了"投资概算原则上不得超出批复的可行性研究报告投资估算 10%"的基本红线，具有较强的可操作性。但其他条款的可操作性上有待进一步提升。例如，《通知》要求："项目实施机构或代建单位须通过

投资项目在线审批监管平台定期报送项目进展信息。"但信息报送完全依赖项目单位自觉，缺乏具体抓手，对迟报、不报、乱报的情况无法有效处理，政策可操作性不强。

4. 有效性方面：对遏制项目超概现象发挥了积极作用

《通知》强化了对审批和概算的全过程监管，对遏制省本级政府投资项目的超概现象发挥了积极作用。《通知》进一步加强了项目相关部门之间的合作，强化对政府投资项目，尤其是投资规模大、建设运营周期长、市场化程度不高、社会各界关注度较高的重点建设项目的监管，确保项目建设顺利推进、资金运转高效顺畅。

5. 知晓度方面：基本做到全覆盖

调研显示，《通知》具有较高的知晓度。相关省直单位、部门均知晓该文件，并结合《通知》制定了相关配套制度，部分市州，乃至县（市）区出台了本级政府投资项目管理的相关制度。部分工程咨询机构、建设单位将《通知》作为开展业务时的重要政策依据。

（二）政策执行情况

以下大致从《通知》的主要内容对执行情况进行分析。

1. 深化项目前期工作

项目前期主要包括专项规划编制、项目建议书及可行性研究报告的编制、审核和调整，以及投资估算、资金来源审核等内容，主要涉及发改、财政、建设单位、工程咨询机构等，是实施概算管理的基础和前提。为深化项目前期工作，湖南省财政厅探索"先评审，后下达预算"的预算安排机制，将财政评审前移至项目前期，有效提升了项目的可行性、合理性和经济性。2019年湖南省财政厅组织对渝怀铁路增建二线征地拆迁项目开展了事前绩效评估，取得了较好效果。湖南省水利厅组建了水利技术评审中心，实行水利项目集中技术评审，将投资概算作为审核把关的重点内容，督促项目单位依法依规计列概算（估算）投资，有效提高了水利项目审查审批质量。

2. 强化限额设计要求

项目设计阶段主要包括方案设计、初步设计、总概算编制及审核、下达投资计划、施工图设计和审核、总预算编制及审核等内容，不但涉及发改、住建、财政、建设单位等管理部门，还涉及人防、消防、供水供电供气等审批部门。其中，初步设计影响75%的建设投资，而施工阶段仅影响25%的建设投资。因此，强化限额设计对控制概算至关重要。为强化限额设计要求，湖南省住建厅对初步设计方案实施严格审批，不允许容缺审查，堵住了初设完成后随意改动概算的漏洞；针对近年来钢、铜、铝、水泥、玻璃等建筑工程原材料及制成品价格的持续走高，出台了《关于进一步加强建筑材料价格风险防范与控制的指导意见》，要求工程总承包项目在编制投资估算和设计概算时，充分考虑建筑材料价格风险因素。湖南省水利厅针对疫情对概算管控的不利影响，制定了《关于新冠肺炎疫情防控期间水利水电工程计价调整有关事项的通知》，进一步理顺、规范湖南省水利水电工程工期和计价调整有关事项。湖南省交通厅自2017年起，在使用省本级政府投资资金的新开工高速公路建设项目中，全面推行设计施工总承包模式，激活总承包单位优化设计、加强成本控制和风险管理的积极性，降低建设方的投资控制难度和超概风险。

3. 强化事中事后监管

事中、事后阶段分别指从施工招标环节至财务决算环节、产权登记环节至项目移交环节的过程。为强化事中事后监管，湖南省住建厅在每年印发的建筑工程质量安全目标管理文件中，将按照施工图设计文件施工设为核心内容；在季度质量安全督导检查中，将按照施工图设计文件施工设为检查重点。湖南省水利厅定期组织对重大水利工程飞行检查、实地巡查、远程监控，督促项目责任主体严格按照审定的施工图设计文件开展项目建设。湖南省交通厅加强和规范工程变更管理，严格控制中间计量和审定工程结算，严格按程序及时做好变更工作，建立变更台账，严禁未批先实施，严把工程变更关。湖南省审计厅出台《重大政府投资建设项目审计监督实施办法》，填补了政府投资项目领域审计规章制度的空白。《重大政府投资建设项目审计监督实施办法》明确提出，增加投资额超过原核定概算 10% 及以上的项目将被重点审计；与项目相关的部门和单位全部纳入审计范围。湖南省财政厅出台了《湖南省省本级基本建设项目竣工财务决算审核批复操作规程》，为事后监管提供了政策保障。湖南省财政厅、湖南省审计厅建立"财审联动"的全面预算绩效管理工作协同联动机制，立足财政部门"把关守口"职能和审计部门"经济卫士"定位，建立指标共商、信息共享、成果共用、整改共抓机制，切实加强对投资项目概算执行情况的事后监管。

4. 强化超概项目惩戒问责

《通知》要求，项目单位或项目实施机构对投资概算负主体责任，行业主管部门负监管责任。2021 年 9 月，湖南省审计厅全面启动政府投资项目概算执行情况审计，对湖南省 14 个市州的 56 个项目实际总投资及超概算幅度进行核实，重点关注各项目超概算原因、项目决策情况、项目招投标情况以及项目建设管理和资金使用情况。湖南省水利厅加强了超概项目惩戒。

5. 防止超概的其他举措

一是严控景观亮化工程。2020 年，湖南省发改委联合湖南省财政厅、湖南省住建厅、湖南省审计厅联合出台《关于严格加强"景观亮化工程"类项目决策审批及监督管理工作的通知》（湘发改投资〔2020〕573 号），在项目审批决策阶段对"景观亮化工程"类项目的可行性和必要性严格论证；在设计阶段、施工竣工阶段、运营阶段严格把关，对违规项目严格追责问责。二是探索对中介咨询机构实施市场化管理模式。湖南省财政厅在原中介机构库到期后，取消准入门槛，形成市场竞争，以签订《服务质量承诺书》的方式对中介机构进行监督，加强与省行业协会及造价站的横向联动，形成对中介机构服务质量的"监督反馈通报机制"，倒逼提高服务质量。

（三）政策实施效果

近年来，湖南省坚持将投资项目作为实现稳增长、促改革、调结构、惠民生、防风险的重要抓手，实施了长株潭城际铁路、常益长铁路、岳阳三荷机场、涔天河水库扩建工程、输配电工程、"135"标准化厂房等重点项目，为全省经济保持平稳较快发展提供了强有力的支撑。总体看，《通知》出台以来，各责任单位积极落实各项要求，不断完善各项制度和管理措施，省本级政府投资项目的概算管理水平不断提高，项目超概现象得到有力遏制。

2019年《通知》出台以前，超概调概现象较为普遍。部分项目实施过程中没有对预算执行和绩效目标完成情况进行监控，特别是对于建设周期长的项目，对在实施过程中出现的问题，没有进行及时纠正，超概调概成为普遍现象。

2019年《通知》出台以后，超概现象大幅减少。湖南省发改委介绍，2019年以来的省本级政府投资项目（交通、水利外）基本未出现超概现象。交通、水利领域的投资项目，出于建设周期长、跨行政区域多、地形地貌复杂等原因，在建设过程和概算控制中受贷款利息变化、物价上涨、征拆标准提高等政策变化影响大。同时由于跨越铁路、电力等线路，迁改、跨线等专业工程施工不可避免，由此造成概算执行情况的不确定性。但随着概算管理水平的不断提升和相关制度的不断完善，人为超概现象已得到全面遏制。

（四）政策实施过程中的主要问题及原因

政府投资项目概算控制主要有5大问题，包括1个内在问题（概算质量不高）、4个外部问题（征拆成本、原材料成本、融资成本、设计变更成本）。

1. 概算编制质量不高

调研发现，部分项目存在概算质量不高、内容不完整的问题。如编制说明不清晰、工程量计算错误、缺项漏项或者重算、套错定额、取费随意、计价与市场价格脱离、与实际情况结合不紧密，导致概算误差大等情况。

主要原因：（1）编制主体参差不齐。编制概算要在充分理解建设意图和设计资料的基础上，灵活地应用定额、指标、费用文件和相关规定，结合市场动态，计算建设成本。现实中很多概算编制主体的设计专业能力、造价理论知识和施工实践经验难以满足要求。（2）初步设计的深度不够。初步设计深度越深，概算精确度越高，概算质量越好。现实中初步设计深度不满足规定的现象普遍存在：由于赶工导致丢项漏项，不够细致；侧重宏观结构问题而忽略施工工艺问题等。（3）概算定额过于老旧。定额标准是编制政府投资项目概算的重要依据，湖南的概算定额还采用 2001 年版，不适应概算编制要求。而其他领域，如水利、铁路、能源等的定额标准也与实际情况严重脱节。

2. 融资成本过高超概

2019 年《政府投资条例》出台以前建设的存量项目，受国家宏观政策、贷款利息、物价波动影响，实际融资费用容易超出概算。《政府投资条例》出台以后，规定政府投资项目所需资金应当按照国家有关规定确保落实到位，政府投资项目不得由施工单位垫资建设，由项目融资成本过高导致超概的现象将得到有效解决。

存量项目融资超概的主要原因：（1）财政的项目资本金未及时到位，项目方只能通过融资补充资本金，导致融资成本增加。（2）成本超支，如建安成本、征拆成本超标，只能通过融资解决，体现为融资成本超概。（3）建设工程延期，无法按原计划合理工期完成建设目标，造成建安费用、贷款利息和工期索赔费用增加，导致融资费用超概。

3. 设计变更频繁超概

出于项目实施条件发生变化，或者设计单位初步设计漏项、实际地质情况与地勘报告不一致等原因，部分项目施工阶段设计发生变更导致超概。调研了解，除设计深度不够外，设计周期过短也是导致设计变更频繁的重要原因之一。业主压缩设计时间、设计人员赶进度，无暇细化，导致施工图阶段大幅修正，甚至推翻原初步设计，造成超概。

4. 征拆成本上升超概

从湖南省近年开工的重大项目看，征拆成本控制是项目超概的最大变量，因征拆补偿政策调整，征地补偿标准提高，导致概算增加，甚至一些项目还未开工投资就已大幅增加。

5. 建安成本上涨超概

近年来人工、材料价格快速上涨，导致概算中的建安成本超标。特别是

2021年以来，水泥、钢筋、砂石料等主要建筑材料价格大幅度上涨，导致投资大幅增加。

6. 其他原因导致超概

一是代建制项目超概现象。涉铁、涉电工程权属单位均对相关迁改和施工实行代建制，相关代建费用与初步设计概算批复费用相差较大。二是部分项目的竣工结算问题。《通知》要求项目结算必须在竣工后一年内完成，实际上部分项目在竣工后多年仍未办理财务决算手续。

三　评估结论

综上所述，自《通知》实施以来，湖南省本级政府投资项目审批和概算管理能力有效提升，特别是限额设计和"投资概算不超过投资估算10%"的硬约束，为投资项目划定了红线，有效提升了政府财政资金使用的安全、高效性。但从评估情况来看，《通知》在落实中还存在一些问题，主要体现在：一是政策制定完备性有待提高，要从政府项目全生命周期出发完善政策体系。二是政策制定的严谨性有待提升，如存在部分任务的责任部门不明晰、责任部门单位间存在联系沟通不足的问题。三是可操作性有待提高。要结合中央最新财政政策、投融资领域政策和湖南省本级财政实际情况，出台实施细则，助推政策落地。

四　政策建议

围绕重大项目全生命周期的三个主要阶段，即计划期（从项目策划到可行性研究报告核准）、设计期（从设计招标到总预算编制）、建设期（事中事后阶段，从施工招标到竣工决算，从产权登记到项目移交），构建可研估算、设计概算、工程预决算紧密联系的链条，形成与项目全生命周期深度匹配、深度融合、深度内嵌的概算管理体系。

（一）把牢计划期审批关口，夯实概算基础

计划期是项目概算管理的基础和逻辑起点，要重点把握三大关口。一是把牢入库管理关口。项目库立项要避免以下情况：立项随意、论证不足、拍脑袋决定；撒胡椒面，项目面面俱到，重点不突出；前瞻性差，储备不足。定期清理核查入库项目，保证项目库时效性。严格审查项目规模、成本、效益，保证入库项目质量，清除"政绩项目"和"面子项目"。将纳入项目库管理作为安排财政资金的硬约束。二是把牢可研论证关口。发改或行业主管部门要联合财政、审计部门在可研论证阶段严格把关。对项目的必要性、经济性、可行性、合理性、合规性等内容充分评估。对于破坏生态环境的高污染、高能耗、高资耗的项目，对于劳民伤财的过度亮化工程、景观工程、面子工程、政绩工程要坚决禁止，对于资金来源不明确、可能存在财政风险隐患的重大项目要审慎决策。三是把牢立项批复关口。经湖南省政府常务会议批准的重大项目，财政部门要出具项目全生命周期资金保障方案，明确项目全生命周期的资金筹措、拨付、管理等内容，避免形成政府隐性债务。发改部门立项时必须将全生命周期资金保障方案作为批复要件，控制项目的估算投资，没有方案不得立项。

（二）强化设计期限额要求，提高概算质量

一是进行标准化管理。强化标准化建设和数据库积淀。标准化和数据库是限额设计的重要支撑，建议参考浙江模式，通过广泛搜集全省各地市政府投资项目基础数据，建立项目大数据库，以大数据为依托，确定各类项目的限额标准，保证标准的客观性和科学性。通过总结、优化、复制推进项目的标准化建设，积极收集项目设计及成本数据，提高设计概算的精准度。二是严控初步设计和施工方案变更。因地质条件、工程材料、设备供应及价格等客观外部因素影响施工图设计，进而导致初步设计和施工方案调整变更的，需经过详细核算，报请发改、住建等行业主管部门审批，调整后的项目总投资不得超过估算投资，原筹资方案安排的财政性资金总量不变。三是严格开

展施工图设计概算控制检查。项目单位应依法委托设计单位进行施工图设计（含装修设计），相关设计及预算应当符合批准的初步设计及概算，并委托施工图审查机构进行审查，报行业主管部门备案。行业主管部门履行概算管理和监督责任，按照核定概算严格控制，在施工图设计（含装修设计）等重要节点应当开展概算控制检查，制止和纠正违规超概算行为。

（三）完善建设期监控制度，确保概算执行

一是建立全过程概算控制机制。从项目前期决策阶段开始，对项目建议书估算、可行性研究估算，初步设计概算，施工图预算、竣工结算（决算），特别是事中事后阶段，加强对概算的管理和控制，在"目标—偏差—措施—调整"的动态控制中实现以概算为控制上限的投资管理目标。二是创新概算控制工具。参考浙江经验，设置"红黄灯"预警机制，使概算监控在具体操作时有标准可循。对于严重超概的项目，予以红色警示。财政部门商发改或行业主管部门后暂停项目实施并停止拨付资金的，待整改完成后再在概算限额内拨付资金。对于轻度超概的项目，予以黄色警示。发改或行业主管部门要分析原因，及时采取针对性措施予以纠偏。三是优化监控流程。发改部门要用好项目在线审批监管平台，与审计、财政、住建、行业主管部门加强信息共享共用。通过收集并分析概算执行信息，及时总结经验、发现问题，并将监控结果加以运用。条件具备时，探索通过大数据平台对项目概算执行运行进行实时在线监控。

（四）规范征地拆迁制度，破解概算控制瓶颈

征地拆迁是影响概算控制的最大变量，要加强对项目征地拆迁的费用控制。一是明晰征收拆迁省市事权及支出责任。在省级层面统一制定征拆补偿标准的更新制度，并在项目初步设计及概算审查审批过程中，将预计到的标准提高一并纳入概算中。推进地方政府包干管理模式，实施征地拆迁总承包，采取"包任务、包进度、包费用"方式，明确项目所在地各县市区政府的征地拆迁主体责任，设立国土、财政、公路、林业等专人负责征地拆迁

的管理部门。二是推进征收拆迁全过程管理。认真做好项目征收拆迁、安置房建设、土地供应等全过程管理，细化阶段目标，分类指导、有序推进。重点加强项目征迁费用的测算，在项目前期提前介入，联合项目业主加强对设计等的管理，对项目进行充分论证，减少漏项。三是严格管控征地拆迁费用。严格按照包干总额和相关标准管控费用，合理设定包干费用范围、名目和标准，最大限度减少设计漏项，严格执行包干协议条款，征拆概算调整需引入第三方审核。征地拆迁资金要足额及时到位，对因资金不到位导致征拆工作无法按计划及时推进甚至停滞的，要加大问责力度。对争议地块采取"先行交地、托管兑付、同步调处"模式，减少工期延误。四是引入第三方监管审核。聘请有资质、经验丰富的第三方对电力、光缆、苗木、房屋、企业拆迁等拆迁预算费用进行审核，保证评估费用的合理性。

（五）探索以全面预算绩效管理控制超概现象

对项目实施全面预算绩效管理，能有效控制项目超概。例如，长沙机场改扩建工程实施全面预算绩效管理试点，通过规范从评价通知书下达、评价方案和数据表格设计、指标选定、评价方法选用到评价程序的评价全链条，进一步规范长沙机场改扩建工程决策管理，不断提高长沙机场改扩建工程的投资效益。下一步，建议对省本级政府投资项目全面实施预算绩效管理，探索建立覆盖绩效评估、目标管理、运行监控、绩效评价、结果应用全链条管理的制度框架，在重大项目全生命周期的重要节点嵌入预算绩效管理环节，出台具体的实施细则和操作指南。